AF642328

Milliardäre, die mächtiger sind als Staaten

Christine Kerdellant

Milliardäre, die mächtiger sind als Staaten

Aus dem Französischen von
Edmund Jacoby

Verlagshaus Jacoby & Stuart

Für Pierre-Alexandre und seine Großmutter Nadette

Christine Kerdellant, geb. 1960, ist eine französische Journalistin, Schriftstellerin und Wirtschaftswissenschaftlerin. Sie hat für diverse Magazine und Zeitungen gearbeitet. Von 2016 bis 2021 war sie Redaktionsleiterin von *L'Usine nouvelle*, seit 2021 ist sie Chefredakteurin der Ideenseiten der Zeitung *Les Échos*. Sie tritt regelmäßig in der Sendung *C dans l'air* auf France 5 und in *28 Minutes* auf Arte auf.

Ein verlagsneues Buch kostet in ganz Deutschland und Österreich jeweils dasselbe. Das liegt an der gesetzlichen Buchpreisbindung, die dafür sorgt, dass die kulturelle Vielfalt erhalten und für die Leser:innen bezahlbar bleibt. Also: Egal ob im Internet, in der Großbuchhandlung, beim lokalen Buchhandel, im Dorf oder in der Stadt – überall bekommen Sie Ihre verlagsneuen Bücher zum selben Preis.

Backcoverabbildungen:
Jeff Bezos © Seattle City Council from Seattle | CC-BY 2.0 DEED (https://creativecommons.org/licenses/by/2.0/deed.en); Sergey Brin © Greg Rubenstein | flickr | CC-BY 2.0 DEED (https://creativecommons.org/licenses/by/2.0/deed.en); Bill Gates © UK Government | CC-BY 2.0 DEED (https://creativecommons.org/licenses/by/2.0/deed.en); Elon Musk © UK Government | CC-BY 2.0 DEED (https://creativecommons.org/licenses/by/2.0/deed.en); Larry Page © Greg Rubenstein | flickr | CC-BY 2.0 DEED (https://creativecommons.org/licenses/by/2.0/deed.en)/Bearbeitung: Norman Bösch; Marc Zuckerberg © Anurag R Dubey | CC-BY-SA 4.0 DEED (https://creativecommons.org/licenses/by-sa/4.0/deed.en)

Dieses Buch ist zuerst auf Französisch erschienen, unter dem Titel
Ces milliardaires plus forts que les Etats
© 2024 Editions de L'Observatoire/Humensis, Paris
Für die deutschsprachige Ausgabe:
© 2024 Verlagshaus Jacoby & Stuart, Berlin
Alle Rechte vorbehalten
Aus dem Französischen von Edmund Jacoby
Printed in the Czech Republic

ISBN 978-3-96428-241-5
www.jacobystuart.de

MIX
Papier | Fördert gute Waldnutzung
FSC® C014138
www.fsc.org

Dieses Buch ist auf Papier gedruckt, für das Holz aus nachhaltiger Forstwirtschaft verwendet wurde.

Druckprodukt mit finanziellem
Klimabeitrag
ClimatePartner.com/13916-1911-1001

All unsere mit finanziellem Klimabeitrag gedruckten Novitäten und Nachdrucke finden Sie auf climatepartner.com unter Angabe der ID 13916-1911-1001. Hier erhalten Sie auch Einblick in die Windenergie- und sozialen Projekte, die wir mit Ihrer Hilfe unterstützen.

Inhalt

Einführung

Eine »systemische« Macht

Sie sind sechs, sämtlich Amerikaner, und sie sind weltweit aktiv, außerhalb der Zugriffsmöglichkeiten von Steuereinnehmern und Regulierern. Ihr persönlicher Reichtum übersteigt jede Vorstellung: 50, 100, 150 Milliarden, je nach Stimmung an den Börsen. Sie behaupten, die Welt retten zu wollen, doch die Covid-Pandemie hat sie vor allem noch reicher gemacht. Selbst wenn ihre Aktien an Wert verlieren, wiegen sie immer noch schwerer als die meisten Staaten der Welt. Wie sie heißen? Elon Musk (SpaceX, Tesla, X), Jeff Bezos (Amazon), Mark Zuckerberg (Facebook-Meta), Bill Gates (Microsoft), Sergey Brin und Larry Page (Google). Diese sechs haben eine systemrelevante oder »systemische« Macht.

Es ist nicht ihr Vermögen, das sie so mächtig macht, vielmehr macht ihre Macht ihr Vermögen. Im Grunde genommen ist ihre offenkundige Finanzmacht nicht so wichtig. Worauf es ankommt, sind Fähigkeiten, die die Staaten nicht besitzen, nicht mehr besitzen oder noch nie besessen haben. Auf manchen Gebieten ersetzen sie die Staaten oder konkurrieren mit ihnen. Eines Tages werden sie sie ganz ersetzen können, ohne vom Volk dazu erkoren worden zu sein. Das ist etwas, was es in der Geschichte der Demokratien noch nicht gegeben hat.

Diese sechs westlichen Milliardäre werden immer noch reicher und mächtiger, ohne dass jemand sie daran hindert, denn die, die sie aufhalten könnten, wollen es nicht, und die sie gern aufhalten würden, können es nicht. Sie stellen eine existenzielle Bedrohung der Demokratien dar, die sie haben groß werden lassen, auch wenn sie vorgeben, über unsere Leben zu wachen wie der Vatikan über unsere Seelen.

Dem Magazin *Forbes* zufolge gab es 2023 2668 Dollarmilliardäre auf der Erde; Musk, Zuckerberg, Page, Brin, Bezos und Gates sind gar nicht alle die Ersten auf dieser Liste. Bernard Arnault, der Chef von LVMH (Louis Vuitton-Moët-Hennessy), steht oft an der Spitze, wenn an der Börse gerade ein für ihn günstiger Wind weht, Warren Buffet, der über 90-jährige König der Anleger, oder Françoise Bettencourt Meyers, die Erbin von L'Oréal, haben Reichtümer angehäuft, ohne jedoch eine Macht über Leben und Tod unserer Gesellschaften zu haben. Sie besitzen mehr Geld als sie jemals ausgeben könnten, doch sie sind keine Transhumanisten, haben nicht vor, die Spezies Mensch zu verändern, sie hegen auch keine messianischen Träume und benutzen ihre kolossalen Mittel nicht, um den Tod abzuschaffen oder den Mars zu kolonisieren – und sie üben auf die Psyche der jungen Generationen nicht denselben zerstörerischen Einfluss aus.

Es sind sechs Männer, um die es hier gehen soll, und nicht um den Block der »GAFAM« (Google, Amazon, Facebook, Apple, Microsoft), doch in jedem Fall gründet sich die Macht dieser Tycoons auf den Unternehmen, die sie zuerst gegründet haben. Allerdings sind ihre eigenen Aktivitäten nicht mit denen ihrer Unternehmen identisch. Außerdem gehören die Unternehmen von Elon Musk nicht zur GAFAM-Gruppe, obwohl er einer der Milliardäre mit fast uneingeschränkter Macht ist. Schließlich besitzt Apple, das zu GAFAM gehört, kein Monopol, also auch keine alleinige Macht auf einem Gebiet: Es hat mit einer mächtigen Konkurrenz aus Korea und

China zu kämpfen. Als Steve Jobs, der ikonische Gründer von Apple, noch lebte, gehörte er also nicht zu dieser Handvoll »systemrelevanter« Milliardäre.

Die Vereinigten Staaten und Europa haben die Tech-Giganten immer weiterwachsen lassen, bis sie unantastbar wurden. China dagegen hat sie gezügelt, nachdem es den Boden für seine eigenen Akteure wie Alibaba oder Tencent bereitet hatte, doch als diese supermächtig und zur Gefahr für den Staat wurden, hat Xi Jinping ihnen die Flügel gestutzt. Er hat sie auf Linie gebracht, um allein von ihrer Macht profitieren zu können. Eine solche Übernahme ist im Westen schwer vorstellbar, und China ist alles andere als ein Rechtsstaat.

Bezos musste von 2007 bis 2011 keine Steuern zahlen

Sind die westlichen Staaten zu schwach geworden oder diese Milliardäre zu stark?

Wenn ihr Vermögen alle Rekorde schlägt, liegt das nicht nur an ihren blühenden Unternehmungen: Es liegt auch daran, dass sie es verstanden haben, die weltweiten Finanzströme zu ihrem Vorteil umzuleiten – mit der Hilfe von Steuerparadiesen und zum Schaden der Länder, in denen sie aktiv sind. Einige von ihnen haben sogar, was ihr eigenes Vermögen betrifft, die amerikanische Bundessteuer auf ihr Einkommen umgangen, indem sie in ihren Investments höhere Verluste deklarierten als die jährlichen Einnahmen. Das war der Fall bei Elon Musk im Jahr 2008 und bei Jeff Bezos zwischen 2007 und 2011 – kurz bevor er für eine Weile der reichste Mann der Welt wurde.

Sie könnten gut in einer Welt ohne Staaten leben und sind instinktiv misstrauisch gegenüber Regierungen, die ihren Einfluss begrenzen oder ihnen Steuern auferlegen. Elon Musk unterstützt Trump und seine Niedrigsteuern für die Reichsten; die Gründer von Google planten eine Zeit lang, Google offshore anzusiedeln, auf einer Plattform vor der amerikanischen Küste.

Diese neuen Ultrareichen übernehmen von den Staaten auch einige hoheitliche Aufgaben, das heißt Tätigkeiten, die eigentlich nur vom Souverän ausgeübt werden können. Sie sind in der Raumfahrt, dem Gesundheitswesen, der Verteidigung, der Diplomatie und dem Bildungswesen – das heißt der Wissenschaft und der Prägung des Geistes – tätig bis dahin, dass sie auf bestimmten Gebieten völlig beherrschend sind. Sie sind reicher, einflussreicher und aktiver als die meisten Nationalstaaten. Und sie müssen niemandem Rechenschaft ablegen – vor allem keinen Wählern. Aber ist es normal, dass sie anstelle der Bürger darüber entscheiden, was gut für diese ist?

Als der französische Astronaut Thomas Pesquet 2021 zur internationalen Raumstation ISS flog, tat er das nicht mithilfe einer französischen Rakete. Und auch nicht mit einer Trägerrakete der einst allmächtigen NASA, der amerikanischen Raumfahrtagentur. Der amerikanische Staat kann solche Geräte nicht mehr produzieren. Seit der Explosion der *Challenger* 1986, die die Nation traumatisiert hat, nimmt er keine Risiken mehr auf sich. Der französische Astronaut benutzte auch keine europäische Rakete – Europa, das früher mit der *Ariane* sehr gut im Weltraumgeschäft war, ist in Rückstand geraten. Pesquet hat die ISS mit einer *Falcon 9* erreicht, einer Rakete von Elon Musk – Jeff Bezos hätte es besser gefunden, wenn es seine gewesen wäre, eine *Blue Origin*. Der Amazon-Gründer sinnt deshalb auf Rache. Doch gleich, ob es der eine oder der andere ist: Es sind die neuen Milliardäre, die unsere Raumfahrer ins All schicken.

Elon Musk hat anstelle des amerikanischen Staats die Risiken auf sich genommen und ist dafür reichlich bezahlt worden. Dieser zugleich südafrikanische, kanadische und US-amerikanische Unternehmer, 246 Milliarden Dollar reich, ist in einem Jahrzehnt ein Weltraumgigant geworden. Für ihn sind die kleinen Reisen zur Raumstation und zurück nur der Gruß aus der Küche: Was ihn interessiert, sind die riesigen Raketen, die die Menschen morgen zum Mond und dann zum Mars bringen sollen. Denn er hat beschlossen, den roten Planeten zu unserem »Ersatzplaneten« zu machen. Ein jungfräuliches Gebiet, ein neuer Wilder Westen, wo die Kühnsten herrschen und das Gesetz diktieren, denn es gibt dort keinen Staat. Die NASA (also die amerikanischen Bürger) ermöglicht seine Träume vom Mars, indem sie die Entwicklung seiner *Starship*-Mondfähren finanziert.

Elon mag keine Regulierungen, keine gegebene Ordnung. Er glaubt nur an Talent, Geschwindigkeit, Willenskraft. Nicht nur bei Autos oder Raketen. Ein Drittel der Telekommunikationssatelliten, die die Erde umkreisen, gehört ihm. Er hat sie ins All geschossen, ohne irgendwen um Erlaubnis zu fragen. Sein Prinzip: Wer zuerst kommt, mahlt zuerst. Umso schlechter für Europa, wenn es keine Anstalten macht, seine eigenen hinaufzuschicken. Er kennt nur das Recht des Stärkeren. Europa kann da nicht mithalten.

***Starlink* entscheidet den Krieg in der Ukraine**

Dank ihm kann es die Ukraine mit der russischen Armee aufnehmen. Er fabriziert weder Caesar-Haubitzen noch Leopard-Panzer … doch seine Satelliten sind entscheidend für diesen Krieg des 21. Jahrhunderts. Er hat der ukrainischen Streitmacht erlaubt, sie für ihre digitalen Kampfsysteme in Anspruch zu nehmen, sie für die Beobachtung zu nutzen, dafür, Artillerieangriffe zu koordinieren, und dafür, dass operative Einheiten mit den Stäben kommunizieren können. Wenn Drohnen, Kameras, Videoaufnahmen und die Feindbeobachtung genauso viel zählen wie die Zahl von Panzerdivisionen, ist die Verfügbarkeit des Internets von vitalem Interesse.

Wenn Elon Musk den Ukrainern nicht sein *Starlink*-System – diese Hunderte von Satelliten, die zu zahlreich sind, als dass sie alle ausgeschaltet werden könnten, und die dazugehörigen Stationen – zur Verfügung gestellt hätte, hätten die Russen ihren ukrainischen »kleinen Bruder« schon im ersten Anlauf vernichtet. Dank seines Netzwerks konnte Kiew seinen Krieg führen. Doch könnte der Milliardär, vielleicht auf die Bitte von Wladimir Putin hin, zu dem er Kontakte pflegt, in bestimmten besonders umkämpften Gebieten im Süden die Verbindungen gekappt haben. Ohne Internetzugang herrschte bei den Ukrainern dort gerade, als sie zum Angriff übergehen wollten, totales Chaos. Heute zittern die Offiziellen im Pentagon bei der Vorstellung, Musk könnte sich aus der Ukraine zurückziehen.

Um zu verhindern, dass Russland sich das Land einverleibte, konnte die Armee von Wolodymyr Selenskyj auch auf Technologien von Google, Microsoft, Amazon oder Meta zurückgreifen, die kein Staat ihr hätte bieten können. Der Mythos von der politischen Neutralität der Internetgiganten ließ sich bald nicht mehr halten. Die ukrainische Regierung wurde über die ersten Cyberangriffe informiert, weil Microsoft das Weiße Haus alarmiert hatte. Seitdem beherbergen die Clouds von Microsoft und Amazon die ukrainischen Bevölkerungsregister und die Steuerunterlagen des Landes. Google spielt eine zentrale Rolle bei der Geolokalisierung, während YouTube und Facebook für den Kampf gegen Desinformation eingesetzt werden. Die Gesellschaften der sechs Milliardäre haben sich in der zivilen wie militärischen Elektronik der Ukraine festgesetzt.

Was das bedeutet? Alle Daten zu den Bürgern sind für die Big Tech frei zugänglich. Um die dringendsten Aufgaben erfüllen zu können, geben die Ukrainer ihre Souveränität auf …

Die Digitalgiganten haben im Ukrainekonflikt eine Bedeutung gewonnen, die politische Fragen aufwirft. Sie arbeiten gegenüber den amerikanischen Regierungsstellen transparent. Wenn wir General Bonnemaison glauben, dem Kommandanten des französischen ComCyber, der im Dezember 2022 in der Nationalversammlung angehört wurde, ist das, was eine verbündete Macht aufbieten könnte, nicht vergleichbar mit den Mitteln, über die die Milliardäre verfügen – an Technikern, Material, Investitionsvolumen oder Forschungskapazitäten. Natürlich, der Boden, das Meer und die Luft werden von den nationalen Armeen kontrolliert, doch der Cyberspace ist wie der Weltraum weitgehend von privaten Unternehmen beherrscht. Der Privatsektor spielt also eine vitale Rolle in der Verteidigung eines Landes – und er legt, ob man das will oder nicht, einige Spielregeln fest.

Musk entscheidet über »Gut« und »Böse«

Derselbe Elon Musk, Herr über Raumfahrt und E-Autos, hat für 44 Milliarden Dollar Twitter gekauft und es in X umgetauft. Damit hat er die Hand auf ein gigantisches Influencer-Netz mit 350 Millionen Nutzern gelegt. Auf diesem neuen Terrain hat er zunächst einmal die »Zensur« beseitigt, deren »Opfer« Donald Trump und Kanye West geworden waren, nachdem sie dort lange Zeit zu Hause gewesen waren. Der ehemalige Präsident twitterte dort seine Fake-Informationen und brachte die Demokratie in Gefahr, als er seine Anhänger dazu aufrief, das Kapitol zu stürmen. Und der Rapper provozierte dort am laufenden Band und klopfte antisemitische Sprüche. Trump, der seinen eigenen Social-Media-Kanal besitzt, kehrte erst am 24. August 2023 zu dem zurück, was inzwischen X hieß, und zwar mit seinem *mug shot*, dem Polizeiphoto, das gegenüber Gerichten seine Identität festhielt. Inzwischen twitterte auch Kanye West wieder, und Musk musste ihn erneut zensieren: Der Rapper konnte sich nicht zurückhalten, die Nazis reinzuwaschen und seiner Bewunderung für Hitler Ausdruck zu verleihen. Diese Zensur wie auch das, was zugelassen wurde, wirft allerdings eine Frage auf: Natürlich kann man Kanye West nicht verteidigen, aber ist es normal, dass Musk die Sache ganz allein entscheiden konnte? Kurz nachdem er das Netzwerk gekauft hatte, hatte er die Konten von einem Dutzend Journalisten gesperrt, von der *New York Times* bis zur *Washington Post*, deren Schuld darin bestand, dass sie den Standort seines Privatjets enthüllt, also seine Privatsphäre verletzt hatten. Kann Elon Musk also für den ganzen Planeten dekretieren, was als »gut« und was als »böse« zu gelten hat? So wie Marc Zuckerberg, der ganz allein entschieden hat, das Facebook-Konto von Donald Trump zu sperren? Doch wer kann über Gut und Böse entscheiden, wenn nicht Gott, für die, die an ihn glauben? Oder auch eine Versammlung von Richtern als Repräsentanten der Bürger?

Es ist nicht das erste Mal, dass das Weiße Haus sich mit Geschäftsmännern auseinandersetzen muss, die Schüsselsektoren der Wirtschaft beherrschen; früher waren das die Eisenbahnen, die Ölindustrie oder der Telekommunikationssektor. Doch der Unterschied zwischen unseren Milliardären und den *robber barons*, den Raubrittern des 19. Jahrhunderts, besteht darin, dass Musk wie Zuckerberg über eine Technologie und ein Medium verfügen, die, wenn sie es wollen, ihr eigenes Netzwerk und ihre eigene Senderkette werden und von dort aus unmittelbar ihre politischen Ideen verbreiten.

Hält sich Musk selbst für den Schöpfer, wenn er Implantate in Gehirne von Affen oder Schweinen – und sicher bald auch menschlichen Freiwilligen (das ist 2024 bereits geschehen, d. Übers.) – einsetzen lässt, durch die die Hybridisierung von Mensch und Maschine vorangebracht werden soll, damit die Menschheit mit der künstlichen Intelligenz »mithalten« kann?

Dieser seltsame und extravagante Patron ist nicht der einzige seiner Art. Jeff Bezos, der Gründer von Amazon, versucht wie er mit seiner *Blue-Origin*-Rakete mit der NASA ins Geschäft zu kommen, seit die USA das Schicksal ihrer Astronauten diesen Milliardären anvertrauen müssen, denen die Welt längst viel zu klein ist. Auch er bemüht sich um Weltraumtourismus mithilfe von Verträgen mit öffentlichen Institutionen, nur allzu glücklich darüber, dass die Vereinigten Staaten ihre eigenen Initiativen aufgegeben haben angesichts der technischen Herausforderungen – bis dahin, dass sie sich nicht mehr scheuten, die Russen von *Sojus* um Hilfe zu bitten. Die NASA vertraut selbst die Raumanzüge der Astronauten, die als Nächste auf dem Mond herumlaufen werden, der Privatwirtschaft an; sie werden, so heißt es, mehr als 1 Milliarde Dollar das Stück wert sein: Washington wird sie deshalb nicht entwerfen lassen, sondern mieten!

Bezos sieht uns schon in O'Neill-Kolonien

Auch der größte Internethändler hat einen großen Plan für die Menschheit: das O'Neill-Projekt. Jeff Bezos träumt davon, die Bevölkerung unseres erschöpften Planeten in »O'Neill-Zylinder« umzusiedeln, benannt nach dem amerikanischen Physiker Gerard K. O'Neill. Es handelt sich um mehrere Kilometer lange riesige Zylinder oder Kapseln, die im All schweben und in denen es Städte und Felder geben könnte.

Für die nähere Zukunft hat der Amazon-Gründer begonnen, sich auf einem der Felder zu versuchen, auf denen der amerikanische Staat nur schwach vertreten ist: dem Gesundheitswesen. Das ist ein Gebiet von schnell zunehmender Bedeutung, und die Webmilliardäre besitzen so viele Nutzerdaten, dass sie meinen, diese Goldmine ausbeuten zu müssen. Es ist leicht zu erraten, dass derjenige, der die Gewohnheiten seiner Kunden kennt – ihre Ernährungsweise, ihre Lebensverhältnisse, ob sie Sport treiben oder nicht, auch die Ärzte, zu denen sie gehen –, die guten Versicherten leicht von den weniger guten unterscheiden kann und sie eines Tages entsprechend wird zahlen lassen können. Er kann die Daten auch an Versicherer verkaufen, an Banken und Arbeitgeber. Bezos hat es mit Amazon Care versucht, musste allerdings mangels Rentabilität 2022 den Rückzug antreten. Aber nur vorläufig.

Jeff Bezos ist nicht der einzige Milliardär, der ein Auge auf die Gesundheit der Menschen geworfen hat, in der Annahme, damit besser umgehen zu können als Staaten oder öffentliche Einrichtungen: Bill Gates, der Gründer und Entwickler von Microsoft, hat beschlossen, seinen »Ruhestand« und sein Vermögen im Weltmaßstab für philanthropische Zwecke zu nutzen, in der großen Tradition amerikanischer Milliardäre, doch mit vervielfachtem Einsatz.

Bill Gates ist Teil der weltweiten Gesundheitsfürsorge. Der Microsoft-Gründer hat seinen Sitz in der WHO, der Weltgesundheitsorganisation, deren zweitgrößter Geldgeber er mit 751 Millionen Dollar im Jahr ist, weit vor Deutschland, Frankreich oder China. Als Präsident Trump seinerzeit entschied, dass die USA sich aus der WHO zurückziehen und nicht mehr darin einzahlen würden, schlug der mächtigste Rentner der Welt vor, die Bill-&-Melinda-Gates-Stiftung könne ihre Zahlungen übernehmen. Er ist heute unverzichtbar beim Kampf gegen Polio und Malaria in Afrika und hat Hunderte von Millionen Dollar für die Erforschung und gerechte Verteilung eines Impfstoffs gegen Covid-19 aufgewendet.

Bill Gates herrscht über die Weltgesundheit

Gates wendet bei den Impfkampagnen dieselben strengen Methoden an, die seit fünf Jahrzehnten seinen Erfolg in der Informatik garantiert haben. Er entscheidet, welcher Impfstoff am dringendsten gebraucht wird und welche Kinder in welchem Land unter welchen Bedingungen geimpft werden sollen. Die Staaten unterwerfen sich diesem Regime, sie haben keine andere Wahl. Es ist ja sein Geld, das der Stiftung, die er mit seiner Frau Melinda gegründet hat, von der er heute getrennt ist, die aber weiterhin neben ihm deren Botschafterin war. (Melinda Gates hat sich 2024 aus der Stiftung zurückgezogen, um sich ihren eigenen Wohltätigkeitsprojekten zu widmen, d. Übers.) Was Gates schafft, ist wirklich außergewöhnlich – doch es gibt Stimmen, die ihm vorwerfen, alleine zu entscheiden, ohne dass es ein Gegengewicht gibt. Es stimmt, dass er niemandem Rechenschaft schuldet und dass niemand seine Auswahlkriterien kennt, die Prinzipien, nach denen er in dem einen oder dem anderen Land tätig wird. Es gibt keine demokratische Kontrolle über sein philanthropisches Engagement. Man wirft ihm vor, welchen Einfluss er über die WHO inzwischen hat. Für manche ist er faktisch deren Chef geworden.

Bill Gates ist im Netz stets schlecht behandelt worden, was vielleicht an der Erinnerung an die Zeit liegt, als Microsoft noch ein Monopol hatte und gegen seinen Konkurrenten Apple wie Goliath gegen David auftrat. Heute klagen Verschwörungstheoretiker ihn an, er habe gewusst, dass die Covid-19-Pandemie ausbrechen würde. Er hatte in der Tat die Behörden weltweit gewarnt, dass die Gefahr uns drohte – und folglich, so die Verschwörungstheoretiker, muss er sie selbst herbeigeführt haben.

Sergey Brin und Larry Page, die Erfinder von Google wiederum, wollen sich nicht auf Impfungen beschränken: Sie wollen den Menschen unsterblich machen. Noch nie hat ein Staatschef eine solche Ambition gehabt. Sie würden es gerne besser machen als Gott, und zwar auch gegen dessen »Willen«. Diese beiden Libertären haben einen Teil ihres Vermögens in dieses äußerste Ziel investiert: das Altern und den Tod abzuschaffen.

Dieser Herausforderung widmet sich die Biotechfirma Calico (California Life Company), deren Sitz der Veteran's Boulevard (einen besseren Namen hätte man nicht erfinden können) in San Francisco ist.

Sie könnten ihr Geld auch in die Krebsforschung stecken, doch das interessiert sie nicht. Für sie wäre das nicht ambitioniert genug, denn das würde den Menschen nicht mehr als drei Jahre zusätzlicher Lebenserwartung bringen. Was sie wollen, ist »den Tod töten«. Calico forscht also über den Prozess des Alterns. Die Vizepräsidentin des geheimnisvollsten Unternehmens von Alphabet (wozu auch Google gehört) ist Cynthia Kenyon, eine Forscherin, die sich 1993 dadurch einen Namen gemacht hat, dass es ihr gelang, die Lebenszeit eines Wurms, *C. elegans*, durch eine genetische Manipulation zu verdoppeln. Calico arbeitet auch mit Nacktmullen, einer Nagetierart, die länger lebt als andere.

Larry Page und Sergey Brin haben auch die transhumanistische »Singularity University« finanziert und deren Direktor Ray Kurzweil, ein Genie der neuronalen Netzwerke, dafür gewonnen, die Forschungen bei Google zu leiten. Kurzweil ist überzeugt, dass unsere Spezies ihre biologischen Grenzen sprengen und mit Maschinen fusionieren muss, um Unsterblichkeit zu erreichen: Wenn wir den Inhalt des Gehirns auf einen Roboter überspielen können, brauchen wir unsere provisorischen Körper gar nicht mehr! Page und Brin haben sich mit niemandem beraten und nicht die Mühe gemacht, eine Ethikkomission einzurichten, bevor sie diese Programme gestartet haben.

Nur die Reichsten werden unsterblich sein

Anders als Staaten, die sich an Gruppen von »Weisen« wenden und eine demokratische Diskussion organisieren, bevor sie Entscheidungen fällen, die künftige Generationen betreffen und die menschliche Spezies verändern könnten, glauben die Tech-Milliardäre, dass alles, was möglich ist, auch gemacht werden soll und dass das, was gut für sie, auch gut für uns ist. Der Tod ist ein Problem, und für jedes Problem gibt es eine Lösung. Unabhängig von den damit verbundenen ethischen Problemen wäre es naiv zu glauben, dass das Elixier der ewigen Jugend, wenn sie es denn finden, universell zugänglich wäre. Wie immer werden nur die Reichen es sich leisten können. Die Gründer von Google sind auch Mitglieder des sehr geschlossenen Klubs der führenden internationalen Unternehmen der künstlichen Intelligenz, nachdem sie DeepMind gekauft haben, den britischen Champion auf diesem Gebiet. Ihnen gehörte auch ihre eigene Abteilung für KI-Forschung, GoogleBrain. Sie haben beides fusioniert, zweifellos um die stärkste Position im Wettlauf zur Allgemeinen Künstlichen Intelligenz zu haben, einer Intelligenz, die zumindest gleich intelligent wäre wie der Mensch.

Mark Zuckerberg ist der letzte dieser Milliardäre, die mächtiger sind als ganze Staaten – und nicht der am wenigsten einflussreiche. Der Chef von Facebook und Instagram hat Informationen über 3 Milliarden Menschen, ein Drittel der Bewohner unseres Planeten, und zwar das kaufkräftigere Drittel. Und er weiß, wie man diese Menschen beeinflussen kann. Keine Diktatur der Welt könnte dies in dieser Größenordnung. Bei der Affäre um Cambridge Analytica stellte es sich heraus, dass er dieses wertvolle Wissen auch ohne Skrupel ausgebeutet hat. Facebook hat tatsächlich die Profile seiner Abonnenten einer Organisation überlassen, die in der Lage war, deren Stimmabgabe durch zielgerichtete Nachrichten zu steuern.

Die Whistleblowerin Frances Haugen, eine ehemalige Facebook-Angestellte, hat auch gezeigt, dass das Unternehmen »seine Profite mit unserer Sicherheit finanziert hat«. In der Tat ließ ein Datenanalytiker von Facebook Anfang November 2020, wenige Tage nach dem Sieg von Joe Biden über Donald

Trump im Präsidentschaftswahlkampf, seine Kollegen wissen, dass 10 % der auf der Plattform gestreamten politischen Inhalte Meldungen waren, in denen es hieß, die Wahl sei gefälscht worden. Dieses auf Facebook verbreitete und dann von Donald Trump bis zum Erbrechen immer wiederholte jeder Grundlage entbehrende Gerücht führte am 6. Januar 2021 zum Sturm auf das Kapitol. Anhänger des ehemaligen Präsidenten drangen in den Kongress ein, als der Sieg von Joe Biden bestätigt werden sollte, und fünf Personen fanden dabei den Tod.

Der Gründer von Facebook und die Gründer von Google besitzen noch eine andere enorme Macht: Sie bestimmen über Leben und Tod der Medien und damit der Demokratie. Ihre beiden Firmen allein ernten zwei Drittel der Werbeeinnahmen im Internet, zum Nachteil der Medien, die gleichwohl für die Inhalte sorgen. Sie haben sich geweigert, für die Verbreitung von deren Artikeln zu zahlen, entgegen dem, was das europäische Recht ihnen vorschreibt. Damit missachten sie die Souveränität der Staaten und verstoßen gegen demokratische Prinzipien. In manchen Ländern wird bis heute darum gerungen. Doch obwohl die imperialistische Strategie dieser Männer das Gleichgewicht der politischen Kräfte bedroht, haben die Staaten zu spät begriffen, dass sie ihre destruktive Macht unterschätzt haben.

Wie konnten sich diese übermächtigen Unternehmer über die Leiter und Besitzer traditioneller Unternehmer erheben? Wie haben sie unser Leben verändern können, zum Besseren und öfter noch zum Schlechteren? Liegt das daran, dass sie »Träume« haben, ganz große Pläne, den Willen, die Welt nach ihrem Willen neu zu schaffen? Die Chefs von Procter & Gamble, von Volkswagen oder Vuitton brüsten sich nicht damit, das Leben der Menschen auf eine neue Stufe zu bringen. Unsere »Supermen« aber haben sich dieser gleichsam messianischen Aufgabe verschrieben. Sie halten sich für die Retter der Welt.

Jugendliche in großer Gefahr

Und dennoch! Sie haben sie während der Covid-Pandemie nicht gerettet. Abgesehen einmal von Bill Gates – der sich dies in seinem zweiten Leben zur Aufgabe gemacht hat – haben sie nichts dazu beigetragen, Impfstoff zu finanzieren oder zu verteilen. Sie haben sich damit begnügt, Geld zu verdienen. Denn angesichts von Zwangslockdowns wurde das Internet unverzichtbar, um zu kommunizieren, einzukaufen, Filme anzusehen, im Homeoffice zu arbeiten oder Geschäftsreisen in Form von Videokonferenzen zu absolvieren … Sie können dieser seltsamen Grippe, zu deren Bekämpfung sie nichts beigetragen haben, nur danken: Sie hat es den Tech-Konzernen erlaubt, in wenigen Monaten ein Maß der Durchdringung der Wirtschaft zu erreichen, für das sie normalerweise 20 Jahre gebraucht hätten. Die Verkäufe bei Amazon, die medizinische Betreuung im Internet und die Onlinekonferenzen auf Google Meet oder seinen Entsprechungen Zoom oder Teams sind explodiert. Damit haben die Tech-Giganten uns einen Dienst erwiesen, das ist wahr, aber vor allem haben sie sich um Milliarden bereichert. Die Profite von Amazon und Facebook haben sich im zweiten Drittel des Jahres 2020 gegenüber dem Vorjahr schlicht verdoppelt.

Nicht nur, dass diese Unternehmen die Welt nicht »besser« machen; im Gegenteil, sie verändern sie, indem sie die Demokratie gefährden. Die sozialen Netzwerke von Facebook bis X tragen in hohem Maße die Verantwortung für das Anwachsen von politischer Aggressivität und Populismus. Ihre Algorithmen verleiten dazu, in immer größerem Maße hundertprozentige Überzeugungen oder provokante Ansichten zu verbreiten und dadurch die einzelnen User-Communities in einer ungesunden ideologischen Isolation zu belassen. Mit diesen Maschinen, die die gesellschaftliche Spaltung vorantreiben, verheert die politische Polarisation die Öffentlichkeit in den USA wie in Europa.

Vielleicht noch schlimmer ist, dass die sozialen Netzwerke einen verhängnisvollen Einfluss auf die mentale Gesundheit von Kindern und Jugendlichen haben, die täglich zu viele Stunden am Bildschirm verbringen, was ihre intellektuelle Entwicklung behindert. Wie wir sehen werden, ist es kein Zufall, dass die meisten Chefs von Tech-Unternehmen ihren Kindern den Besitz eines Smartphones untersagen, bevor sie 14 sind, und die Zeit beschränken, die ihre jugendlichen Kinder im Web verbringen dürfen. Oft geben sie sie auch auf Schulen, in denen keine Bildschirmgeräte zugelassen sind.

Facebook und seinesgleichen haben bei Psychologen Studien in Auftrag gegeben und Forschungen veranlasst; sie wissen besser als sonst wer, dass eine hochdosierte Nutzung der Social Media bei Jugendlichen einen Verlust von Lebensfreude nach sich zieht, Depressionen auslöst und sogar zu Selbstmorden führen kann. Sie wissen auch, dass »Schönheitsfilter«, mit denen man seine Photos auf Instagram verbessern kann, die Zahl der chirurgischen Schönheitsoperationen bei den 18- bis 30-Jährigen explodieren lassen, die davon träumen, auszusehen wie ihr retuschiertes Bild. Sie sind dabei, für eine Generation von frustrierten und psychisch instabilen Erwachsenen zu sorgen – und tun dies bewusst, um ihre Profite zu mehren. Die Generation der Jugendlichen von heute, die das Opfer davon ist, zahlt den Preis für die Selbstaufgabe der öffentlichen Gewalten gegenüber den Plattformmilliardären. Das Wirtschaftsmodell von Facebook, YouTube, Instagram, TikTok und Co ist in sich korrupt, weil ihr Erfolg proportional zu ihrem Suchteffekt und der Zahl der Abhängigen wächst. Ihre Rentabilität zu maximieren, setzt den Überkonsum ihrer Dienste voraus. Wir stehen hier, man wird es sehen, vor einem größeren Problem der öffentlichen Gesundheit.

Sie müssen sich nicht alle vier Jahre zur Wahl stellen

Alle diese Männer mit ihrer maßlosen Macht treffen sich mit den Staatschefs, meist auf deren Bitten, und verhandeln mit ihnen von Gleich zu Gleich. In Wahrheit verdienen sie hundertmal mehr als diese, sind tausendmal reicher, und ihre Macht ist vor allem viel weniger vergänglich: Sie können nicht bei jeder Wahl abgesetzt werden. Anders als gewählte Volksvertreter sind diese Milliardäre nicht »von Hindernissen eingezwängt«, wie Musk das genannt hat, um zu rechtfertigen, dass er seinen Job dem eines Staatschefs vorzieht. Manchmal gehen sie auch so weit, sich in das Spiel der Diplomatie einzumischen: Derselbe Musk hat es für gut befunden, der Öffentlichkeit seinen Plan für einen Frieden in der Ukraine (günstig für Russland) vorzustellen und ein noch unrealistischeres Statut für Taiwan (das China begünstigt) zu unterbreiten, sehr zum Missfallen von Washington, das die Freiheit der Insel unterstützt und sie im Fall einer militärischen Invasion Chinas verteidigen will. Musk hat seine pragmatischen Gründe, China zu schmeicheln: China ist ein riesiger Markt für seine Firma Tesla; er besitzt da eine riesige Fabrik und möchte sie behalten, auch wenn die chinesisch-amerikanischen Beziehungen sich verschlechtern. Peking wiederum ist darüber beunruhigt, dass Musk sich mit seinen *Starlink*-Satelliten eines Tages in seinen Konflikt mit Taiwan einmischen könnte, wie er es in der Ukraine getan hat.

Dass Elon Musk sich für einen ausgezeichneten Diplomaten hält, ist nicht weiter verwunderlich. Manche Länder schicken Botschafter zu den Tech-Magnaten und erkennen damit implizit auch deren Exterritorialität an.

Als Dänemark 2017 einen »Botschafter bei den Großen von Silicon Valley« ernannte, erkannte das Land de facto an, dass diese Menschen die Macht von Staaten besitzen und dass man ihre Besitzer und Leiter als Superstaatschefs behandeln muss. »Wenn Sie betrachten, welchen Einfluss diese Unternehmen auf Sie oder mich haben, werden Sie feststellen, dass viele von ihnen mehr Einfluss haben als die meisten Nationen«, rechtfertigte das der erste Botschafter, Casper Klynge, nach seiner Ernennung durch das dänische Außenministerium.

Doch indem sie diese »übernationalen« Firmen wie Staaten ohne Territorium behandelten, erkannten die Skandinavier auch an, dass es für sie kein fiskalisches Territorium gibt. Wenn Google oder Amazon regelrechte Staaten sind, wenn auch ohne ein Gebiet, ist der US-amerikanische Staat nicht mehr für sie zuständig. Warum sollten sie dann in den Vereinigten Staaten oder den anderen Ländern, in denen sie aktiv sind, Steuern zahlen? Da sie übernational sind, ist es nur logisch, dass sie sich in Ländern niederlassen, in denen ihre Profite wenig oder überhaupt nicht besteuert werden. Sie setzen eine neue internationale Wirtschaftsordnung durch, in der es keine Grenzen mehr gibt und die Staaten ohnmächtig sind.

Europa erlegt ihnen Strafen auf, und die USA drohen damit, sie zu zerschlagen, doch die entsprechenden Bemühungen sind noch weit von ihrem Ziel entfernt. Um zu verhindern, dass es neue Normen oder Reglementierungen gibt, die ihnen nicht passen, beschäftigen sie ganze Armeen von Lobbyisten – Hunderte von mit gewaltigen Mitteln ausgestatteten Experten und Juristen –, um diese Prozesse endlos zu diskutieren, zu verzögern und zu zerreden. Sie intervenieren auf diese Weise bei der Formulierung der sie betreffenden Gesetze. Sie scheinen in einer höheren Sphäre zu schweben als die geschwächten Nationalstaaten, die stets zu spät dran sind.

Der Rückzug der Demokratie

Aber sind sie im Grunde genommen nicht vor allem dadurch geschützt, dass sie *too big to fail* sind, zu groß, um scheitern zu dürfen? Wie manche Banken während der Subprime-Krise sind sie zu schwergewichtig und zu wichtig für die Struktur der Gesamtwirtschaft, als dass man sie fallen lassen könnte: Sie würden ganze Teile der Wirtschaft mit sich reißen – und das ganze System der amerikanischen Informatik. Deshalb sind sie geschützt und so gut wie unbesiegbar; sie anzugreifen, wäre ein systemisches Risiko.

Heute, am Anfang des 21. Jahrhunderts, sind wir Zeugen einer Verschiebung des Gravitationszentrums der Macht hin zu einem halben Dutzend Männer und ihren *firmes-monde*, Weltfirmen im Sinne von Fernand Braudel, das heißt ökonomischen und politischen Entitäten, deren Supermächtigkeit vernünftig reguliert werden sollte.

Für Richard Walker, Professor an der University of California in Berkeley, sind wir heute nur »Spielzeuge der Milliardäre, weit mehr noch als der Großunternehmen, die für das 20. Jahrhundert prägend waren«.

Je mehr Einfluss sie auf die Staaten haben, desto weniger herrscht Demokratie, desto mehr bleiben die Entscheidungen willkürlich und wachsen die Verzerrungen der Realität. Denn wir haben keine Kontrolle über sie. Das heißt, jedes dieser Unternehmen hat auf seinem Gebiet den Schlüssel zu unserer Zukunft in der Hand. So wie nicht jeder sich einen Sportwagen oder eine Yacht oder auch eine Reise in den Weltraum (das erste Ticket für einen kleinen Ausflug ins All mit Jeff Bezos an Bord der *Blue Origin* ist für 28 Millionen Dollar bereits verkauft worden) leisten kann, wird sich auch nicht jeder ein verlängertes Leben oder ein erweitertes Gehirn leisten können. Bis heute hing die Lebensdauer und vor allem die Intelligenz nicht von den finanziellen Möglichkeiten der Einzelnen ab, was auch einen sozialen Aufstieg (mehr oder weniger gut) ermöglichte. Doch mit ihnen wird alles schlechter werden.

Was also tun? Es kann nicht darum gehen, sie zu vernichten, denn ihre Entwicklung und ihre Kreativität dienen dem wirtschaftlichen und technologischen Fortschritt. Indem es seine Tech-Giganten kontrolliert, hat China dazu beigetragen, den Rhythmus seiner wirtschaftlichen Erholung nach der Pandemie zu verlangsamen, und riskiert so, niemals, wie es das geplant hat, die erste Weltmacht zu werden. Doch trotzdem kann man nicht »den freien Fuchs im freien Hühnerstall« machen lassen, was er will. Dass die Herrscher über die sozialen Netzwerke alles über uns wissen wollen, rechtfertigen sie damit, dass sie ihre Dienstleistungen verbessern, also uns glücklicher machen wollen (selbst wenn wir das gar nicht wünschen). Die Menschen sind mit dieser Aneignung einverstanden, denn warum sollten sie etwas zurückweisen, was man ihnen gratis anbietet: Informationen, die auf ihre Interessen zugeschnitten sind, Kontakt zu den Leuten, die ihnen ähneln, unbegrenzte Informationsmengen, stets mehr als sie wollen? Man weist das »Glück« nicht zurück – auch wenn jeder weiß, dass das Produkt nur deshalb umsonst zu haben ist, weil man selbst ein Teil davon ist. Das Risiko der Desinformation, also die politische Gefahr, ist gewaltig, wenn mehr als die Hälfte der Bevölkerung ihre Informationen ausschließlich aus den sozialen Netzwerken bezieht.

Die »Räuberbarone« des 21. Jahrhunderts

Gleich, ob wir ihr Angebot annehmen oder nicht – wir müssen Bedingungen für ihre weltweite Entwicklung stellen. Es ist von entscheidender Bedeutung, dass diese neuen Riesenunternehmen sich nicht ihrer Pflicht gegen den Fiskus entledigen können. Sie müssen die Steuern zahlen, die sie schuldig sind. Ferner dürfen sie sich nicht einfach jede Konkurrenz vom Hals halten: Sie müssen die jungen Unternehmen leben lassen, die zu ihren Rivalen werden können, und dürfen nicht auf die

Dauer Monopoleinnahmen erzwingen. Sie dürfen auch nicht die Gesetze zum Schutz des Privatlebens missachten: Alle Bürger müssen ihre persönlichen Daten nachverfolgen und über sie verfügen können. Schließlich dürfen diese »supranationalen« Mächte nicht die Prinzipien der öffentlichen Gesundheit brechen: Was sie an Inhalten anbieten, muss so reguliert sein, dass diese nicht mehr die mentale Gesundheit der Heranwachsenden gefährden. Eine Generation ist zweifellos schon verloren.

Die »Räuberbarone« des 21. Jahrhunderts haben die Macht ergriffen, aber wessen Fehler war das? Sie haben einfach Macht ergriffen, wenn ihre Fähigkeiten es ihnen erlaubt haben. Doch ihr Aufstieg war nicht alternativlos: In China zum Beispiel waren Larry Page und Sergey Brin mit Google nie sehr erfolgreich. Da die Regeln dort äußerst streng waren, haben sie 2010 eine zensierte Version ihrer Suchmaschine fabriziert, die dann jedoch wieder zurückgezogen, als das in den USA einen Aufschrei auslöste. China ist gewiss kein Rechtsstaat, doch die Vereinigten Staaten oder die Europäische Union bräuchten gar nicht so weit zu gehen, die chinesischen Methoden anzuwenden; sie besitzen auch jetzt schon Gesetze, die eine derartige Hegemonie verhindern könnten. Die amerikanische Regierung und in ihrem Gefolge auch Europa machen einen Fehler: Sie organisieren ihre eigene Abdankung. Doch es ist noch nicht zu spät, um den Versuch zu unternehmen, die Schäden wiedergutzumachen, die die neuen Hegemonen bereits angerichtet haben, … und die zu verhindern, die sie erst anrichten wollen.

1. Kapitel

Elon Musk, der Mann, der sich für Gott hält

Der berühmteste Milliardär des 21. Jahrhunderts, der faszinierende Unternehmer, der die Ukraine mit seinen Satelliten »rettet«, dessen Stimmungsschwankungen aber die amerikanische Regierung zittern lassen, der Mann, der für Implantate in Affenhirnen verantwortlich ist und in erstaunlicher Weise über X, ehemals Twitter, herrscht, ist ein Genie – und ein großes Kind. Er fordert seinen Konkurrenten Mark Zuckerberg zum Kampf mit bloßen Händen in einem Käfig heraus und kneift dann aus Gesundheitsgründen; dann schlägt er ihm einen »Schwanzvergleich« vor und setzt sich dabei in Szene, wie er die Länge einer riesigen Aubergine misst. Sein Familienleben ist genauso barock: Er ist überzeugt, dass die niedrige Geburtenzahl unsere Zivilisation bedroht, und hat elf Kinder mit drei verschiedenen Frauen, wobei er manchmal auch auf Leihmütter und In-vitro-Befruchtungen zurückgriff. Um dabei schneller weiterzukommen, hat er wiederholt mehrere Kinder gleichzeitig »bekommen«: zweimal Zwillinge und einmal Drillinge. Einmal wurde er auch fast gleichzeitig mit zwei verschiedenen Frauen Vater, mit nur einem Monat Zwischenzeit: im November und Dezember 2021, mit der Sängerin Grimes beziehungsweise Shivon Zilis, Projektmanagerin in einer der Firmen seines Konzerns. Seine beiden Ehen mit der britischen

Schauspielerin Talulah Riley, auf die jedes Mal die Scheidung folgte, waren dagegen unfruchtbar. Wie auch seine angeblichen Affären mit Amber Heard, der Ex-Frau von Johnny Depp, und Nicole Shanahan, der Frau von Sergey Brin, dem Mitgründer von Google, einem seiner alten Freunde.

Der Website Page Six vertraute Elon Musk an, dass er bereit sei, »so viele Kinder wie möglich zu haben, solange er mit ihnen Zeit verbringen und ein guter Vater sein« könne. Aber ist jemand ein verantwortungsbewusster Vater, der – um nur damit anzufangen – seine Kinder »Techno Mechanicus«, »X Æ A-XII« oder »Exa Dark Sideræl« nennt?

Er hat zugegeben, »Asperger« zu haben, eine milde Form von Autismus, für die ungewöhnliche Denkweisen und Schwierigkeiten in der Kommunikation mit anderen charakteristisch sind. Asperger-Menschen können auf ihrem Gebiet genial sein, wie Glenn Gold am Klavier oder Bobby Fischer am Schachbrett. Musks Handicap äußert sich jedoch in der Schwierigkeit, einem Gesprächspartner ins Gesicht zu sehen, sich an zwei Gesprächspartner gleichzeitig zu wenden – einen von beiden ignoriert er stets –, oder auch in Manifestationen von Unreife: So hat Musk eine Leidenschaft für Furzgeräusche und skatologische Tweets … Im Übrigen verfasst er seine Botschaften oft auf der Toilette, wobei er nebenbei seine gegenwärtige Aktivität kommentiert. Schließlich leistet er sich eine Entgleisung nach der anderen: Er bezeichnet einen Gegner ohne Grund als »pädophil«, verkündet, Tesla zu einem Phantasiepreis von der Börse zu nehmen, und leitet verschwörungstheoretische Tweets weiter … »Ich habe mir so oft selbst in den Fuß geschossen, dass ich mir Kevlar-Stiefel kaufen sollte«[1], vertraute er seinem Biographen Walter Isaacson an.

Gleichwohl ist Musk eine Art Genie: Zugleich ein erfolgreicher Unternehmer, ein wirbeliger Ingenieur, ein leidenschaftlicher Träumer von interstellaren Reisen, ein megalomaner und tyrannischer Chef, ist er der Visionär einer überdimensionalen KI. Er häuft sogar Staatsangehörigkeiten an: Als geborener

Südafrikaner und Kanadier durch seine Mutter wurde er im Jahr 2002, als er anfing, Raketen zu bauen, zum Amerikaner.

Er war erst zehn, als er vom Computervirus befallen wurde. Er verliebte sich in einem Einkaufszentrum in Pretoria in einen Commodore VIC 20. Das war 1981. Um einen Computer zu nutzen, musste man ihn programmieren können; er stürzte sich deshalb in die verfügbaren Handbücher und lernte alles allein. Sein Bruder Kimbal erzählt, Elon habe sein Allgemeinwissen auf dieselbe Weise erworben: indem er während seiner Grundschulzeit zehn Stunden am Tag von A bis Z die *Encyclopedia Britannica* durchlas. Alles interessierte ihn: Religionen, Philosophie, Technologie, Design, Politik ... Sein phänomenales visuelles Gedächtnis hielt alles fest. 1984, mit zwölf Jahren, erfand er ein Videospiel, *Blastar*, in dem es um die Eroberung des Raums und einen Krieg zwischen Guten und Bösen geht. Er schickte den Quellcode dafür, ein Programm von 67 Zeilen, an *PC and Office Technology,* und das Magazin schickte ihm dafür einen Scheck über 500 Dollar, die er in Computermaterial reinvestierte.

Ein unsympathischer und gehänselter Jugendlicher

Er leidet unter der Trennung seiner Eltern. Er und sein Bruder ziehen es vor, mit ihrem Vater mitzugehen, einem Elektronikingenieur, während ihre Schwester lieber bei der Mutter, Maye, bleibt, Model und international tätige Ernährungsberaterin. Vater Errol Musk ist ein zu psychischer Gewalt fähiger Mann, der es Elon nicht leicht macht und ihn zwingt, sich einen Panzer zuzulegen. Mit 14 Jahren ist Elon ein unsympathischer Heranwachsender und Opfer von Mobbing in der Schule: Seine Schulkameraden nennen ihn »Musk Rat« (»Muskelratte«), und er wird oft verdroschen. Er flüchtet sich in die Welt von Science-Fiction-Comics und begeistert sich für Superhelden, die die Welt retten.

Schon früh träumt er von den Vereinigten Staaten, dem Land der unbegrenzten Möglichkeiten. Mit 17, als er zum Militär eingezogen werden soll, verlässt er das Land der Apartheid und geht nach Kanada, in die Heimat seiner Mutter. Er hat Pech: Der Onkel, bei dem er wohnen soll, ist fortgezogen, und er reist mehrere Jahre in Kanada umher und arbeitet für seinen Lebensunterhalt, an einem Tag als Holzarbeiter, am nächsten als Kesselreiniger. Er nimmt Kurse in Betriebswirtschaft an der Queen's University in Kingston, Ontario, und bekommt ein Stipendium der University of Pennsylvania in Philadelphia, wo er sowohl Wirtschaftswissenschaften als auch Physik studiert. Er ist ein exzentrischer und zuweilen ungeschickter Student, aber seine Neugierde kennt keine Grenzen.

Mit 24 entdeckt er das Silicon Valley für sich dank zweier Praktika in Start-ups: eins in einer Fabrik für Elektroautos, das andere in einer Firma für Videospiele. Er möchte in Physik und Materialwissenschaften promovieren und schafft es, an der renommierten Stanford University aufgenommen zu werden. Doch schon nach 48 Stunden verlässt er sie wieder: Er möchte Unternehmer werden. Er lässt sich im Silicon Valley nieder und ruft dort zusammen mit seinem Bruder Kimbal und einem ihrer kanadischen Freunde etwas Ähnliches wie Google Maps ins Leben, das auf die Geschäfte in der Nähe der großen Städte hinweist: Zip2. Doch 1996 ist es noch nicht so einfach, die Kunden davon zu überzeugen, dass in Zukunft alles über das Internet läuft. Man hält ihn für ein bisschen verrückt. Der Fonds, der in das Start-up investiert hat, möchte, dass er nicht der Geschäftsführer ist, sondern nur der Technikvorstand. Das gefällt ihm gar nicht: Er möchte leiten und vorn auf der Bühne stehen. Seine Managementmethoden von damals sind bis heute dieselben geblieben. So sind die Zielsetzungen, die er verkündet, immer zu optimistisch: Man muss den Zeitraum, den er dafür ansetzt, etwas zu erreichen, immer verzehnfachen, amüsieren sich seine Mitarbeiter. Er arbeitet den ganzen Tag und schläft wenig, manchmal auch unter seinem Schreibtisch, und er versteht nicht, dass seine Führungsmannschaft nicht genauso leidenschaftlich bei der Sache ist wie er selbst. Es kann passieren, dass er zu einem Ingenieur sagt: »Wenn du am Samstag nicht zur Arbeit kommst, brauchst du auch am Montag nicht mehr zu kommen.« Wenn jemand ihm widerspricht, wird er aggressiv. Diese Brutalität, die er seit seiner Kindheit in sich trägt – seine dunkle Seite –, kommt bei solchen Gelegenheiten an die Oberfläche, und es passiert, dass er sich selbst »in den Fuß schießt«, wenn sein »schlechtes Genie« die Oberhand gewinnt, um seinen eigenen Ausdruck zu verwenden.

Zip2 ändert bald sein Wirtschaftsmodell – es »dreht sich«, wie man das in dem Milieu nennt: Das Start-up verkauft nun ein Programm, das es Medien erlaubt, alle möglichen Stichtage im Jahr online zu sehen. Zum Beispiel solche für kulturelle Ereignisse oder Zulassungstermine für Autos. Diese Umorientierung erweist sich als recht erfolgreich. 1999 wird die Firma von Compaq gekauft, und Elon investiert die 15 Millionen Dollar, die er dabei verdient, indem er Mitgründer der ersten Onlineplattform für Finanzdienstleistungen wird, X.com.

Zu dieser Zeit gönnt sich der geltungsbewusste junge Manager eine Wohnung in Palo Alto und einen *McLaren F1*. Damals liebt er noch Verbrennerautos! Die Übergabe des brandneuen Boliden wird von CNN gefilmt: Dieser Mediencoup macht den 28-jährigen Unternehmer im Valley bekannt. Man sieht, wie er mit seinem früh kahl gewordenen Schädel (später lässt er sich neue Haare implantieren) zusammen mit seiner Verlobten Justine Wilson, die er von der Queen's University her kennt, wie ein kleiner Junge einen Freudentanz vor dem Rennauto aufführt, »von dem es nur 62 Exemplare weltweit gibt«. Sein Preis – 1 Million Dollar – sei »dekadent«, säuselt Justine, die fürchtet, ihr Verlobter und sie könnten zu »allzu verwöhnten Kindern« werden, und findet, sie dürften nicht die Fähigkeit verlieren, die Dinge »wertzuschätzen und in Perspektive zu sehen«. Doch dieser Sportwagen wird ihn zum Design seiner künftigen *Teslas* inspirieren.

Ein Putsch in den Flitterwochen

Sehr bald schon fusioniert X.com mit Confinity, einem Start-up, das von drei Geeks gegründet worden ist, darunter dem künftigen Guru von Silicon Valley, dem rechtslibertären Unternehmer Peter Thiel. Confinity bietet Zahlungen ohne Schecks oder Kreditkarten an. Die neue Firma, die nun in PayPal umgetauft wird, wird führend bei Onlinezahlungen und entwickelt sich spektakulär, trotz der Rangeleien zwischen Peter Thiel und Elon Musk. Anfang der 2000er Jahre nutzen die Angestellten von PayPal die Hochzeitsreise des »Tyrannen« und organisieren hinter seinem Rücken einen Putsch. Der Verwaltungsrat folgt ihnen dabei, und entsprechend seiner eigenen Art, Leute zu entlassen, setzen sie Musk ohne Vorwarnung vor die Tür. Der Betroffene ist wütend, doch trotzdem bleibt er Aktionär von PayPal, denn er glaubt mehr denn je an Onlinezahlungen. Er steckt sogar noch weiter Geld hinein, bis 2002, dem Jahr, in dem er das Unternehmen zusammen mit seinen Mitbesitzern an eBay verkauft – für 1,5 Milliarden Dollar. Die beiden Erfahrungen von »unglücklicher« Führung überzeugen ihn nicht davon, dass er ein schlechter Manager ist, sondern dass er die Dinge so organisieren muss, dass er nicht wieder ausgebootet werden kann. Er hat verstanden, dass er die Hand auf dem Aufsichtsrat haben muss.

Und er bekommt Gelegenheit, seine neuen Vorsätze in die Tat umzusetzen. Mit 31 Jahren, den 180 Millionen Dollar, die er bei dem Verkauf eingesackt hat, und seiner ganz neuen amerikanischen Staatsbürgerschaft kann der halb Cowboy- und halb Playboy-Unternehmer endlich das tun, wovon er immer schon geträumt hat: sich den Technologien widmen, die die Menschheit retten werden. Er ist mehr denn je von der Idee besessen, den Weltraum zu erobern, und zutiefst enttäuscht, dass die NASA seit 15 Jahren im Tiefschlaf liegt; so springt er in die Bresche und gründet SpaceX, eine private Raumfahrtfirma, in die er 100 Millionen Dollar investiert. Er will eine wiederbenutzbare Rakete entwickeln – ein verrückter Vorsatz – und bemannte Flüge organisieren, mit denen eines Tages eine Kolonie auf dem Mars gegründet werden soll, unserem Ersatzplaneten – ziemlich ambitioniert.

Elon Musk ist ernsthaft davon überzeugt, dass er zur Welt gekommen ist, um sie zu schützen und ihre Bewohner zu retten. Das ist übrigens etwas, das alle diese »systemrelevanten« Milliardäre gemein haben, und auch das Geheimnis ihres Erfolgs: Während andere große Bosse im Nachhinein eine Raison d'Être für ihr Unternehmen erfinden, tragen sie sie in sich: Sie schaffen ein Unternehmen nur, um ihre Träume zu verwirklichen und, so jedenfalls die ehrgeizigsten unter ihnen, die messianische Vision Gestalt annehmen zu lassen, die sie seit je gehabt haben. Sie haben einen großen Plan für die Menschheit, ob der ihr nun passt oder nicht.

Auch wenn Musk Macht sehr wichtig findet, hat er keine Lust auf die Macht eines Staatschefs. Einem Journalisten des Senders France 2 vertraute er bei einem Frankreichbesuch an: »Die Bewegungsfreiheit eines Präsidenten der Vereinigten Staaten ist extrem begrenzt.« Er glaubt, als Unternehmenschef mächtiger und weniger eingeschränkt zu sein. »Wenn ich Präsident wäre, könnte ich keine Raketen zum Mars schicken«, versichert er. Dahinter steht: Dann könnte er seine Mission auf Erden nicht verwirklichen. In der Tat würde der Kongress ihn an seinen irren Abenteuern hindern. Die Frage ist jedoch rein theoretisch, denn da er kein geborener Amerikaner ist, könnte Musk sich nicht um das Präsidentenamt bewerben, auch wenn er es wollte.

Da Reisen zum Mars sich nicht schon in der nächsten Woche antreten lassen und die Rettung des Planeten sofortige Maßnahmen erfordert, beschäftigt sich unser bipolarer Superheld – so nennen ihn die Leute, die ihm nahestehen[2] – parallel dazu durch eine Investition von 10 Millionen Dollar in SunCity mit Solarpanels. Er begeistert sich auch für Elektroautos und legt seine restlichen 70 Millionen bei dem Start-up Tesla an, das 2004 davon träumt, die Prototypen elektrischer Sportwagen entwickeln zu können.

Tesla hat er lediglich »neu erfunden«

Auch wenn er Tesla nicht »erfunden« hat, so hat dieser Meister der Entwicklung von neuen Dingen Tesla doch »neu erfunden«: Das Storytelling wurde ausgehend von seiner Vision grundüberholt und ebenso das Managementsystem, die industrielle Organisation und die Lieferketten … Der Wirtschaftskenner Michaël Valentin erzählt in seinem Buch *Die Tesla-Methode*, dass in diesem Unternehmen anders als in anderen die Geeks und die Blaukittel täglich zusammen im Werk sind, ohne Unterschiede in der Rangordnung, und sich intensiv bemühen, mit der Scrum-Methode (das Wort aus der Rugby-Sprache bedeutet so viel wie »dicht zusammengedrängt«) komplexe Probleme zu lösen. Eine Ortsbesichtigung bei Tesla führt zu einer erstaunlichen Entdeckung, nämlich, dass jeder Angestellte, jeder Funktionsträger gleich ist: Alle Büros stehen offen, auch in der Produktionshalle, und die sogenannten Supportfunktionen sind ganz eng mit den Kernfunktionen verbunden. Der bilderstürmerische Unternehmer hat noch weitere Dogmen infrage gestellt – etwa die Notwendigkeit der Anwesenheit von Ausrüstern bei der Benutzung der Maschinen: Mit seinen Giga-Pressen, aus denen zum Beispiel die komplette hintere Seite eines Chassis herauskommt, hat er die Zahl der notwendigen Einzelteile minimiert und die für die Produktion seines SUV-Modells *Y* notwendige Zeit auf zehn Stunden reduziert. Das heißt auf ein Zehntel der Zeit, die deutsche Autobauer benötigen.

Welchem Sektor er sich auch zuwendet, Elon Musk geht jedes Mal ans Eingemachte, denkt *out of the box*, also unmittelbar praktisch, und macht Tabula rasa mit allem Vorgegebenen, sodass am Ende das »Rohe« gewinnt: So macht er seine Neuerungen zu einer Musik, die die ganze Welt mitreißt. Irgendwo zwischen Jules Verne und einem Steve Jobs angesiedelt – wie er war auch der Apple-Chef kein Erfinder, sondern ein Visionär und Orchesterdirigent –, schafft er spektakuläre Veränderungen, die die kollektiven Vorstellungen prägen. *Zuerst* mit Tesla, dann mit SpaceX.

2008 steht Elon Musk am Rand des Abgrunds. Alles um ihn herum geht in die Brüche. Justine – mit der er ein Kind gehabt hat, das zweieinhalb Monate nach der Geburt verstorben ist, und danach Zwillinge und Drillinge – hat sich von ihm scheiden lassen und erzählt Horrorgeschichten über ihren Ex-Mann, den »Macho« und Geizhals. Vor allem aber ist es das Jahr der Subprime-Krise, einer gravierenden Finanzkrise, von der niemand verschont bleibt. In Musks diversifizierter Unternehmensgruppe verbrennt SpaceX das ganze Kapital, während Tesla noch weit von der Rentabilität entfernt ist, und der Unternehmer fürchtet, nicht beide halten zu können. Die Entwicklung des *Roadster*, des ersten schicken Elektroautos, dessen Fähigkeiten das Image des Elektroautos revolutionieren, war fünfmal so teuer gewesen wie geplant. Die Bestellungen kommen seit der Präsentation des Modells im Jahr 2006 massenhaft herein, doch man kommt mit den Lieferungen nicht hinterher: Von 1200 vorbestellten Wagen konnten im Oktober 2008 nur 50 ausgeliefert werden.

Wenn er in die Enge getrieben wird, verliert der Mann, der Kanye West und Fred Astaire zu seinen Vorbildern zählt, weder seinen klaren Kopf noch die Fähigkeit, einen taktischen Rückzug anzutreten. Unter Druck gibt er sein Bestes. Er begreift, dass er den höchsten Gang einlegen muss. Doch in neue Dimensionen vorzustoßen, verlangt frisches Geld. Das sucht er nun bei denen, die ihm nahestehen – seinem Bruder Kimbal und seinem Kumpel Sergey Brin –, doch vor allem befasst er sich mit ziemlich unorthodoxen Finanzoperationen, die seinem eigenen Bruder zufolge »so aussehen, als riskierte er, im Gefängnis zu landen«. Schließlich kommt ihm der amerikanische Staat zu Hilfe. »Ich liebe euch«, lässt er sich an dem Tag vernehmen, als ein Verantwortlicher der NASA ihn anruft, um ihm mitzuteilen, dass er für SpaceX einen Vertrag über 1,6 Milliarden Dollar erhalten hat. Auch erhält er von der Regierung ganz offiziell ein Darlehen über 465 Millionen Dollar.

4,9 Milliarden an Subventionen

Einer Enthüllung der *Los Angeles Times* zufolge hat der amerikanische Staat dem Musk-Konzern 4,9 Milliarden Dollar an Subventionen gezahlt, vor allem für Tesla und SpaceX. War das das Resultat von 22 Millionen, die er für Lobbying bei der amerikanischen Regierung ausgegeben hat? Wir sollten uns daran erinnern, dass 2008 und 2009, nach der Subprime-Krise, alle Automobilhersteller in den westlichen Ländern staatliche Hilfen erhalten haben. Und dass die Akteure der Raumfahrt, auch wenn es sich offiziell um Privatfirmen handelte, schon immer von staatlichen Agenturen bezahlt worden sind.

Musk arbeitet wie ein Besessener und lässt seine Mitarbeiter arbeiten wie noch nie. Ein ehemaliger Vizepräsident bei Tesla, der für die Qualitätskontrolle beim Modell *S* verantwortlich war, kommentiert im Newsletter Monday Note von Frédéric Filloux: »Ein Jahr bei Tesla entsprach sieben Jahren anderswo, so wie ein Hundejahr.« Gewiss deshalb, weil es diese permanente Besessenheit von Geschwindigkeit gibt: Das Problem, für dessen Lösung ein traditioneller Hersteller sechs Monate benötigt, wird bei Tesla mit einer Konferenz und fünf Arbeitstagen erledigt.

Seine Managementmethoden sind stets diktatorisch. Sein Biograph Ashlee Vance berichtet von den Vorwürfen, die er einem Mitarbeiter machte, der eine Konferenz versäumt hatte, um bei der Geburt seines Sohns zugegen zu sein: »Das ist keine Entschuldigung, ich bin extrem enttäuscht. Du musst dich entscheiden, wo deine Prioritäten liegen.«[3] Spricht da der »gute« Vater seiner elf Kinder?

Für Musk gibt es kein Dogma und kein Tabu. Nur Effizienz zählt. Als er gerade angefangen hat, seine Autos mit Robotern zu produzieren, mottet er die plötzlich ein und setzt wieder auf Menschen. Er erklärt, diese würden »unterschätzt«. Sein Verkaufsrezept ist einzigartig: Es gibt keine Vertragshändler, sondern Onlineverkäufe und nur wenige Läden als Schaufenster. Und das funktioniert. *Tesla* wird das »trendyste« Auto im oberen Preissegment.

Wie ist es möglich, dass dieses Unternehmen, das im Covid-Jahr dreißigmal weniger Autos produziert als der Weltmarktführer Volkswagen, einen viermal so großen Börsenwert hat? Wie kommt es zu einer solchen extrem hohen Bewertung, wie es sie sonst nur für die Digitalgiganten gibt, obwohl es doch industrielle Produkte herstellt? Natürlich macht Musk große Ankündigungen und spricht dauernd von revolutionären Produkten. Und seine Autos sind wirklich revolutionär: Ein *Tesla* ist nicht einfach ein Auto, sondern ein »Computer auf Rädern«. Er funktioniert dank einem Programm, das über das Internet stets erneuert wird. Der Wert eines *Tesla* kann dank der permanenten Updates steigen, während ein *Ford* oder *BMW* unweigerlich Jahr für Jahr an Wert verliert. Heute ist Tesla ein sehr rentabler Automobilhersteller, und das Modell *Y* war mit 267 000 verkauften Exemplaren im ersten Drittel des Jahres 2023 das weltweit meistverkaufte Auto – eine Premiere für ein Elektroauto.

Ein anderes verrücktes Projekt von Musk im Transportbereich zeugt von seinen Zukunftsvisionen, seinem unkonventionellen Denken und den Inspirationen, die er aus Science-Fiction-Comics zieht: Hyperloop. Es handelt sich um Transportkapseln für Menschen oder Güter, die sich in Vakuumröhren bewegen, also ohne Luftwiderstand. Diese neuartigen Züge könnten 1200 km/h schnell sein und würden nur wenig Energie verbrauchen. Man stelle sich vor, dass man in einer Dreiviertelstunde mit der Geschwindigkeit eines Flugzeugs und der Bequemlichkeit eines Eisenbahnwaggons von Berlin nach Paris gelangen könnte!

Das Projekt Hyperloop erweist sich als Flop

2013 präsentiert Musk seine Idee mit der Publikation einer »Version alpha« mit einer schematischen Darstellung der wirkenden Kräfte und mit technischen Beschreibungen: dem Design der Infrastruktur, der Antriebsart, der Energieversorgung, den Kosten und so weiter. Er betont, dass er derzeit nicht die Absicht habe, das Projekt zu nutzen, doch dass er es tun werde, wenn kein anderer in den kommenden Jahren aufgrund des Prototyps investieren wolle. Er hat kein Patent angemeldet und spricht sich für eine Gemeinschaftsproduktion als Open Source aus. Einige Start-ups nutzen das Angebot, und weltweit werden Dutzende Projekte entwickelt. Eins kommt von dem britischen Milliardär Richard Branson: Virgin Hyperloop, ein magnetischer Schwebezug, der mit 500 km/h durch eine Vakuumröhre fährt. Teile der Röhre werden für die Versuchsstrecke in allen Weltgegenden gefertigt.

Doch bis heute war noch keines der Projekte erfolgreich. Viele Ingenieure bleiben skeptisch. Musk, der eine Firma für das Bohren von Tunnels als Hyperloop-Röhren gegründet hat (The Boring Company), scheint selbst nicht mehr daran zu glauben: 2022 lässt er den Hyperloop-Versuchstunnel, der an seinen Büros im kalifornischen Hawthorne vorbeiführte, abbauen. Doch da er nie mit Ideen für Dienstleistungen geizt, schlägt er der europäischen Organisation für Kernforschung, CERN, vor, sich für den Bau des nächsten Teilchenbeschleunigers – 100 Kilometer Umfang – an seine Firma zu wenden, und verspricht, dass ihr das Geld sparen würde.

Es liegt also nicht an Hyperloop, dass Elon Musk mit Staatschefs konkurrieren und sich erlauben kann, zu einem Treffen mit Emmanuel Macron im T-Shirt und mit zerzausten Haaren zu kommen und sich damit zu entschuldigen, dass er im Auto schlafen musste, weil er in der Nacht zuvor zu sehr gefeiert habe. Es liegt auch nicht an Solar City, einem Gemeinschaftsprojekt mit seinen südafrikanischen Vettern, den Brüdern Rive, das für seine »Theorie des einheitlichen Terrains« steht, das heißt der maximalen Verschränkung seiner unterschiedlichen Unternehmen. Dabei produziert Tesla die Batterien, die SolarCity ihren Kunden verkaufen kann, während SolarCity die Sonnenpaneele für die Ladestellen herstellt, wo die *Tesla*-Fahrer ihre Batterien umsonst aufladen können. Alle diese Unternehmen tauschen ihr theoretisches und praktisches Wissen aus – über Materialien, Prozesse und den Aufbau von Fabriken über Nacht.

Es liegt auch nicht an Tesla – selbst wenn die Firma in den Vereinigten Staaten Mercedes, Toyota und BMW sowohl bei den Verkäufen als auch beim Börsenwert entthront hat –, dass er systemische Macht erworben hat. Denn kein Autobauer ist unschlagbar; er entwickelt seine Modelle immer in einem Konkurrenzumfeld. Musk besitzt kein Monopol, auch nicht im Segment der edleren Elektroautos. Wenn er morgen Konkurs anmeldet, werden die *Tesla*-Fans das traurig finden, aber die Welt wird nicht untergehen. Diese Firma verleiht ihm keine besondere Macht, außer der dessen, der alles in seinem Konzern bestimmt, der einstellt und entlässt und insofern Einfluss auf die lokale Wirtschaft ausübt; er kann auch Regionen und Staaten um den Standort für eine neue Fabrik konkurrieren lassen (siehe Brandenburg und das Tesla-Werk in Grünheide, d. Übers.). Doch durch Tesla hat er keine »systemische« Macht. Mit SpaceX hingegen …

»In fünf Jahren seid ihr tot«

Im März 2006, auf dem internationalen Kongress der Weltraumagenturen in Washington, gibt Elon Musk bekannt, was er vorhat. Der Südafrikaner, dessen Pläne – oder eher »Hirngespinste«, lästern die Konkurrenten – bis dahin niemand gekannt hat, stellt offiziell sein Projekt vor. »Ich bin der Gründer von SpaceX …« Erstes Grinsen. Er fügt wütend hinzu: »In fünf Jahren seid ihr tot.« Alle lachen jetzt laut auf. War das ein *joke*, um sich einzuführen? Eher eine Provokation. Denn Musk meint, was er sagt. Zehn Jahre später werden alle diese Profis nur noch weinen können. Auch wenn heute dank der Staaten, die sie unterstützen, nicht alle seine Konkurrenten tot sind, ist der Neuling heute der Marktführer, und den Akteuren von damals geht es nicht so gut … Musk macht stets, was er sagt; allerdings nicht immer in dem Zeitraum, den er verkündet.

Als er 2002 Space Exploration Technologies (SpaceX) gründete, explodierte gerade der Markt: Die Nachfrage danach, auf Kosten der Staaten oder der Telekommunikationsgesellschaften militärische oder Wettersatelliten in den Raum zu schießen, hatte sich innerhalb eines Jahrzehnts vervierfacht. Und das war erst der Anfang. Indem er dafür sorgte, dass die Kosten erheblich sanken, trug Musk zur Ausdehnung des Marktes bei und »demokratisierte« ihn.

Wie immer benutzt der künftige Störenfried nicht die üblichen Methoden, um seine Firma für Billigraumfahrt zu entwickeln. Zunächst sind seine Raketen wiederbenutzbar, das heißt, die erste Stufe, die Startstufe, kehrt auf den Boden zurück, indem sie die Richtung ihrer Motoren nach erfüllter Aufgabe umkehrt. Das erlaubt es, die Kosten gegenüber den klassischen Raketen entscheidend zu senken. Dann optimiert er den Prozess der Produktion und des Zusammenbaus, um mehr und schneller zu produzieren. Dafür sorgt auch die nicht hierarchische Organisation der Fabrik: Wie bei Tesla arbeiten Ingenieure und Arbeiter zusammen, sodass sie Probleme lösen können, sobald sie auftauchen. Schließlich nutzt er auch preiswertere Materialien als seine Konkurrenten.

Die Rakete wird *Falcon* getauft, als Hommage an *Millenium Falcon*, den von Han Solo in der *Star-Wars*-Saga gesteuerten Raumtransporter. Die Frachtkähne, auf denen er seine Raketen landen lässt, nennen sich *Just Read the Instructions* oder *Of Course I Still Love You* – eine direkte Bezugnahme auf die Namen der Schiffe in dem Science-Fiction-Roman *The Player of Games* von Iain M. Banks.

Das sind bei Musk nicht einfach nur futuristische Anspielungen; er macht sich damit auch offen über seine Mitbewerber lustig, denn in Banks' Roman ist der Sieger ein Spieler mit bloß zwei Jahren Erfahrung, während seine Konkurrenten ihr Leben dem »Game« gewidmet haben, und er besiegt sie haushoch, weil er eine umfassendere Vision hat ... Die Sängerin Grimes, Mutter von drei Kindern mit Musk, widmet Banks und damit auch ihrem Gefährten ihr Lied *The Player of Games*, in dem sie von dem Mann singt, den sie nicht halten konnte, weil seine Leidenschaft stets vor allem das »Game« sein wird.

Die ersten drei Starts der nicht wiederbenutzbaren *Falcon 1* zwischen 2005 und 2007 sind Fehlschläge. Der von September 2008 gelingt, und wenige Wochen später wird auf Kosten der malaysischen Regierung ein erster kommerzieller Satellit auf seine Umlaufbahn geschickt. Und dann kann Musk ein verfrühtes Weihnachtsfest feiern: Die NASA bestellt zwölf Nachschubflüge für die Internationale Raumstation. Damit bekommt Musk die nötigen Mittel in die Hand, um die zweite Phase seiner Eroberung des Alls einzuleiten.

Er reiht seine Misserfolge in einem Video aneinander

Seine neue Rakete, *Falcon 9*, besitzt ein Fahrwerk für die Rückkehr zur Erde. Aber bevor die gelingt, bedarf es vieler Versuche, und am 14. September 2015 postet Musk auf Twitter ein Gag-Video von zwei Minuten Länge, auf dem bei Fanfarenmusik Explosionen im Flug zu sehen sind, Crashlandungen oder spontane Selbstzerlegungen und verrückte Flugbahnen, alle Misserfolge, die er von Beginn an mit dieser Rakete hatte! Aber natürlich endet der Film mit einer Apotheose – der perfekten Landung auf einer maritimen Plattform und dem Kommentar »You're my everything«. Seinen Konkurrenten, die sich über seine Misserfolge lustig gemacht hatten, ist das Lachen im Hals stecken geblieben. Der Gipfel der Demütigung: Europa muss SpaceX um Hilfe bitten, um seine nächsten vier Satelliten für Galileo in den Orbit zu schicken, die Konkurrenz für das amerikanische GPS.

Musk ist der »offizielle Lieferant« der NASA oder eher deren Inspiration und Retter: Er bringt die Astronauten zur ISS und wird sie bald auch zum Mond schicken. Natürlich haben die Vereinigten Staaten ihn gesponsert, doch noch bedeutender ist der Dienst, den er seiner Adoptivheimat leistet, indem er ihr ermöglicht, wieder am Wettlauf im All teilzunehmen. Die NASA hatte nach der Explosion der Raumfähre *Challenger* über Cape Canaveral 1986 alle Ambitionen aufgegeben; der direkt auf die Bildschirme der ganzen Welt übertragene Tod von sieben Astronauten – darunter eine 37-jährige Professorin, die die erste Zivilistin im All sein sollte und deren

Studenten freudig den Start verfolgten – hatte die Vereinigten Staaten traumatisiert. Außerdem war die Erkundung des Alls zu teuer, und die amerikanischen Volksvertreter wollten nicht länger für die Schlampereien der NASA und ihrer Subunternehmen Boeing und Lockheed Martin zahlen.

Musk löst beide Probleme gleichzeitig. Er nimmt die Risiken auf sich, und er senkt die Kosten. Für 2,6 Milliarden Dollar (wohingegen das Apollo-Programm 150 Milliarden gekostet hatte) gelingt es SpaceX, ein »Weltraumtaxi« zu entwickeln, das mindestens sechsmal zur ISS und zurückfliegen kann. »Elon Musk hat dem amerikanischen Weltraumprogramm die Vision und Inspiration gegeben, die uns nach dem Ende der Raumfähren fehlte«, lobte ihn Jim Bridenstine, der ehemalige Verwaltungschef der NASA.

»America is back«, danke, Elon! Wie immer ist das für ihn eine Win-win-Situation: Während er sich noch darin übt, von den USA oder Europa finanzierte bemannte Raumflüge zu organisieren, sieht er schon weiter: Sein Interesse gilt dem Mars. Er möchte aus der Menschheit eine interplanetarische Spezies machen.

Er stellt seine Berechnungen an. 2019 verkündet er während einer Veranstaltung der US Air Force, dass man 1000 *Starship*-Raumschiffe (die mächtigste wiederbenutzbare Rakete der Raumfahrtgeschichte, die 100 Passagiere gleichzeitig transportieren können soll) brauchen würde, um eine erste Marskolonie einzurichten, die erste dauerhafte Stadt auf dem roten Planeten. Ihm zufolge würde jede Reise nicht mehr als 2 Millionen Dollar kosten, Treibstoff inbegriffen. Selbst wenn man diese – sicherlich zu niedrig angesetzten – Kosten mit 10 oder auch 100 multiplizieren müsste, ist das unvergleichlich weniger als das, was die derzeit von der NASA genutzte Trägerrakete, die von Boeing produzierte *SLS*, kostet, nämlich 2 Milliarden Dollar jährlich.

Innovation bedeutet zuerst einmal Scheitern

Zweimal hat SpaceX 2023 Versuche mit seinem riesigen *Starship* unternommen, das 100 Tonnen Nutzlast tragen kann (viermal mehr als die europäische *Ariane 6*), sowie mit seiner Trägerrakete *Super Heavy*. Beim ersten Mal, im April, funktionierten fünf Motoren nicht, und die Rakete geriet ins Trudeln; *Super Heavy* konnte sich nicht von der oberen Stufe trennen und wurde nach vier Minuten Flugdauer zerstört. Beim zweiten Test im November gelang der riesigen Rakete die Trennung ihrer beiden Stufen; sie erreichte dann aber nicht ihre Umlaufbahn und explodierte. Immerhin hatte die Startrampe weniger gelitten. Deutliche Fortschritte – allerdings ist es wenig wahrscheinlich, dass *Starship* schon 2025 Menschen auf den Mond bringen kann. Diese Misserfolge – pardon: *test-and-learn*-Situationen – werden es dem Eigentümer wenigstens erlauben, seinem humoristischen Video noch ein paar Episoden hinzuzufügen.

Für Musk ist das Wort *fail* (»misslingen«) nur die Abkürzung für »First Attempt In Learning« (also »erster Versuch zu lernen«). Wer nie scheitert, versucht auch nichts Neues, geht nicht genug Risiken ein! Folgen wir seinem Blick … nach diesem Europa, das auf dem Weg zurück voranschreitet: Der Vorrat an *Ariane 5* ist erschöpft, *Ariane 6* ist noch nicht fertig, also verfügt der alte Kontinent über keinen eigenen Zugang mehr zum All … Für *Starship* ist dagegen der Weg frei, eine neue Seite der Raumfahrtgeschichte aufzuschlagen. Diese wiederbenutzbare Rakete wird den Preis des Zugriffs auf den Weltraum stürzen lassen.

Die andere schwere Trägerrakete von SpaceX, *Falcon Heavy*, die nun durch *Starship* und *Super Heavy* ersetzt werden soll, war anfangs, fünf Jahre zuvor, ein planetarischer Werbecoup. Musk hatte als Ladung seines Raumschiffs einen *Tesla Roadster* gewählt; sie und die Puppe an ihrem Steuer befinden sich nun auf einer Kreisbahn um die Sonne, irgendwo zwischen Erde und Mars, zur Musik von David Bowies *Space Oddity* (»Ground control to Major Tom ...«). Die Demonstration hat sich eingeprägt und die Konkurrenten beeindruckt.

Auch wenn das eher an Fabrikherren des 19. Jahrhunderts erinnert als an seine eigene Zeit, beabsichtigt Musk auch, nicht weit von Austin in Texas eine Stadt zu bauen, in der seine Arbeiter neben seinen Fabriken am dortigen Colorado River wohnen sollen. Den Boden hat er bereits gekauft. Dort sollen die Mitarbeiter der Tesla-Gigafactory, von SpaceX und The Boring Company untergebracht werden. Das Willkommensschild der Stadt steht bereits, auch wenn diese erst einmal nur eine riesige Baustelle ist: »Willkommen in Snailbrook, Texas, geschaffen 2021«. Der Name Snailbrook bezieht sich auf die Bohrgeräte der Boring Company, von denen Musk verlangt hat, dass sie »schneller vorankommen als Schnecken«. Doch wenn ein Lohnempfänger aus einer der Firmen entlassen wird, wird er binnen 30 Tagen aus Snailbrook ausziehen müssen ...

Wie Snailbrook aus der Erde wächst, könnte so etwas wie eine Generalprobe sein, jedenfalls für den Mann, der schon 2029 Siedlungen auf dem Mars errichten möchte. Im August 2018 hat er auf dem Gelände der Universität von Colorado in Boulder zusammen mit etwa 60 Ingenieuren, darunter führenden Mitarbeitern der NASA, ein »vertrauliches« Werkstattseminar zur Besiedlung des roten Planeten organisiert.

Es ging darum, Lösungen dafür zu finden, wie man in einer Umgebung überleben kann, die aufgrund der Strahlungen äußerst gefährlich ist. Die Anwesenheit der Leute von der NASA war dabei willkommen, denn die amerikanische Weltraumagentur verfolgt ebenfalls das Projekt einer Niederlassung auf dem Mars, wenn auch weniger kurzfristig – gedacht ist eher an die Jahrhundertmitte. Der damalige Präsident, Donald Trump, hatte dazu aufgerufen, die Bemühungen beider Mannschaften zu kombinieren.

Indem er die NASA im Wesentlichen »ersetzt«, ist der Gründer von SpaceX in eine neue Dimension hineingewachsen: Er nimmt, wir haben es schon erwähnt, hoheitliche Funktionen für die amerikanische Regierung wahr. Das ist eine ähnliche Übernahme wie die, die er damit erreicht, dass er den Himmel mit Telekommunikationssatelliten überzieht: So wie es für das Land, das Meer und die Luft jeweils eine Waffengattung gibt, waren die »Waffen« und die Bilder des Weltalls lange Zeit das exklusive Jagdrevier der Großmächte, zumal die Satelliten vor allem für militärische Zwecke eingesetzt wurden.

Musk allein besitzt heute ein Drittel der Satelliten, die die Erde umkreisen. Sein *Starlink*-System besteht aus 3660 Minisatelliten auf einer niedrigen Umlaufbahn. Auch wenn er in dieses Abenteuer bereits 6 Milliarden Dollar investiert hat, ist das erst der Anfang: Er möchte 30 000 davon platzieren. Leider haben seine Konkurrenten sich beschwert, und die Federal Communications Commission soll seine Ambitionen bei 7500 Einheiten gedeckelt haben – auch im Wissen, dass seine Satelliten nur eine Lebensdauer von fünf Jahren haben und nach und nach ersetzt werden müssen. Es ist verständlich, dass der Telekommunikationssektor über ihn beunruhigt ist und Christel Heydemann, die Chefin des französischen Orange-Konzerns, keine Lust hat, ihm das Terrain zu überlassen: »Ich dränge darauf, dass man mehr Satellitenangebote in Frankreich macht und nicht *Starlink* das ganze Terrain überlässt.«[4] Nach den Zahlen von Statista sind von den an die 10 000 Satelliten, die die Erde umkreisen, zwei Drittel amerikanisch, 550 chinesisch, 180 russisch, während 1300 dem »Rest der Welt« gehören, also im Wesentlichen den Europäern. Musks Konkurrent Jeff Bezos ist dabei, seine eigenen in die Umlaufbahn zu bringen, das System Kuiper.[6] Aber es wird nicht leicht sein, Musk einzuholen.

Wer zuerst kommt, mahlt zuerst

Warum stürzen dich die Milliardäre auf den »New Space«? Sicher weil dies der letzte Wilde Westen ist, das letzte jungfräuliche Land, in dem man nur zuerst ankommen und sich niederlassen muss, um ein Vermögen zu machen. Gewissermaßen ein rechtsfreier Raum. Genauer gesagt, der Raum eines einseitig von den Vereinigten Staaten diktierten Rechts. Denn 2015 fand eine historische Wende statt: die Verabschiedung des *Space Act* durch Washington. Während sich aufgrund eines UNO-Abkommens von 1967 niemand den Weltraum außerhalb der Erdatmosphäre aneignen darf, erlaubt der *Space Act* es Privatunternehmen, »Ressourcen« im Raum auszubeuten.

In diesem neuen Goldrausch nutzen die Pioniere das Potenzial der Satelliten in den unteren Umlaufbahnen: Dank ihnen kann man ultraschnelle Internetverbindungen auch in abgelegene Regionen bringen, die mit Glasfaserkabeln oder den klassischen 5G-Antennen auszustatten viel zu kostspielig wäre. Sie statten auch Flugzeuge, Kreuzfahrtschiffe, die Frachtschiffe auf den Weltmeeren aus. Das ist natürlich keine selbstlose Operation – außer den Einnahmen, die durch sie erzielt werden, erlaubt sie es auch, die Nutzerdaten abzugreifen und sehr viel Einfluss zu gewinnen.

In dem von Putin ausgelösten Krieg haben wir eine sehr deutliche Demonstration davon erlebt. Die Russen hatten die Kommunikationsinfrastruktur ihres Nachbarlandes zerstört, in einem Krieg, in dem das Digitale unverzichtbar dafür ist, Ziele präzise zu treffen, die Panzerkolonnen des Feindes zu lokalisieren, ihr Vorrücken zu kontrollieren, ihre Infrastruktur ausfindig zu machen, davor zu warnen, dass an einem Ort Raketen stationiert sind, und so weiter. Sie hatten sogar eine Cyberattacke gegen das Satellitennetzwerk des amerikanischen Betreibers ViaSat ausgeführt, um die mobilen Kommunikationskonsolen der ukrainischen Armee unbrauchbar zu machen – was übrigens auch zu Kommunikationsstörungen in anderen europäischen Ländern führte.

Aber das sollte nicht das Ende sein: Elon Musk stand als weißer Ritter auf und erhob sich zum Retter der Ukrainer. Er stationierte eine ganze Reihe Satelliten über der Ukraine, die nun das Schlachtfeld beobachteten und den Boden-, See- und Luftstreitkräften die nötige Unterstützung gaben. Der ukrainische Minister für die digitale Transformation, Michailo Fedorow, stellte fest: »Wir sind die Zeugen des ersten Kriegs, in dem die Möglichkeiten kommerzieller Weltraumunternehmen eine so große Rolle spielen.« Offensiven und Gegenoffensiven konnten nun mit Satellitenbildern gefüttert werden. Parallel dazu verteilte Musk 20 000 Internetstationen im Lande, dank deren die Informationen, Photos und Videos, die die Bürger zur Verfügung stellten, oder die Bilder der Überwachungskameras in den Städten weitergegeben werden konnten. Ausrüstungen, die heute unverzichtbar dafür geworden sind, dass die operativen Kräfte sich mit den Generalstäben austauschen und die Bewegungen des Feindes verfolgen können.

Es ist auch der erste Krieg, in dem sich eine Abhängigkeitsbeziehung der Staaten zu einem Milliardär herausgebildet hat (wenn man einmal von den Waffenhändlern früherer Zeiten absieht). Zu einem freien Elektron mit einem zuweilen seltsamen und unvorhersagbaren Verhalten. Am 14. Oktober 2022 erklärte Musk auf CNN, dass er der Ukraine sein Weltrauminternet nicht länger kostenfrei zur Verfügung stellen werde. Die durch den russischen Angriff anfallenden Kosten betrügen mehr als 20 Millionen Dollar monatlich, für ihn gehe das gar nicht. Auf Twitter fordert er nun das amerikanische Verteidigungsministerium auf, die Rechnung von *Starlink* für die nächsten zwölf Monate anzunehmen (oder – dazu gibt es unterschiedliche Versionen – darüber zu reden). Die öffentliche Meinung nimmt das mit Unwillen zur Kenntnis, Musk scheint einen Schritt zurückzumachen, doch in Wirklichkeit beginnen Geheimverhandlungen mit dem Pentagon, das angesichts der Vorstellung, dass *Starlink* gerade in dem Moment ausfallen könnte, in dem es bei der Rückeroberung von Cherson gebraucht wird, in Panik geraten ist. Musk verhandelt nie anders als aus einer Position der Stärke heraus.

Musks Schattenregierung

Es sieht so aus, als habe der phantastische Milliardär seitdem dafür gesorgt, dass die Internetverbindungen nicht mehr funktionierten, als die Ukrainer sich den von Moskau zuerst beanspruchten Zonen näherten, namentlich in der Nähe der Krim, wo dies zum Scheitern eines Drohnenangriffs gegen russische Kriegsschiffe geführt haben könnte. Ohne diese Verbindungen sollen die Ukrainer keine Möglichkeiten mehr gehabt haben, untereinander zu kommunizieren und ihre Aktivitäten zu koordinieren, und damit keine Möglichkeit, in diesen Zonen anzugreifen oder sich zu verteidigen. Das könnte auch zu Verlusten von Menschenleben geführt haben. »Es war das Chaos«, erzählt der Journalist Ronan Farrow in einem Bericht des *New Yorker* vom August 2023 mit dem Titel »Elon Musks Schattenregierung«.[6]

Musk antwortete darauf, er habe nichts deaktiviert, denn *Starlink* sei in dieser Region nie aktiv gewesen. Zur selben Zeit vertraute der Unternehmer ihm nahestehenden Personen an, er habe sich mit Putin unterhalten – eine vertrauliche Sache, die er anschließend dementiert hat. War es, um den Kreml nicht zu erzürnen, dass der Milliardär die Verbindungen dort gekappt (oder nie hergestellt) hat, wo die Russen nicht wollten, dass sie funktionierten? Oder fürchtete er wirklich – wie er es seinem Biographen Isaacson anvertraut hat –, dass Putin die Attacke als »so etwas wie ein Mini-Pearl-Harbor« auffassen und darauf nuklear antworten könnte, womit der Milliardär nichts zu tun haben wollte? Jedenfalls hat der Geschäftsmann gezeigt, dass er über einen entscheidenden militärischen Einfluss verfügt und eine wichtige Rolle in der Geopolitik spielt.

Die Pentagon-Offiziellen sind von ihm abhängig und »zittern in ihren Stiefeln«, behauptet *New-Yorker*-Journalist Ronan Farrow. »Bevor sie mir antworteten, haben einige sogar bei Elon Musk angefragt, ob er einverstanden sei, wenn sie mit mir redeten!« In seiner Untersuchung zeigt Farrow, wie sehr der amerikanische Staat in seiner Abhängigkeit von SpaceX die unvorhersagbaren Reaktionen von Elon Musk fürchtet. Colin Kahl, ehemaliger Unterstaatssekretär für Verteidigungspolitik in der Regierung von Joe Biden, gibt zu: »Auch wenn Musk genaugenommen weder Diplomat noch Staatsmann ist, hatte ich das Gefühl, dass es wichtig ist, ihn als solchen zu behandeln, angesichts seines Einflusses auf diesen Krieg.« Das Echo auf den Artikel des *New Yorker* war so groß, dass die Senatorin Elisabeth Warren eine Untersuchung zu SpaceX beantragte, um sicherzustellen, dass die Außenpolitik der USA nicht von einem einzelnen Milliardär bestimmt wird.

In einem Tweet vom 3. Oktober 2022 schlägt Musk einen Friedensplan für die Ukraine vor, um »einen neuen Atomkrieg« zu vermeiden. Er hat es nicht für nötig befunden, darüber mit Biden oder denen zu reden, die wütend darüber sind. Jill Lepore, eine Harvard-Historikerin und Autorin einer Podcast-Serie über Musk, geht davon aus, dass er sich »als über dem Präsidenten stehend begreift«. Denn die Präsidenten kommen und gehen, doch er bleibt! Er hat mit Obama diniert, dann mit Trump, er hat die Demokraten unterstützt und zeigt sich nun lieber bei den Republikanern. Joe Biden bezeichnet er als »Waschlappen« …

Was er vorschlägt? Nichts anderes als eine Teilung der Ukraine, die dabei die pro-russischen Gebiete an Moskau abgeben müsste. Was für eine Beleidigung der Ukrainer! Seine Überlegungen unterstützt er mit einer Karte der ukrainischen Parlamentswahlen von 2012, in der die (pro-russische) »Partei der Regionen« im Südosten des Landes die Mehrheit erreicht hatte. Er vergisst dabei, dass die Dinge sich seit 2012 weiterentwickelt haben; vor allem aber ist sein Plan, der den Aggressor belohnt, aus westlicher Perspektive zumindest eine grobe Vereinfachung.

Gleichwohl sehen immer mehr US-Offizielle im reichsten Mann der Welt einen »Schiedsrichter« in dem Konflikt. Peking, das Russland unterstützt, beobachtet die Lage beunruhigt: Xi Jinping möchte nicht, dass Musk eines Tages auf dieselbe Weise wie der Ukraine Taiwan mit seinen Satelliten zur Hilfe kommt. Das ist aber wenig wahrscheinlich, denn die Tesla-Fabrik in Shanghai ist von entscheidender Bedeutung für seine Geschäfte in Asien. Außerdem hat er sich beeilt, den chinesischen Führer in einem Interview mit der *New York Times* vom Oktober 2022 zu beruhigen, in dem er einen »Plan für Taiwan« vorschlägt: »Meine Empfehlung wäre, den Status einer Sonderverwaltungszone zu definieren, der für Taiwan akzeptabel wäre, auch wenn nicht alle damit glücklich sein würden.« Er stellt sich eine Vereinbarung vor, die »milder als die mit Hongkong verabschiedete« wäre. Natürlich führte das zu einem allgemeinen Aufschrei im Westen, der nicht will, dass China sich Taiwan einverleibt. Für die Verantwortlichen in Taipeh ergeben diese Vorschläge »keinerlei Sinn«. Für wen hält sich dieser Milliardär eigentlich?

Implantate, die aus Menschen Cyborgs machen

In der Tat glaubt Elon Musk an seine Überlegenheit über die Regierenden. Nicht nur, weil er die Schlüssel des Konflikts mit Russland und die zur Weltraumpolitik der Vereinigten

Staaten in der Hand hält. Mit Neuralink, seinem Projekt für Hirnimplantate, hält er sich nachgerade für – Gott. Er möchte den Menschen als Cyborg neu erschaffen. 2017 hat er dieses Start-up gegründet, in dem es darum geht, mit in die Großhirnrinde eingepflanzten Elektroden direkte Verbindungen zwischen unserem Gehirn und Computern herzustellen. Offiziell soll dieses den Kontakt in beide Richtungen erlaubende Interface medizinischen Zwecken dienen: Epilepsie oder Parkinson heilen, Menschen, die ihre Beweglichkeit verloren haben, diese zurückgeben und Blinde sehen lassen. Doch man ahnt schon, was der nächste Schritt sein soll, der auch schon auf einer Pressekonferenz im Juli 2019 angekündigt wurde, bei der von einer »Symbiose mit der künstlichen Intelligenz« die Rede war: Diese »neuronale Verschnürung« – auch das ein von Iain M. Banks entlehnter Terminus – soll aus uns »erweiterte« Wesen machen. Er, der die Verheerungen einer ungezügelten KI fürchtet – »sie beschwört den Dämon« –, glaubt also, dass sie weniger gefährlich wird, wenn man sie in Wesen aus Fleisch und Blut einpflanzt, wenn man sie mit der menschlichen Intelligenz kreuzt. Er glaubt so sehr daran, dass er 160 Millionen Dollar in dieses Projekt investiert hat, um etwas zu entwickeln, das die Experten für durchaus realisierbar halten.

Experimente mit Affen und Schweinen hat es bereits gegeben. Im Dezember 2022 trat bei einer spektakulären Vorführung Sake auf, ein Schimpanse mit einem Implantat von an die 1000 Elektroden: Auf einer virtuellen Tastatur tippte er einen Text, ausschließlich mithilfe seiner zerebralen Wellen. Im April 2021 hatte schon ein Makake dank eines Neuralink-Implantats das Videospiel *Pong* spielen können. Anscheinend kann ein Dutzend solcher Implantate in die Hirnrinde eingesetzt werden. Von einer anderen Anwendung dieser Technologie kann man nur träumen, vielleicht auch, weil sie weniger gefährlich zu sein scheint: unsere Erinnerungen in der Informatik-Cloud zu konservieren …

Musk hatte das erste Implantat bei einem Menschen für 2023 angekündigt, vielleicht auch, um die Klagen über die Misshandlung von Tieren zum Schweigen zu bringen.[7] Und die Klagen gibt es auch weiterhin: Seit 2018 soll Neuralink 1500 Tiere getötet haben, davon laut Reuters mehr als 280 Schafe, Schweine und Affen. (Im März 2024 ging durch die Presse, dass bereits zu Jahresbeginn ein gelähmter Mensch dank einem solchen Implantat elektronisch habe Schach spielen können, d. Übers.)

Das Start-up war schon wegen der schlechten Behandlung der Primaten in die Kritik geraten. Menschliches Versagen im Verlauf bestimmter Experimente hatte zu Todesfällen geführt, die die Arbeitsmethoden bei Neuralink infrage stellen. Die Angestellten beklagen eine stressige Atmosphäre, »Änderungen in letzter Minute vor chirurgischen Eingriffen« und unkonventionelle Forschungsprotokolle. Statt zunächst ein Element zu testen und Schlüsse daraus zu ziehen, bevor man zum nächsten Test übergeht, führt das von der Idee der Geschwindigkeit besessene amerikanische Unternehmen mehrere Tests gleichzeitig durch, was dazu führen kann, dass mehr Tiere sterben.

Die Versuche mit Menschen könnten in naher Zukunft beginnen, sofern die amerikanische Food and Drug Administration grünes Licht dafür gibt. Das ist allerdings noch nicht geschehen, denn auch wenn die Firma auf die »heilenden« oder »kompensatorischen« Wirkungen ihrer Implantate hinweist, kann man sich vorstellen, dass sich mit ihnen eine Büchse der Pandora öffnet: Es handelt sich um einen außerordentlichen Schritt ins Unbekannte. Mit Neuralink soll der Mensch die künstliche Intelligenz beherrschen, aber bedeutet das nicht das Ende des Homo sapiens? Das Ende der Spezies Mensch, wie wir sie kennen? Die KI wird von Anfang an für enorme Ungleichheit sorgen zwischen den Menschen, die über die Mittel verfügen, sich »erweitern« zu lassen, und den anderen, den Bürgern zweiter Klasse.

Willkommen in der besten aller Welten ... Willkommen im Transhumanismus! Elon Musk ist nur einer der Propheten der neuen Religion. Wie wir in den folgenden Kapiteln sehen werden (vor allem in dem, das sich mit Sergey Brin und Larry Page befasst), beschwören alle »systemrelevanten« Milliardäre diese Welt herauf, jeder auf seine Art, und sie verfügen, anders als die Staaten, über die nötigen Mittel. Die Staaten könnten nur mit gesetzlichen Mitteln die Forschungen verlangsamen.

Bei der KI spielt er ein doppeltes Spiel

Musk mag ja gern wiederholen, dass er Angst vor der KI hat, weil sie sich gegen die Menschen richten könnte – er gehört zu denen, die nach einem Moratorium für die derzeitigen Entwicklungen rufen –, doch in Wirklichkeit ist er voll dabei. Offiziell, um besser kontrollieren zu können, was vor sich geht. Einmal, als er zusammen mit Larry Page von dem Risiko sprach, dass die KI die Menschheit ersetzen könnte, machte sich der Google-Gründer über ihn lustig und nannte ihn einen »Specist«. Das beunruhigte Elon Musk derartig, dass er den Aufkauf von Deepmind, einer weltweit führenden britischen KI-Firma, durch Google zu verhindern suchte. Als er sah, dass das nicht mehr möglich war, entfachte er ein Gegenfeuer, indem er 2015 an der Gründung von OpenAI teilnahm. An der Seite des Risikokapitalisten Sam Altman war er also der Mitgründer dieser (zunächst) »nicht kommerziellen« Organisation, die dann zu einer mit »gedeckelter Gewinnoption« wurde, die 2022 durch ChatGPT4 in der ganzen Welt bekannt wurde, einer sogenannten generativen KI, die durch ihre kluge Konstruktion alle deine Fragen beantworten kann, auch zu den Prüfungsthemen in Philosophie oder Mathe.

Doch schon bald stieg er bei OpenAI wieder aus: Er hatte sich wie Sam Altman darüber geärgert, dass OpenAI ihren

»nicht kommerziellen« Charakter verriet, als sie Microsoft als Partner aufnahm (Weiteres dazu im Kapitel über Bill Gates). Nun gründete er ganz allein eine neue Firma, xAI, die er im April 2023 der Öffentlichkeit vorstellte. Die Firma soll an »TruthGPT« arbeiten, einer zu OpenAI oder Google Bard (heute Gemini, d. Übers.) alternativen generativen künstlichen Intelligenz. Das Besondere an seiner KI soll darin bestehen, »die maximale Wahrheit zu suchen«, während die seiner Konkurrenten doch »zum Lügen trainiert« würden. Sie hätten eine »linke« und »woke« politische Tendenz … TruthGPT werde dagegen »programmiert, um die Natur des Universums zu verstehen«. Dies sei der beste Weg, um Sicherheit zu erreichen, »in dem Sinn, dass eine KI, die das Universum zu verstehen sucht, nicht das Risiko birgt, die Menschheit zu vernichten, denn wir sind ja ein interessanter Teil des Universums«, erklärte er ganz ernsthaft auf Fox News. Im Oktober 2023 kündigte Musk die Entwicklung von Grok an, einer KI »nach seinem Bild« – anders gesagt, einer mit Humor begabten und »mit einer Neigung zum Rebellentum« –, die sein Start-up xAI entwickeln werde. Diese generative KI soll »fast alles beantworten können und sogar, was noch schwieriger ist, vorschlagen, welche Fragen gestellt werden sollen«[8]. Sie soll »in den Daten der Plattform X fischen können, um über ein Echtzeitwissen von der Welt zu verfügen«[9]. Das verspricht: X wird jede Menge Desinformationen und Fake News ausspucken …

Elon Musk ist ein so oft vernommenes und so vergöttertes Orakel, dass es reicht, wenn er auf X verkündet, dass eines seiner Unternehmen Bitcoins kaufen wird, um den Wert von Bitcoins explodieren zu lassen, oder dass er nur das Photo eines Hundes zu posten braucht, um den Wert von Dogecoin explodieren zu lassen. Wenn er lediglich unwahrscheinliche Projekte ankündigte, könnte man ihn für einen Propheten halten. Doch die meisten davon hat er tatsächlich realisiert.

Musk ist kein Prophet, er ist einfach »anders«. Im Guten wie im Schlechten. Und seit er X/Twitter gekauft hat, die größte Beeinflussungsplattform der Welt, kann man befürchten, dass das dieser Welt nicht zum Besten gereichen wird. Elon Musk hat bei dieser Operation anscheinend alles auf eine Karte gesetzt. Der Kauf im Oktober 2022 kostete ihn 44 Milliarden Dollar. Ein kompletter Wahnsinn. Übrigens wollte er sich einige Wochen später zurückziehen, mit Verweis auf angebliche Unregelmäßigkeiten bei der Präsentation von Twitter: Er behauptete, die Zahl der Abonnenten sei übertrieben gewesen. Doch da war es schon zu spät. Er ist nicht vor Gericht gegangen; er hätte den Prozess verloren.

Um Twitter bezahlen zu können, musste er in großem Maße Tesla-Aktien abstoßen (2022 im Wert von 22 Milliarden Dollar vor Steuern), die Hilfe von Privatinvestoren und alten Freunden akzeptieren und Bankkredite in Anspruch nehmen. Denn auch wenn sein Vermögen auf 244 Milliarden Dollar geschätzt wird und das größte oder je nach Börsenlaune zweitgrößte der Welt nach dem des Franzosen Bernard Arnault ist (wenn nicht Jeff Bezos wieder vorbeigezogen ist), besteht sein Vermögen nicht in Bargeld oder Immobilien, sondern in seinem Kapitalanteil an seinen Unternehmen.

Er feuert vier von fünf Beschäftigten

Da er nun gezwungen war, sich selbst der Marke mit dem »blauen Vögelchen« (nach dem seinerzeitigen Logo) zu widmen, sicherlich, weil kein anderer Manager so schnell gewesen wäre wie er, verlieh sich der »Absolutist der Meinungsfreiheit« nun alle Gewalt selbst. Er traf am Firmensitz mit einem Spülbecken auf dem Arm ein – das Wort *sink* für ein Spülbecken kann sowohl für »sinken« als auch für *think*, »denken«, stehen ... Zwar sind die Quellen der Nachrichten auf X meist diskret verborgen, doch in diesem Fall waren sie verblüffend klar: Nach seinen eigenen Worten hatte er 6500 von 8000 Mitarbeitern entlassen[10], um anschließend zum Goldstandard einige Techniker wieder einzustellen, die sich als unverzichtbar erwiesen hatten. Und er machte weiter mit Versuch und Irrtum, als befinde er sich im Crashtest-Modus. Zum Beispiel beim blauen Badge. Diese visuelle Markierung war bis zu seiner Ankunft für zertifizierte Personen reserviert, meist Stars, um ihre Nachrichten auf ihren echten Konten von Fakes zu unterscheiden, die unter ihrem Namen gepostet wurden. Doch um die Finanzen der Plattform wieder in Ordnung zu bringen, da sie nur noch für vier Monate, so behauptete er, liquide war und vor der Pleite stand, führte er ein, dass für das Badge 8 Dollar im Monat gezahlt werden mussten. Ende April hatten einige Persönlichkeiten, die nicht für diese Authentizitätsgarantie gezahlt hatten, plötzlich kein Badge mehr, so Jack Dorsey, der Gründer von Twitter, der Fußballer Kylian Mbappé, Lady Gaga oder Papst Franziskus. Doch Ende Mai hatten diese Publikumslieblinge es wiedererhalten, ohne dass man weiß, ob sie dafür gezahlt haben oder nicht. Je nachdem, ob sie mächtig oder arm waren …

Nicht damit zufrieden, die Konten von Donald Trump und Kanye West wieder geöffnet zu haben, gab Musk auch Andrew Tate seine Stimme zurück, einem wegen Vergewaltigung und Menschenhandels gerichtlich verfolgten Influencer, oder Project Veritas, einer Gruppe rechtsextremer Aktivisten. Musk macht sich auch einen Spaß daraus, mit rechtsextremen Konten zu interagieren, was deren Sichtbarkeit erhöht. In den zwei Wochen, die auf seine Übernahme folgten, waren einer im März 2023 in der *Washington Post* veröffentlichten Studie von The Institute for Strategic Dialogue zufolge antisemitische Tweets doppelt so häufig wie zuvor. Und zu George Soros, dem Milliardär ungarischer Herkunft, der oft das Ziel antisemitischer Verschwörungstheorien ist, twitterte Musk: »… er hasst die Menschheit« – vielleicht, um sich an ihm zu rächen. Der Finanzier hatte innerhalb weniger Monate 130 000 Tesla-Aktien verkauft, wodurch der Börsenkurs sank …

Schließich bezog Elon Musk in der amerikanischen Politik Position, als er bei den Midterm-Wahlen Ende 2022 seine 150 Millionen Followers aufforderte, die Republikaner zu wählen, um die Position von Joe Biden zu schwächen. Außerdem verbreitete er einen verschwörungstheoretischen Artikel voller Fake News, veröffentlichte ein für Nazipropaganda benutztes Photo und schloss die Konten einer Handvoll Journalisten, die »sein Privatleben ausspionierten« (sie hatten die Flugdaten seines Privatjets verfolgt) … um sie dann aufgrund des öffentlichen Aufschreis wieder zu öffnen.

Umgekehrt musste er, wie wir gesehen haben, im Dezember 2022 das Konto des Rappers und Designers, der sich Ye nennt, wieder schließen, nachdem dieser ganz offen Adolf Hitler verteidigt hatte. »Willkommen in der wunderbaren Welt des Strebens nach dem besten Kompromiss zwischen Mäßigung und Meinungsfreiheit«[11], tweetete mitfühlend der Franzose Yann Le Cun, ein KI-Guru bei Meta, nachdem Musk von Emmanuel Macron getadelt worden war.

X provoziert eine Finanzkrise

Schon zu Anfang des Jahres, bevor Twitter im Juli 2023 offiziell zu X wurde, hatte es sich aus dem Europäischen Verhaltenskodex, einer freiwilligen Vereinbarung zum Kampf gegen Online-Desinformation, zurückgezogen. Angesichts der Natur dieses Pakts war das kein großes Risiko, doch seit dem Inkrafttreten des *Digital Services Act* (*DSA*) am 25. August 2023 riskiert Musk mehr: »Sie können laufen, aber Sie können sich nicht mehr verstecken«, warnte EU-Kommissar Thierry Breton ihn in einem Tweet. »Gegen Desinformation vorzugehen, wird bald eine gesetzliche Verpflichtung sein.« Und er versicherte ihm, dass sein Team von Regulierern zum Handeln entschlossen sei.

Im März 2023 war Twitter mitverantwortlich gewesen für eine Bankenpanik, die beinahe eine weltweite Finanzkrise ausgelöst hätte. Eine Studie von Forschern der Universität

Paris-Dauphine und der University of Arizona hat nachgewiesen, dass die sozialen Medien eine zentrale Rolle dabei spielten, dass Bankkunden massenhaft ihre Einlagen abzogen, was den *bank run* auslöste, der zur Insolvenz der Silicon Valley Bank (SVB) führte.[12] Zwischen dem 8. und dem 13. März, schälte die Studie heraus, »posteten die Nutzer 6628 Tweets, in denen das Wort ›run‹ im Zusammenhang mit der SVB vorkam, etwa fünfmal häufiger«[13] als bei anderen Banken, die mit vergleichbaren Risiken konfrontiert waren. Diese Tweets stammten zunächst von Anlegern, dann von Kontoinhabern, die die Krise beschleunigten, als sie alle gleichzeitig ihre Guthaben abzuziehen versuchten. Die Studie nimmt an, dass »die Veröffentlichungen in den Social Media das Risiko einer Bankenkrise erzeugt haben und nicht lediglich deren Folge waren«[14]. Es handelte sich nicht um Desinformation, doch die Folgen waren ebenso schädlich: Der virale Effekt von Social Media führt zu schöpferischen Prophezeiungen.

Trotz seines nach wie vor großen Einflusses verliert X an Schwung. Die wiederholten Fehlfunktionen des Netzwerks, die mangelnde Regulierung – und daher die Explosion von Diffamierungen, Hassbotschaften und beleidigenden Äußerungen gegenüber Juden, Afroamerikanern und den homosexuellen oder trans Gemeinschaften – und vor allem das erratische Verhalten des neuen Inhabers haben zur Flucht von großen Anzeigenkunden wie L'Oréal, Audi oder VW geführt, aber auch von Pfizer, Coca-Cola oder General Motors. Einige sind ein paar Monate später vorsichtig wieder zurückgekehrt, doch im ersten Halbjahr 2023 war der Anzeigenumsatz von Twitter im Vergleich zum ersten Drittel des Jahres 2022 um 50 % gesunken … Musk hat daraufhin den Werbekunden – die vor allem fürchten, dass ihre Anzeigen in der Nachbarschaft von rassistischen oder verschwörungstheoretischen Tweets auftauchen – ein System »des Ausschlusses von Urhebern« vorgeschlagen. Das sollte es ihnen erlauben, 1000 Konten zu benennen, die aus ihrer Nachbarschaft auf der Plattform ausgeschlossen werden sollten. Nicht überraschend setzten viele an den Anfang ihrer Liste … Elon Musk!

Zwei Tage später startete die EU im Rahmen des *DSA* eine Untersuchung der vermuteten Quellen von »Falschinformation«, »gewaltverherrlichenden oder terroristischen Inhalten« oder »Hassreden«.

Elon Musk diente weder seiner eigenen Sache noch den Verhaltensregeln von X, als er am 15. November einen antisemitischen Tweet retweetete: Im Zusammenhang mit dem Gazakrieg, als es auf seiner Plattform nur so von Desinformationen und Fake News wimmelte, verbreitete er einen Text, in dem es hieß, dass die Juden die Weißen hassen, indem er dessen Autor antwortete: »Sie haben die echte Wahrheit gesagt«! Diese Botschaft, die Millionen Male angeklickt wurde, veranlasste Apple, IBM, Disney Microsoft, Netflix und noch einige andere, ihre Werbeaufträge zurückzuziehen. Die Bilanz: 11 Millionen Dollar eingebüßt … was 2023 die Einnahmenverluste auf 75 Millionen wachsen lassen sollte, dank Musks »Absolutismus« in Sachen freie Meinungsäußerung.

Elon Musk hat nicht nur beschlossen, die Kontrolle des Inhalts der auf X veröffentlichten Posts massiv zurückzufahren und jedem im weitestgehenden Maße das Recht zu geben, seinen Hass hinauszubrüllen oder falsche Nachrichten zu propagieren, ohne zur »Mäßigung« veranlasst zu werden. Wie Donald Trump glaubt auch der Unternehmer, dass wir in einer »postfaktischen« Zeit leben. Anders gesagt, er glaubt, dass »alternative Wahrheiten« (um Trumps Worte zu gebrauchen) dasselbe Gewicht haben wie wissenschaftlich erhärtete Fakten, denn diese seien in Wirklichkeit gegen die Interessen der Bevölkerung manipuliert, mit den herkömmlichen Medien als Komplizen. Elon Musk befürwortet seit Langem eine grenzenlose Meinungsfreiheit und verachtet die Presse und das Fernsehen. Die Anhänger des Postfaktischen lehnen die Grundlage der demokratischen Diskussion ab, nämlich vor allem anerkannte Fakten, aufgrund derer es möglich ist, eine für die weitaus meisten Menschen vorteilhafte Politik zu entwickeln.

Und wenn X die Banken ersetzt?

In der Ära des Postfaktischen gibt es nichts Gemeinsames mehr, auf das man sich beziehen kann. Ein jeder glaubt am Ende nur an seine eigene Wahrheit oder an die seines Clans. Die sozialen Medien sind das wichtigste Feld für diesen Kampf der Kulturen: Das Herzstück des Wirtschaftsmodells von X – aber ebenso auch von Facebook, wie wir im folgenden Kapitel sehen werden – ist die algorithmische Ausbreitung von Inhalten, die möglichst viele Emotionen auslösen, ein Ökosystem, das von Natur aus alternative Wahrheiten begünstigt. Züge, die pünktlich sind, Menschen ohne Geschichte und Geschichten und einfache Wahrheiten haben die Massen noch nie begeistert …

Wenn Elon Musk aber Twitter nicht »bloß« gekauft hat, um die Ergebnisse der Wahlen in Amerika zu beeinflussen, wozu zum Teufel macht er sich dann diese Mühe?

Er hat Twitter nicht nur in X umgewandelt, weil es ihm Spaß gemacht hat, den Namen zu ändern und dabei seinen Fetisch-Buchstaben zu benutzen (fast alle seine Unternehmen haben ein X im Namen). Vielmehr verfolgt er seinen alten Traum aus der Zeit, als sein Start-up X.com (dessen Domänennamen er 2017 gekauft hat) mit PayPal fusionierte. Er möchte ein Finanzgigant werden. Sein Vorbild ist die zu allem Möglichen verwendbare App WeChat: Mit dieser chinesischen Anwendung kann man mit Freunden chatten, aber auch eine Videokonferenz ausrichten, Essen bestellen, Rechnungen begleichen, ein Bahn- oder Flugticket kaufen und so weiter. X würde ein universell verwendbares Schweizer Armeemesser werden, eine Megaplattform, auf der Nutzer aus der ganzen Welt diskutieren, sich informieren, Arzttermine vereinbaren oder auch ein Darlehen aufnehmen können. Sie würde gleichzeitig Facebook, PayPal, Doctolib und eine Direktbank ersetzen ... Mit einer Digitalwährung, die im Unterschied zu Zuckerbergs Libra nicht als offizielles Zahlungsmittel gelistet würde, damit man ihm nicht verbieten könnte, sie zu schaffen.[15]

X ist noch weit davon entfernt, diesen letzten Traum zu erfüllen. Doch Musk kommt voran. Seine Firma hat bereits in sieben US-Staaten die Zulassung für Zahlungsmittel erworben. Zunächst könnte die Plattform ihren Nutzern Geld schenken (zum Beispiel 10 Dollar), mit der Auflage, es wohin auch immer im System zu schicken. Dann würde sie ein Sparkonto mit hohen Zinsen einführen, sodass die Erträge bei den Konten auf X die besten auf dem Markt wären. Die Überziehungszinsen sollten dagegen die niedrigsten auf dem Markt sein. Elon Musk soll auch beabsichtigen, allen, die ein bestimmtes Niveau von Liquidität erreichen, automatisch eine Kreditkarte und ein Scheckbuch zu schicken.

Musk hat schon oft gesagt, sein Unternehmen solle die größte Finanzinstitution der Welt werden, doch man hat ihn damit nicht ernst genommen. Heute weiß die Wall Street, dass er zu allem fähig ist. Wenn X zu einer digitalen Bank mit einem reichen Angebot an Finanzdienstleistungen würde, könnte es 250 Milliarden Dollar wert sein! Das ist schwer vorstellbar, nachdem der Wert des Unternehmens sich seit seinem Erwerb durch Musk halbiert hat (von 44 auf 20 Milliarden Dollar gesunken ist). Doch wenn er seine Wette gewinnt, würde Musk sich spektakulär rächen und den berühmten Satz von Peter Thiel Lügen strafen, der da lautet: »Man hat uns fliegende Autos versprochen, doch alles, was wir bekommen haben, sind 140 Zeichen« (die Länge einer Twitter-Botschaft).

Musks Genie ist seine Fähigkeit, einen Geschäftsbereich ganz neu zu erfinden, indem er mit der Vergangenheit, mit Gewohnheiten und Selbstverständlichkeiten gründlich aufräumt.

Das ist ihm mit der Raumfahrt und der Automobilindustrie gelungen und zuvor auch mit nicht physischen Zahlungsmitteln. Er ist der einzige Großkapitalist, der sowohl im digitalen Bereich erfolgreich ist als auch bei *brick and mortar*, wie man das in den einschlägigen Kreisen nennt, also Ziegeln und Mörtel, das heißt physischen Waren. Er hat eine globale Vision. Kann er auch das Bankwesen neu erfinden? Jedenfalls hat er sich immer über die Finanziers und ihren Anspruch lustig gemacht, alles zu beherrschen: »Was die Bankiers machen«, hat er seinem Biographen Ashlee Vance anvertraut, »ist, nachzumachen, was die anderen Bankiers machen. Wenn alle Welt von einer Klippe springt, springen sie hinterher. Wenn mitten im Zimmer ein Haufen Gold liegt und niemand ihn berührt, werden sie ihn meiden.«[16] Er dagegen wird ihn schnell wegkarren.

Philippe Dewost, der Direktor von Epita, einer Schule für Informatikingenieure und Mitbegründer von Wanadoo, erklärt Musks Erfolg damit, dass er bislang noch immer die Hardwareproduzenten, also die Industrie, mit den Mitteln der (elektronischen) Software bekämpft hat. Dieser Software-Approach hat es ihm ermöglicht, »Hardware«bereiche wie die Autofabrikation oder die Raumfahrt in jeglicher Hinsicht zu revolutionieren: in dem, was sie zu leisten versprechen, in ihrem Marketing, im Auslösen technologischer Entwicklungssprünge und in der industriellen Dimension.

»Vision« + technologischer Umbruch

Dieses Vorgehen wird von einer Integration aller Produktionsstufen begleitet, was den Methoden widerspricht, die üblicherweise in diesen Bereichen angewandt werden. Tesla produziert tatsächlich seine eigenen Komponenten für die automatische Steuerung seiner Fahrzeuge, entwickelt seine eigenen Batterien und kümmert sich um die Vermarktung seiner Autos. Und so entwickelt und produziert SpaceX auch die nächste Generation seiner Raketenmotoren, seine eigenen Startrampen und die Logistik für das Recyceln der Trägerraketen, was ihm eine noch nicht dagewesene schnelle Folge von Starts erlaubt. Dasselbe gilt für die Bestandteile seines *Starlink*-Programms. »Elon Musk ist ein phänomenaler Legospieler, der seine eigenen Legosteine entwickelt und produziert«, erklärt Philippe Dewost. »Die einzigen Gesetze, die er nicht verletzen will, so drückt er es selbst gern aus, sind die der Physik.«[17]

Für Matthieu Courtecuisse, Chef der Consultingfirma Sia Partners, artikuliert sich sein Denken immer im Spannungsfeld von Vision und Technologie: »Bei ihm ist die Vision ganz gewaltig, dazu berufen, planetarisch und universal zu sein, manchmal ist sie geradezu transzendent. Und sie geht systematisch einher mit dem Ziel, sich eine durchschlagend neue Technologie anzueignen, auf die er das Monopol behalten kann.«[18]

Im Klartext: mit SpaceX und *Starlink* soll die Menschheit multiplanetarisch werden, doch technologisch geht es darum, den Markt für Trägerraketen und Satellitenkommunikation zu beherrschen. Bei Tesla geht es darum, CO_2-freie Mobilität in der Welt zu verbreiten, aber eigentlich wichtig ist es für ihn, sich dauerhaft den unbegrenzten Ertrag von autonomem Fahren zu sichern. Mit Neuralink soll der Mensch die künstliche Intelligenz beherrschen, die wiederum die Welt beherrschen wird, doch seine eingepflanzten Chips werden das Metaversum beherrschen. Bei X schließlich mag seine anfängliche Idee gewesen sein, die Meinungsfreiheit absolut zu setzen und die Welt der Medien von Grund auf neu zu ordnen, doch damit könnte bald schon auch eine technologische Umwälzung verbunden sein: X könnte, vermutet Matthieu Courtecuisse, »der große Gatekeeper werden, dank einer universal einsetzbaren technologischen Plattform für Anzeigenkunden und neuartigen bezahlten Dienstleistungen wie *digital identity*, einer verbesserten Suchmaschine, einer Vernetzung, die mehr Klicks erzeugt, der Schaffung von Kryptowährungen mithilfe der Blockchain-Technologie eines Web3 … «[19]. Es kann einem dabei schwindlig werden.

Die Macht, die dieser Unternehmer, der sich zum Schöpfer aufschwingt, schon heute besitzt, ist beängstigend. Es ist eine industrielle, finanzielle, gesellschaftliche, diplomatische und politische Macht. Die amerikanische Regierung zittert vor Elon Musk, da er über den Ausgang des Ukrainekriegs mitentscheidet. Er ist dabei, den erweiterten Menschen zu schaffen, er möchte uns Irdische zum Mars bringen und das Bankensystem der Welt umstürzen. Schon heute könnte er großen Einfluss auf die Wiederwahl von Trump oder auf die Wahl weiterer Extremisten anderswo nehmen, was zerstörerische Auswirkungen auf die Demokratie in den USA hätte und den Vormarsch der Russen in Europa begünstigen könnte. Wie soll man ihn aufhalten?

2. Kapitel

Mark Zuckerberg, der große Puppenspieler

Anders als Elon Musk bemächtigt Mark Zuckerberg sich nicht des Weltraums und betätigt sich nicht als Deus ex Machina der Weltpolitik. Doch mit seinen Social Media Facebook, Instagram oder Threads herrscht er gewissermaßen über 3 Milliarden Menschen. Er ist mitverantwortlich für eine tiefgreifende Veränderung unserer Gesellschaften, gegen die die Politik nichts zu unternehmen vermag oder sich traut.

Das wurde mustergültig demonstriert mit der Ohnmacht der französischen Regierung gegenüber den Plattformen bei den Unruhen nach dem Tod des Jugendlichen Nahel im Juli 2023. Facebook, Instagram und ihresgleichen waren für die Mobilisierung der krawallbereiten jungen Männer verantwortlich, zunächst, indem sie es ihnen ermöglichten, ihre Aktionen zu koordinieren, dann aber auch, weil »sich auf Insta sehen« (oder auch auf Facebook, TikTok, Snapchat und so weiter), während man etwas kaputtmacht oder plündert, schon an sich eine Motivation darstellt. Der Präsident der Republik »bestellte« die lokalen Repräsentanten der Plattformen in den Elyseepalast ein, appellierte an ihr Pflichtgefühl und forderte sie auf, weniger Gewaltbilder zu verbreiten, doch in Wahrheit konnte er in einem Rechtsstaat nichts unternehmen, um sie daran zu hindern, die Inhalte zu verbreiten, die ihre Userzahlen und damit ihre Werbeeinnahmen anschwellen lassen. Ausgangssperren stören die Social Media nicht; sie stehen wie immer außerhalb der Gesetze oder über ihnen.

Die Plattformen von Mark Zuckerberg sind in entscheidendem Maße schuld an der grassierenden politischen Spaltung, die in den USA und in Europa immer weiter voranschreitet, und am unaufhaltsamen Anstieg des Populismus. Denn so, wie die Social Media konstruiert sind, fördern sie diese Phänomene: Niemand interessiert sich für gemäßigte Ansichten, ausgewogene Meinungen oder brave Kommentare zufriedener Wähler. Erfolgreicher sind Inhalte, die polarisieren, spalten oder Hass verbreiten; sie sorgen für hohe Klickzahlen. Und da Facebook das größte und effizienteste dieser Netzwerke ist, ist es auch mehr als alle anderen eine Maschine, die tiefe Gräben zwischen Gruppen mit unterschiedlichen Ansichten aushebt, die Bevölkerung teilt und extremistischer macht.

Er weiß, was er anrichtet

Es kommt auch vor, dass Zuckerbergs Einfluss positive Entwicklungen vorantreibt, wie beim Auslösen des Arabischen Frühlings, doch öfter ist sein Einfluss schädlich. Zunächst ist die Plattform für die »Facebook-Depression« verantwortlich, wie amerikanische Kinder- und Jugendärzte das Unwohlsein von nach den Social Media süchtigen Jugendlichen benannt haben. Diese Art Krankheit wurde erstmals im März 2011 in der Zeitschrift der amerikanischen kinderärztlichen Vereinigung, *Pediatrics in Review*, beschrieben.[1] Seitdem haben viele Studien das Ausmaß der Zunahme sozialer Ängste, Depressionen und Selbstmordgedanken[2] untersucht, wie »Social Media and Mental Health«, eine von Forschenden des MIT und der Mailänder Bocconi-Universität angestellten und 2023 veröffentlichten Untersuchung. Ja, die Social Media sind verantwortlich für die deutliche Zunahme von Depressionen und Selbstmorden bei Jugendlichen und den Anstieg der kollektiven Gewalt unter ihnen. Und ja, Instagram ist wie TikTok, wie wir noch sehen werden, verantwortlich für die explosionsartige Zunahme schönheitschirurgischer Eingriffe bei jungen Menschen und für die irreparablen Schäden, die dadurch hervorgerufen werden.

Der Milliardär, der Facebook erfunden hat, war stets als Erster über die Kollateralschäden informiert, die seine Medien beim demokratischen Geschehen und bei der mentalen Gesundheit der Nutzer verursachten. Er wusste auch, wie man das hätte beheben können: durch die Regulierung seiner Plattformen, also dadurch, dass man ihr Zügel anlegte. Das wäre auch nicht schwer gewesen angesichts dessen, dass er 58 % der Stimmrechte bei Meta hält, wie Zuckerberg die Facebook-Gruppe genannt hat, als er sich ins Metaversum aufmachte (auch wenn er diese missglückte strategische Wendung inzwischen vergessen machen möchte). Doch wenn er gegen diese perversen Effekte vorginge, würden seine Umsätze und Profite sinken. Also verschließt er die Augen davor. Wie damals, als er die Daten seiner Abonnenten zu Geld gemacht und die missbräuchliche Einflussnahme zugelassen hat, die zur Wahl von Donald Trump führte.

Fortwährend wird er in Gerüchten als jemand mit Ambitionen für die Präsidentschaft der USA gehandelt, was sich auf ein paar Indizien stützt – seine Personalrekrutierung in politischen Kreisen, seine karitative Stiftung und sein Wunsch im Jahre 2017, sich in allen US-amerikanischen Staaten mit Bürgern zu treffen. Jean-Louis Gassée, der ehemalige Chef von Apple France, kann über diese Gerüchte nur lächeln: »Warum sollte man sich als Präsident der Vereinigten Staaten langweilen, wenn man schon Weltpräsident ist?«[3] In der Tat, warum sollte Zuck sich die Mühe machen, 330 Millionen Amerikaner zu regieren, wenn er schon über 3 Milliarden Menschen herrscht? Tatsächlich ist der Facebook-Chef mächtiger als ein Staatspräsident und auch nicht scharf auf diesen Posten. Auch wenn er das weniger klar sagt als Elon Musk, sind sie derselben Ansicht: Die Macht von Staatschefs ist begrenzter als die ihre.

Der »Prinz«, wie ihn seine Schwestern früher nannten, konnte sich gewiss nicht vorstellen, so weit zu kommen, als er das elektronische Studierendenverzeichnis seiner Universität erstellte. Und doch wollte er schon gewinnen, als er mit ihnen *Risk* spielte: Sein Ziel war, die Welt zu erobern.

Ein Meister des mea culpa

1984 geboren, gehört dieses Wunderkind der Informatik zu den letzten Generationen von Menschen, die sich noch an eine Welt ohne Internet erinnern können. Der Sohn eines Kieferchirurgen und einer ehemaligen Studentin der Kinderheilkunde und einziger Junge unter vier Geschwistern bekommt mit zwölf einen Computer geschenkt. Ganz allein schafft er es, auf ihm ein Netzwerk zwischen den Mitgliedern der Familie zu programmieren, das »ZuckNet«. Der Informatikprofessor, der ihm Privatunterricht gibt, schafft es nur mit Mühe, noch einige Zeit mit ihm mitzuhalten.

Mit 15 kreiert er eine erste Website und ein Programm, The Vader Sader, das es Menschen ermöglicht, sich miteinander zu vernetzen. Sein nächstes Programm, Synapse Media Player, das den Internetusern auf ihren Geschmack zugeschnittene Musikstücke empfiehlt, erregt die Aufmerksamkeit des Bill-Gates-Konzerns, der 950 000 Dollar für das Programm bietet, unter der Bedingung, dass er sich vertraglich verpflichtet, drei Jahre bei Microsoft zu arbeiten. Mark lehnt ab. Dank seiner mathematischen Begabung und seiner Kenntnisse in Naturwissenschaften, Latein und Griechisch – ganz zu schweigen von seinem Talent als Programmierer – schafft er die Aufnahme in der Harvard-Universität.

Im zweiten Jahr entwickelt er das Programm *Course Match*, mit dem man feststellen kann, welche Studierenden welchen Kurs belegt haben: ideal, um zu verfolgen, wo man auf dem Campus hübsche Mädchen finden kann. Dann lädt er die nicht immer schmeichelhaften Photos des offiziellen Studierendenverzeichnisses herunter, um *Facemash* zu kreieren: Er ordnet die Bilder aller jungen Frauen auf dem Campus nebeneinander an und schickt den Link dazu an ein paar Freunde, die sie nacheinander benoten sollen, um am Ende die Schönste unter ihnen zu wählen. Facemash geht viral, und 450 Leute geben in wenigen Stunden 22 000 Stimmen ab: Der Server der Universität ist damit voll ausgelastet. Dieses Mal bekommt der erstaunliche Student einen disziplinarischen Rüffel.

Des Sexismus und des Rassismus beschuldigt, reagiert Zuck zum ersten Mal so, wie es seine Politik auch in den folgenden Jahrzehnten sein wird, jedes Mal, wenn er wegen »Affären« angehört wird: Der nette ein Meter sechzig große junge Mann bekennt scheinbar bescheiden sein mea culpa, gibt seine Irrtümer zu und verspricht, sie zu korrigieren. In Harvard bewährt sich diese Strategie: Der Student kommt mit einer Bewährungsauflage davon. Er wird zum Star des Campus.

2003 suchen drei Studierende, die Zwillinge Tyler und Cameron Winklevoss sowie Divya Narendra, ihn auf und fragen ihn, ob er ihnen dabei helfen könne, ein Programm zu schreiben, das alle Studierenden von Harvard untereinander verbinden würde. Sie haben bereits an einem Programm namens Harvard Connection gearbeitet. Mark Zuckerberg ist einverstanden und macht sich an die Arbeit – und lässt nicht wieder von sich hören. Jedes Mal, wenn sie ihn zu erreichen versuchen, ist der Geek ausgeloggt. Bis zu dem Tag, als sie erfahren, dass er »The Facebook« herausgebracht und sie außen vor gelassen hat.

Zuckerberg findet, dass seine Plattform nicht viel mit der Ursprungsidee des Trios gemein hat, dass sie weitaus vielfältiger und raffinierter ist. Die Winklevoss-Zwillinge bringen die Sache vor Gericht, doch da sie nicht sicher sind, ob sie gewinnen werden, akzeptieren sie ein Schlichtungsangebot: 2008 erhalten sie 20 Millionen Dollar in bar und 45 Millionen in Facebook-Aktien. Doch diese kleine Übereinkunft genügt ihnen nicht, denn der Wert des Netzwerks steigt unaufhörlich, während es sich auf andere Universitäten ausbreitet; sie kündigen also die Übereinkunft und gehen in Berufung … Die wird 2009 abgelehnt. Aber sie haben nicht alles verloren: Sie haben ihr Bargeld in Bitcoins angelegt und sind Milliardäre geworden.

Rentabilität um jeden Preis

Wie Elon Musk, Bill Gates oder Steve Jobs bricht auch Mark sein Studium ab, bevor er sein Diplom hat. Seit 2004 baut er um sich herum ein Team auf, und aus The Facebook wird Facebook. 2006 öffnet er sein Netzwerk für alle Internetuser über 13 Jahren und richtet einen Nachrichtendienst ein. Diese Neuerung, die es dem sozialen Netzwerk erlaubt, Werbeanzeigen zu verbreiten, kommt bei den Nutzern nicht gut an. Doch Zuck weicht nicht zurück: Er hat ein möglicherweise rentables Wirtschaftsmodell gefunden, und die User haben sich daran zu gewöhnen.

Im selben Jahr bietet Yahoo! an, Facebook für 1 Milliarde Dollar zu kaufen. Ein echter Jackpot für die immer noch defizitäre Website, auf der sich erst 8 Millionen Nutzer tummeln. Ein Geschenk des Himmels für diesen »Jungen« von 22 Jahren, dem 25 % des Kapitals gehören. Doch gegen den Rat von Peter Thiel – der mit Elon Musk zusammen bei PayPal war und als einer der Ersten in Facebook investiert hat – und von Jim Breyer, dem zweitwichtigsten Investor, lehnt der junge Mann das Angebot ab: Er ist sich sicher, erst am Anfang seines Abenteuers zu stehen, und dass das Potenzial von Facebook viel größer ist als das, was die Plattform zu diesem Zeitpunkt darstellt. Der Siegeszug des iPhone und seiner Nachfolger gibt ihm in einem größeren Maße recht, als er es je erhoffen konnte. Facebook wird die weltweit am meisten auf Smartphones heruntergeladene App und wird Werbeeinnahmen in Höhe von zig Milliarden Dollar bringen.

Von Zeit zu Zeit mucken die Nutzer des Netzwerks auf, zum Beispiel, als er 2007 sein Werbemodul Beacon einzuführen versucht. Mit diesem Dienst soll es möglich werden, auf den Seiten der Facebook-Abonnenten zu sehen, was sie im E-Commerce gekauft haben … ohne dass sie dazu ihre Zustimmung geben müssen. Deine Freunde und Angehörigen können also herausfinden, ob du dir ein Paar Nike-Baskets zu einem irren Preis gegönnt oder dir zum fünften Mal *Rocky IV* angeguckt hast. Für die Kunden von Facebook ist das natürlich ein sehr effizientes Instrument für zielgerichtete Werbung, weil Menschen in einer bestimmten Gruppe meist ähnliche Konsumgewohnheiten haben. Hunderte von unzufriedenen Nutzern reichen nun eine kollektive Klage gegen Facebook wegen Verletzung ihres Rechts auf Privatsphäre ein. Es geht einfach nicht, dass die Informationen über ihre persönlichen Einkäufe öffentlich gemacht werden, und das sogar, ohne sie darüber zu informieren! Niemand möchte als Sandwichman missbraucht werden und mit dem eigenen Namen Produkte empfehlen …

Mark Zuckerberg begreift, dass er riskiert, alles zu verlieren. Diesmal tritt er den Rückzug an und einigt sich gütlich mit den Klägern. Auf seinem Blog veröffentlicht er einen Text, in dem er sich demütig dafür entschuldigt, dass er Beacon in das Privatleben der Mitglieder des Netzwerks eindringen lassen wollte. Er klopft sich an die Brust: »Ich bin nicht stolz auf diese Situation.«[4] Aber er findet auch Entschuldigungen: Er habe nur erreichen wollen, dass die Leute »mit ihren Freunden Informationen austauschen, weil die unterschiedliche Sites besuchen«[5].

Beacon war nicht anwenderfreundlich genug gewesen – das war der Fehler: Die User hätten selbst leicht kontrollieren können, was sie teilen wollten (oder nicht). Aber sie haben es nicht so wahrgenommen. Der junge Gründer verzichtet also darauf, für eine Weile jedenfalls; denn 2010 wird eine neue Funktion eingeführt, Facebook Connect, die mehr oder weniger nach dem Modell von Beacon arbeitet. Diesmal bleibt der Aufschrei aus; es ist, als hätten die Leute sich daran gewöhnt, dass ihr Privatleben im Internet verschwindet.

2008 zählt Facebook 150 Millionen Nutzer, darunter Barack Obama und Hillary Clinton. Zuck wird zum jüngsten Milliardär der Welt. 2009 verzehnfacht eine Neuerung die Beteiligung der Abonnenten der Plattform: der Like-Button mit dem Piktogramm des erhobenen Daumens. Ein jeder lauert nun darauf, wie viele Stimmen seine Veröffentlichungen bekommen. Diese Architektur der Bewertung aller durch alle führt zu häufigerer Nutzung. Die Plattform erreicht eine neue Etappe ihrer Ausbreitung.

Ein »zerstörerischer« und »wenig inspirierender« Chef

Nachdem Mark Zuckerberg Managementkurse besucht hat, weil seine Angestellten ihm vorgeworfen hatten, »zerstörerisch« zu wirken und »wenig inspirierend« zu sein, tauscht er sein T-Shirt und seine Adidas-Flip-Flops gegen ein weißes Hemd und Stadtschuhe ein. Doch seinen mönchischen Lebensstil behält er bei.

2010 wird ein grandioses Jahr für Facebook. Nichts geht schneller »viral« als auf der Plattform, und so spielt sie eine wichtige Rolle bei der Entstehung des Arabischen Frühlings. Da Facebook den Bürgern erlaubt, ihre jeweiligen Kontakte exponentiell zu vermehren und so ihren Einfluss zu vervielfachen, erweitert Facebook erheblich den Aktionsradius der ersten Protestierer, derer, die bei der Selbstverbrennung des jungen tunesischen Verkäufers Mohamed Bouazizi am 17. Dezember zugegen waren oder die Nachricht davon verbreitet hatten. Von den 11,5 Millionen Einwohnern Tunesiens sind 7,6 Millionen über Facebook verbunden! Die Demonstranten nutzen ihre Benutzerkonten, um Slogans gegen das Regime des Präsidenten Ben Ali auszutauschen und die Selbstbereicherung der Regierungsangehörigen anzuprangern. Im Januar 2011 tritt Ben Ali zurück. Und der tunesische Aufstand breitet sich wie ein Ölfleck über die arabischen Staaten aus. In Ägypten, wo Facebook die Menschen ebenso zusammenbringt wie in Tunesien, tritt Hosni Mubarak 14 Tage später zurück. Im selben Jahr erhält ein kleines ägyptisches Mädchen zur Feier der Revolution den Namen Facebook.[6]

Später breiteten sich dank Facebook die Black-Lives-Matter-Bewegung und MeToo aus, das Netzwerk hat somit die Menschheit weitergebracht. Auch wenn seine emanzipatorische Funktion bei diesen Revolten ein unbeabsichtigter Nebeneffekt war, ist die Plattform zu einem unumgänglichen Werkzeug politischer und kultureller Aktion geworden. Leider lehnt Mark Zuckerberg die Verantwortung für die Dinge ab, die mit dieser Stellung einhergehen.

Der Gründer des sozialen Netzwerks spricht zur Zeit des Arabischen Frühlings von einer halben Milliarde Nutzern. China und der Iran blockieren den Zugang, doch es bleiben noch mehr Erdenbewohner zu erobern als bereits Teil des Netzwerks sind. Immerhin bringt Zuck Konkurrenzunternehmen, die früher entstanden sind als seins, wie MSN Messenger oder MySpace, zur Strecke.

Um Raum zu schaffen für mehr als 3000 Angestellte, lässt sich Facebook in Palo Alto nieder, der fünfte Umzug in sechs Jahren. Das Gelände, über das das Unternehmen jetzt verfügt, erstreckt sich über 93 000 Quadratmeter. Vom Himmel aus lassen sich im zentralen Innenhof die mit schwarzen Platten markierten Buchstaben H-A-C-K (es geht um Hacks, um Internetpiraterie) erkennen. Die neue Zentrale bietet den Mitarbeitern alles, was ihre Produktivität boostern könnte: kostenlose Mahlzeiten, Snacks ohne Ende, blitzschnelle Reinigung der Kleidung … Mark Zuckerberg selbst kauft für 7 Millionen Dollar eine Villa mit 520 Quadratmetern Wohnfläche in der Nähe des neuen Hauptquartiers. Das versetzt seinem Image vom »mönchischen Leben« einen harten Schlag.

Facebook behält, was du wegwirfst

Auf die kollateralen Wohltaten folgen kollaterale Schäden. Ein österreichischer Jura-Student, Max Schrems, der zum Staraktivisten in Sachen Datenschutz werden wird, weist nach, dass Facebook sich in sein Privatleben einmischt. Er hat entsprechend dem europäischen Recht eine Kopie aller Daten verlangt, die das soziale Netzwerk über ihn besitzt. Nachdem er das mehrmals wiederholt hat, wird Facebook schließlich tätig und schickt ihm eine CD, auf der mehr als 1200 Seiten gespeichert sind. Dadurch stellt Schrems fest, dass Informationen, die er auf seinem Nutzerkonto gelöscht hat, immer noch aufbewahrt werden. Facebook hat nicht nur alle Versionen seiner persönlichen Website seit deren Einrichtung behalten, vielmehr haben die Server auch Informationen gespeichert, die er ausdrücklich unterdrückt hatte: Unterhaltungen, Photos, von denen er seinen Namen zurückgezogen hatte, Veranstaltungen, zu denen er eingeladen, aber nicht gegangen war, Namenssuchen, die er angestellt hatte, sehr persönliche Mitteilungen, die er verfasst, aber dann nicht abgeschickt hatte … Im Gedächtnis von Facebook ist all dies erhalten geblieben. Schwindelerregend!

Das Netzwerk hat sogar Kenntnis von externen Websites gehabt, die er besucht hat, und es besitzt Informationen zu Personen, die nie ein Facebook-Konto eröffnet haben, Informationen, die es aber durch ihn erworben hat.

Der Student klagt in Irland wegen Verletzung der europäischen Datenschutzregeln. David gegen Goliath im digitalen Zeitalter. David ist geduldig, hartnäckig und klug. Der Europäische Gerichtshof macht ihn dadurch berühmt, dass er ihm zweimal Recht gibt, 2015 und noch einmal 2020. Zunächst erklärt er das *Safe-Harbor*-Abkommen für ungültig – den Text, der umreißt, wie amerikanische Unternehmen Daten europäischer Bürger in die USA transferieren dürfen. Dann annulliert er auch *Privacy Shield*, das Abkommen, das das vorige ersetzen soll und den Transfer von Daten erlaubt, wenn sie von zertifizierten Dienstleistern in den USA geprüft worden sind. Im Laufe dieser Jahre wird Facebook zum Beispiel von der französischen Datenschutzbehörde viermal dafür verurteilt, die *Europäische Datenschutz-Grundverordnung* (*DSGV*) nicht eingehalten zu haben, und verhängt Strafen in Höhe von insgesamt 1,3 Milliarden Euro.

Nach den Enthüllungen von Edward Snowden 2013, die zeigen, wie weit die Überwachung durch die amerikanische NSA (National Security Agency) geht, reichte Max Schrems 2014 eine neue Klage gegen Facebook ein – jetzt in Österreich und zusammen mit 25 000 anderen; diesmal klagt er Facebook an, mit dem amerikanischen Nachrichtendienst zusammengearbeitet zu haben. Er wirft Facebook seine Teilnahme am Überwachungsprogramm PRISM der NSA vor.

Die Attacken von Schrems sind erst der Anfang von Ärgernissen für Zuckerberg. Die Gnadenfrist ist vorbei, es gibt immer mehr Angriffe. Im Mai 2023 brummt die irische Datenschutzbehörde ihm eine Rekordstrafe auf: 1,2 Milliarden Euro wegen Nichtbeachtung der europäischen Regeln für den Datentransfer in die Vereinigten Staaten. Die in Irland für den Schutz der Privatsphäre verantwortliche Institution ordnet an, dass er seine transatlantischen Datenflüsse beenden muss: Sie gibt ihm fünf Monate, um jede künftige Übertragung von personenbezogenen Informationen zu unterbinden, und sechs Monate, um der illegalen Nutzung dieser Daten einen Riegel vorzuschieben.

50 Millionen »abgesaugte« Konten

Eine Geldstrafe ist zu verwinden, wenn man Milliarden verdient ... Die Auseinandersetzungen mit Regulierungsbehörden und Gerichten, die in den Medien keine große Rolle spielen, sind nicht das, was das Image von Facebook am meisten zu beschädigen droht, auch wenn sie die künftigen Einnahmen belasten. Größeren Schaden hat dagegen sicher die Affäre mit Cambridge Analytica angerichtet, die sich zwischen 2015 und 2018 abgespielt hat, und zwar unmerklich und auf längere Zeit.

In der Tat erfuhr die Öffentlichkeit 2018, dass Facebook in mehrere Manipulationen verstrickt war, die unter anderem darauf abzielten, in den USA Donald Trump wählen zu lassen und im Vereinigten Königreich den Brexit durchzusetzen. Das Unternehmen hatte einem Forscher in Cambridge, Alexandr Kogan, erlaubt, den Nutzern des Netzwerks eine »thisisyourdigitallife« getaufte App anzubieten. Sie soll den Verantwortlichen des sozialen Netzwerks als eine akademische Studie präsentiert worden sein. Sie enthielt einen Fragebogen, der nur für Facebook-Nutzer zugänglich war, die in den amerikanischen Wählerlisten eingetragen waren. Wer auf die Fragen von *thisisyourdigitallife* einging, und das waren Hunderttausende von Menschen, gab damit auch den Zugriff auf seine bei Facebook registrierten persönlichen Daten frei, und auch auf seine Kontakte im sozialen Netzwerk ... Alle diese Informationen dienten Cambridge Analytica für seine politische Kommunikationsoperation.

Kogan »saugte« um die 50 Millionen Facebook-Accounts ab und teilte die Daten mit einem kommerziellen Unternehmen, das der eigentliche Nutznießer davon war, Cambridge Analytica. Mit dessen Hilfe konnte die Wahlkampforganisation von Donald Trump diesen Millionen potenzieller Wähler personalisierte Botschaften zukommen lassen, die den Gegner herabwürdigten und geeignet waren, sie zum Wählen zu bewegen oder wenigstens ihre Stimmenthaltung sicherzustellen. Anscheinend hat das Trump-Team vermocht, genügend Menschen umzustimmen, um dem Wahlsieg näher zu kommen. Außerdem ermöglichten die Daten dem republikanischen Kandidaten, Geldgeber zu finden, jeweils die richtigen Wahlkampfparolen auszugeben und geeignete Orte für Wahlkampfveranstaltungen zu finden.

Ein Whistleblower dieser »Wahlbeeinflussung«, Christopher Wylie, ehemaliger Forschungsdirektor bei Cambridge Analytica, versichert ebenfalls, dass das Vereinigte Königreich die Europäische Union nie verlassen hätte, wenn es diese »Verletzungen der Vertraulichkeit von Daten« – diesmal derer der britischen Wähler – nicht gegeben hätte: Facebook wäre demnach auch mitverantwortlich für den Brexit!

Zuck steckt mitten in diesen Skandalen. Tim Cook, der Nachfolger von Steve Jobs bei Apple, antwortet auf die Frage einer Journalistin von *Recode*, die wissen will, was er an der Stelle von Mark Zuckerberg nun täte: »Ich wäre nie in so einer Situation«[7]. Und um das zu verdeutlichen, versichert er: »Wir könnten viel Geld verdienen, wenn wir unsere Kunden zu Geld machten, wie wenn sie unser Produkt wären. Wir haben aber beschlossen, das nicht zu tun.« Als Antwort darauf verlangt Zuckerberg von seinen führenden Mitarbeitenden, dass sie ihre iPhones aufgeben und sich mit Android-Smartphones ausstatten.

Er kauft seine Konkurrenten auf oder kopiert sie

Andere Unternehmer mit sozialen Netzwerken machen auf Mark Zuckerbergs Verantwortungslosigkeit aufmerksam, insbesondere Evan Spiegel, der Chef von Snapchat. Er hat es zweimal abgelehnt, sich von Facebook aufkaufen zu lassen, und Zuck hat geschworen, seine App zu vernichten. Was ihm dadurch gelungen ist, dass er das Modell der »Stories« von Snapchat auf Instagram, WhatsApp und Facebook kopiert hat. Spiegel nahm das Plagiat zunächst als Anerkennung: »Wenn ihr ein geniales Produkt herstellt, braucht ihr euch nicht zu wundern, dass die Leute es kopieren.« Dann merkte er noch ironisch an: »Ich hätte es wirklich gut gefunden, wenn Facebook auch unsere Maßnahmen zum Datenschutz kopiert hätte.«[8]

Man hätte meinen können, dass der Skandal zur Flucht der Nutzer aus Facebook geführt hätte. Irrtum! Die Zahl der Abonnenten hörte während der sechs Jahre, die auf die Aufdeckung der Cambridge-Analytica-Affäre folgten, nicht auf zu wachsen. Frankreich war für Zuck stets eine Musterkolonie: Jeder zweite Franzose meldet sich jeden Tag auf der Plattform an.

Woher rührt diese unglaubliche Apathie, auch im Land der Menschenrechte? Weil der Diebstahl von Privatleben eine abstrakte Feststellung bleibt und nicht immer und nicht sofort konkrete Unannehmlichkeiten hervorruft. Jedenfalls nicht genug, als dass man sich von diesem unverzichtbaren Facebook trennen wollte. Dank ihm sind so manche unbequemen Dinge überflüssig geworden: das Versenden von Gruß- und Glückwunschkarten, das Einsortieren von Visitenkarten, die 30 Anrufe, die man tätigen musste, um eine Abendeinladung zu organisieren, einzelne noch einmal gesondert … Die Plattform spielt nicht nur eine zentrale Rolle für die sozialen Beziehungen eines jeden, sondern erleichtert auch die Tätigkeiten an der Uni oder die Arbeitssuche. Angesichts dieser

Vorteile erscheinen die Schäden, die die Nutzung der Daten verursacht, eher als hypothetisch und nur schwer einzuschätzen. Das heißt, es ist einfach unrealistisch, die Verantwortung für den Schutz persönlicher Daten der Klugheit der Nutzer anzuvertrauen. Erfolgversprechend wäre nur eine kollektive Antwort.

Wenn es denn nur eine Alternative mit mehr Respekt gegenüber dem Privatleben gäbe! Aber Meta hat dafür gesorgt, dass es praktisch keine solche Option gibt. Der Konzern hat seine Konkurrenten Instagram und WhatsApp gekauft und Messenger eingerichtet. Selbst wenn Facebook keine Daten manipuliert, übt es im Inneren der Demokratien einen zerstörerischen Einfluss aus. Die Schäden für die Gesellschaft in den Ländern, in denen es gut etabliert ist, können sogar als »systemische« Bedrohung bezeichnet werden: Da es keine ernsthafte Regulierung gibt, erschüttert die Nutzung des Netzwerks die Strukturen unserer Gesellschaften, indem es Verschwörungstheorien, Gewalt und extreme Meinungen begünstigt.

Instrumente, die den gesellschaftlichen Zusammenhalt zerstören

Wer am besten darüber spricht, war zwischen 2007 und 2011 der für das Wachstum der Mitgliederschaft zuständige Vizepräsident von Facebook. Chamath Palihapitiya bekennt sich heute schuldig. Er hat dies jedenfalls am 19. Oktober 2017 bei einer Diskussion in der Stanford Graduate School of Business getan: »Ich glaube, wir haben Instrumente geschaffen, die den sozialen Zusammenhalt zerstören.«[9] Für ihn »untergraben« die sozialen Netzwerke »die Grundlagen des Verhaltens der Menschen.«[10] In seinen Augen besonders schädlich ist der Like-Button: »Das Ökosystem der social Media, das auf blauen Daumen, Herzen und ›gefällt mir‹ basiert, schafft die Schleifen, die auf die Dopaminproduktion wirken.«[11]

Seine Meinung wird von Sean Parker geteilt, der der erste Präsident des Verwaltungsrats von Facebook und einer der ersten Investoren war. Wie er bei einer Veranstaltung von Axios, einer amerikanischen Info-Site, am 8. November 2017 erklärte, »beuten« die sozialen Netzwerke »die psychischen Schwächen ihrer Nutzer aus« und »machen [sie] abhängig«, indem sie ihnen kleine *shots* von Dopamin verabreichen.[12] Dopamin ist der Neurotransmitter, der uns am ehesten abhängig macht – von Nikotin oder Drogen oder Sex …

Da Facebook die mächtigste Plattform ist, auch wenn es sich bei den unter 30-Jährigen, die Instagram oder TikTok bevorzugen, nicht mehr so schnell verbreitet, ist es auch die gefährlichste. Indem es hasserfüllte und extremistische Inhalte oder Fake News verbreitet, fördert Facebook gesellschaftliche Aggressivität und begünstigt Populismus. Natürlich macht es für bedenkliche Inhalte die jeweiligen Autoren verantwortlich, doch sein Algorithmus funktioniert so, dass er interessierten Gruppen immer mehr davon vorschlägt und diese so in ihre ungesunden ideologischen Blasen einschließt.

Im Januar 2012 wollten universitäre Forscher herausfinden, ob es die Phänomene emotionaler Ansteckung, die man aus der Sozialpsychologie kennt, auch innerhalb der sozialen Netzwerke gibt.[13] Die experimentelle Studie bestand darin, die positiven oder negativen Inhalte, die die User auf ihrem Nachrichtenkanal erhielten, zu reduzieren oder zu vermehren und dann zu evaluieren, welche Auswirkungen das auf ihre Äußerungen hatte (die Anzahl der produzierten Wörter und ihren positiven oder negativen Charakter).

Der Zusammenhang ließ sich statistisch nachweisen: Die von den Facebook-Nutzern ausgedrückten Emotionen werden durch diese Art Filter direkt beeinflusst. Es gibt also einen Hebel, mittels dessen Facebook mit dem Engagement der Einzelnen spielen kann. Emotional geprägte Inhalte zu bevorzugen, führt tendenziell dazu, dass die Produktion der anderen Nutzer angeregt wird, das heißt, die Firma ist daran interessiert, die Auswahl von Inhalten zu »hysterisieren«, um die Nutzer besser an sich zu binden. Die Verbindung zwischen der Fähigkeit zur emotionalen Manipulierung und dem Engagement im sozialen Netzwerk ist nachweisbar.

Eine Maschine, die Spaltung sät

Ein anderes Experiment, das der Ökonom Daniel Cohen in seinem Buch *Homo numericus* beschreibt, erhärtet die Verantwortung des sozialen Netzwerks für die Hasskultur.[14] In dieser Studie wurden 3000 Personen beobachtet, deren Facebook-Account für einen Monat deaktiviert wurde. Ihnen wurde also gewissermaßen ein Fastenmonat auferlegt. Das Ergebnis ist beeindruckend: Am Ende dieser Entgiftungswochen waren die extremistischen Neigungen der Versuchspersonen erheblich zurückgegangen!

Auch wenn er nicht der einzige Schuldige an der politischen Polarisierung in den USA und in Europa ist, trägt Mark Zuckerberg viel dazu bei: Facebook ist eine »Maschine, die Spaltung sät«, wie es bei dem eben genannten Ökonomen heißt. Bei seiner Geburt versprach das Internet eine Öffnung auf die ganze Welt, eine Art planetarischen Marktplatz, die Möglichkeit, mit allen Menschen zu kommunizieren; ein neues demokratisches Zeitalter werde heraufziehen, glaubte man. Und jetzt erleben wir das gerade Gegenteil. Die digitalen Plattformen privilegieren das Unter-sich-Sein. Man trifft sich, um zu protestieren oder zu denunzieren, in Gemeinschaften, die dasselbe verachten. Die Gesellschaft ist auf eine Reihe »mentaler Käfige« verteilt, die jeweils für einen bestimmten Glauben, für bestimmte Überzeugungen und Lebensweisen stehen. Die normgebenden Institutionen – Schule, Kaserne, Fabrik – gibt es nicht mehr oder sie spielen keine Rolle mehr. Die meisten von denen, die sich hier treffen, interessieren sich nicht für philosophische Debatten, nicht einmal für irgendeine Debatte – sie wissen ja, was sie suchen –, sondern für ein Ventil, eine Gelegenheit, ihren Hass und ihre Gewaltvorstellungen vor einem Publikum herauszulassen, das garantiert das ihre ist. »Man hat eine kollektive Intelligenz erwartet«, erläutert Daniel Cohen, »doch heute haben wir tatsächlich eine ›postfaktische‹ Welt, eine Welt der Verschwörungstheorien und Fake News …«[15]

Natürlich haben die sozialen Netzwerke den Populismus nicht erfunden. Diese Form der Politik hatte ihre Sternstunden bereits in den 1930er Jahren. Doch Facebook spielt eine reale Rolle bei der Erhöhung der Spannungen. Wie Shoshana Zuboff, Professorin an der Harvard Business School und Harvard Law School und Spezialistin für Überwachungskapitalismus gezeigt hat, haben 64 % derjenigen, die auf Facebook zu extremistischen Gruppen gestoßen sind, dies getan, weil die Algorithmen sie dahin geführt haben.

Während Chamath Palihapitiya oder Sean Parker sich heute schuldbewusst an die Brust schlagen, weil sie an dem süchtig machenden System von Facebook mitgewirkt haben, bekennt Mark Zuckerberg sich keineswegs schuldig. Natürlich konnte er, als er sein »illustriertes Jahrbuch mit Kontaktmöglichkeit« herausbrachte, noch nicht ahnen, was für Verheerungen daraus entstehen würden, doch heute weiß er das ganz genau. Er mag ja »Experimente anstellen, um seinen guten Willen zu bezeugen« (etwa indem er nicht länger diejenigen, die einfach nur einen Einzelbeitrag der französischen Minister Gérard Darmanin oder Marlène Schiappa »gelikt« haben, mit Inhalten zu diesen beiden flutet), doch er geht nur widerwillig auf Forderungen zur Mäßigung der Sprache und einer Zensur von Inhalten ein.

Mark Zuckerberg weiß genau, welches Unheil Facebook anrichtet, versichern ehemalige Mitarbeiter von ihm. Das hat sich vor aller Welt bewiesen: Frances Haugen, 37, Ingenieurin und ehemals leitende Produktmanagerin bei Facebook, ist zur Whistleblowerin geworden und hat das soziale Netzwerk vor dem amerikanischen Senat und den Europaabgeordneten schwer belastet. Die junge Frau, deren Gesicht seitdem weltweit bekannt ist, hat gezeigt, dass Mark Zuckerberg stets die Augen vor den verhängnisvollen Auswirkungen seiner Plattformen auf die öffentliche Debatte und die mentale Gesundheit der Nutzer verschlossen hat. Arbeiten von Forschern, die Facebook selbst beauftragt hat, haben ebenso wie alle seriösen universitären Studien eindeutig nachgewiesen, dass bestimmte Inhalte mehr Nutzung hervorrufen: spalterische und Hassbotschaften.

Doch Mark Zuckerberg, der »Chefentwickler der Algorithmen«, dieser von KI gepushten Formeln, die den Menschen Inhalte empfehlen, die sie vermutlich mögen werden, wollte nicht darauf eingehen. Er wollte seine Prozesse nicht ändern, um schädlichen Botschaften weniger Sichtbarkeit zu verleihen. Und das nur aus einem Grund: Dadurch hätte sich die Zeit verkürzt, die jeder Nutzer im Durchschnitt auf der Plattform zubringt, und das hätte die Zuschauerzahl für Werbebotschaften verringert. Da Facebook für diese Zeit bezahlt wird, hätte er weniger verdient … Daher rührt also diese Toleranz, um nicht zu sagen, bedauerliche Ermunterung gegenüber Fake News, verbalen Aggressionen, Übertreibungen und strittigen Themen.

Verantwortlich für ein weltweites Unbehagen

Facebook hat am 15. Dezember 2017 sehr wohl eine »wissenschaftliche Zusammenfassung« veröffentlicht, in der Auswirkungen der Nutzung sozialer Netzwerke auf die mentale Gesundheit eingeräumt werden. Doch dies geht mit einer nicht ganz klaren Folgerung einher, die im Grunde bedeutet: Alles hängt davon ab, wie man sie benutzt.[16] Der Bericht erkennt an, dass Social Media ein Unbehagen hervorrufen können, wenn sie passiv konsumiert werden, und dann auch ein gesteigertes Risiko für Gefühle der Isolation und Einsamkeit und Depressionen darstellen – und infolge einer negativen sozialen Selbsteinschätzung angesichts des von anderen präsentierten Glücks sogar zu Suiziden führen können. Doch er besteht umgekehrt auch darauf, dass die Möglichkeit von mehr Kontakten zu anderen auch Gefühle der Freude hervorrufen kann. Kurz und gut, Facebook zögerte nicht, das Rad noch einmal neu zu erfinden: »Positive Effekte sind stärker, wenn die Menschen online mit ihren besten Freunden sprechen. Es reicht nicht, seine gesellschaftliche Stellung zu zeigen; die Menschen müssen direkt mit anderen in ihrem Netzwerk sprechen.« Wir bekommen also wieder beigebracht, dass wir ein soziales Leben haben sollten!

Reden ist das eine, Handeln das andere. Warum rät man den Mitgliedern des Netzwerks, intelligent zu konsumieren, ganz vorsichtig, während man sie dazu drängt, genau das Gegenteil zu tun? Tatsächlich kam es 2018 zu einer Änderung des Algorithmus, um »das Wohlbefinden der Nutzer zu steigern, indem mehr Wert auf die zwischenmenschlichen Beziehungen gelegt wird als darauf, die Inhalte zu betonen«. Doch internen Berichten zufolge hatte diese Entwicklung nicht den Erfolg, den man sich ausgerechnet hatte; sie soll sogar bestimmte Accounts – darunter die der politischen Parteien – dazu gebracht haben, verstärkt auf Sensationalismus zu setzen, um bei den Usern Empörung auszulösen und sie zum Reagieren zu bringen. Schlimmer noch: In einer Anmerkung, die Frances Haugen bei ihrer Anhörung im amerikanischen Senat zitierte, gehen die Forscher davon aus, dass derartige Veröffentlichungen dank des neuen Algorithmus sogar verstärkt auftreten. Sie betonen: »Desinformation sowie toxische und zu Gewalt aufrufende Inhalte sind in den geteilten Veröffentlichungen in außerordentlichem Maße enthalten.«[17]

Die Ereignisse vom 6. Januar 2021 sind dafür das beste Beispiel. Massen drangen in das Kapitol in Washington ein, und fünf Menschen kamen zu Tode, weil sie in den sozialen Netzwerken immer wieder gelesen hatten, dass das Ergebnis der Präsidentschaftswahl gefälscht worden sei. Ein paar Monate zuvor allerdings, in den Monaten, die der Wahl im November 2020 vorausgegangen waren, hatte Facebook, das »unter Beobachtung« stand, vorübergehend seine Algorithmen geändert, um die Wirkung von Fake News zu reduzieren und weniger Angriffsfläche für Kritik zu bieten. Im März 2020 hatte es mithilfe von Informatikprofis zweifelhafte Nachrichten aufgespürt und sie »gelabelt«. Trotz seines Grundsatzes politischer Neutralität hatte es sogar einige Anzeigen der Wahlkampagne von Donald Trump zurückgezogen, die mit Ähnlichkeiten mit Nazisymbolen spielten. Frances Haugen zufolge hat sich Mark Zuckerberg nichtsdestoweniger beeilt, die alten Algorithmen wieder in Kraft zu setzen, sodass sie gleich nach dem Ende der Wahl im Dezember 2020 erneut wie zuvor funktionierten … was den Angriff auf das Kapitol dann begünstigte.

»Facebook tötet Menschen«, sagt Biden

Aus ähnlichen Gründen kam es auch dazu, dass Tausende Menschen eine Coronaimpfung ablehnten und deshalb gestorben sind, weil sie sich davon hatten überzeugen lassen, dass die Pandemie die Erfindung pharmazeutischer Laboratorien sei. Der Facebook-Algorithmus ließ zu, dass eine solche verschwörungstheoretische Erzählung sich verbreiten konnte. Die amerikanische Regierung hat dem Unternehmen offiziell vorgeworfen, der wichtigste Verbreiter von Falschinformationen zu Covid-19 und den Impfstoffen zu sein. Joe Biden hat dies deutlich gemacht, als er Facebook direkt dafür angriff, dass es »Menschen tötet«.

Doch niemand ist deshalb wegen Mordes oder Totschlags ins Gefängnis gegangen. Joe Biden mag ja der Präsident der

Vereinigten Staaten sein, doch er ist ohnmächtig gegenüber dem Milliardär und seiner organisierten Desinformation.

Mark Zuckerberg hat versucht, sich aus der Affäre zu ziehen, indem er eine Kampagne zugunsten von Coronaimpfungen startete. Doch er scheiterte an einer Lawine von Veröffentlichungen, die gegen diese Prophylaxe waren. Wie seinerzeit dem Doktor Frankenstein war ihm sein Geschöpf über den Kopf gewachsen … Am Ende hat er die Spielregeln dann doch nicht geändert.

Auch wenn die Meta-Gruppe bestimmte Arten von Veröffentlichungen zensiert, gewährt sie sich dabei immer einige Ausnahmen. So hat das Programm »XCheck« auf einer »weißen Liste« aufgeführten Personen eine Sonderbehandlung zugestanden, nämlich dass sie unzensiert auch Inhalte posten konnten, die gegen die Regeln verstießen. Dem *Wall Street Journal* zufolge, das dies 2019 aufdeckte, umfasste die Liste 5,8 Millionen Privilegierte, darunter Donald Trump und Elisabeth Warren.[18] Was sie auszeichnete? Sie waren reich, einflussreich oder beliebt … Politiker, Stars des Showbiz, Journalisten …

Auch der Fußballstar Neymar stand auf dieser »weißen Liste«. Angeklagt, eine junge Bewunderin vergewaltigt zu haben, veröffentlichte er 2019 zu seiner Verteidigung erotische Photos und Videos seiner Anklägerin. Sie gehörten zu ihrer Privatkorrespondenz auf WhatsApp oder waren auf Instagram gepostet worden, zwei Social Media, die Zuckerberg gehören. Ein typischer Fall von *revenge porn*? Nicht, wenn man Neymar heißt! Diese Inhalte, die automatisch hätten zurückgezogen werden müssen, im Namen der Prozedur, die »nicht konsensuelle intime Bilder« verbietet, blieben über 24 Stunden lang sichtbar: Die Moderatoren waren gebeten worden, sie nicht zu zensieren! Und zwar aus gutem Grund, denn es gab viel Publikum: Eines der Videos wurde 56 Millionen Mal angesehen, bevor es verschwand … In der Folge wurden die Konten von Neymar nicht geschlossen, wie es hätte sein sollen. Später, zu spät, wurde der Umgang mit dem Fall intern als »in der Öffentlichkeit nicht zu rechtfertigen« bezeichnet.

Anders als Zeitungen oder Fernsehsender, die strafrechtlich für das verantwortlich sind, was sie publizieren, sind Social Media nach Absatz 230 des 1996 vom amerikanischen Kongress angenommenen *Communications Decency Act* nur Provider: Sie sind deshalb weder für die Inhalte, die sie vorhalten, strafrechtlich verantwortlich noch für das, was daraus folgen könnte. Seitdem können sie straflos terroristische Propaganda oder Aufrufe zur Ermordung eines Lehrers verbreiten. Europa hat mit dem *Digital Service Act*[19] versucht, ein Recht zu entwickeln, das verhindern soll, dass diese digitalen Plattformen eine rechtsfreie Zone bleiben. Doch bis heute hat sich nur wenig geändert.

Das Oberste Bundesgericht der USA ist von Eltern der Opfer der Attentate des Islamischen Staats angerufen worden, die Facebook, Twitter und Google vorwarfen, den Terroristen geholfen zu haben, indem sie ihre Propaganda verbreiteten und nicht zensierten. Im Mai 2023 verschafften Richter Clarence Thomas und sein Gericht den Tech-Giganten einstimmig einen bedeutenden Sieg, indem sie zu der Ansicht gelangten, dass die Tatsache, dass bösartige Akteure von den Plattformen profitieren, nicht ausreicht, diese zu ihren Komplizen zu machen, auch wenn sie ihnen nicht genügend strenge Auflagen gemacht haben. Aufgefordert, sich zu diesem Absatz 230 zu äußern, wollten die Richter diese nicht infrage stellen, auch wenn sie durchscheinen ließen, dass sie das für wünschenswert hielten: »Wenn wir einmal eure Partei ergriffen«, bekannte die fortschrittliche Richterin Elena Kagan, »wäre Google (oder Facebook) auf einmal nicht mehr geschützt. Und vielleicht ist es gerade das, worum es dem Kongress geht, aber sollte nicht der Kongress darüber entscheiden statt diesem Gericht?«[20] »Die Rechtsprechung zu verändern, könnte zum Niedergang der Digitalwirtschaft führen mit allen Konsequenzen, die das für die Beschäftigten, die Pensionsfonds und so weiter haben würde«[21], versicherte wiederum der Richter John Roberts. Im Klartext: die Plattformen sind *too big to fail*, zu wichtig, als dass sie scheitern dürften.

Er lehnt es ab, die Medien zu bezahlen

Nicht damit zufrieden, alle Verantwortung eines Mediums von sich gewiesen zu haben, weil man ja nur ein Provider ist, hat Facebook dazu beigetragen, zahlreiche Zeitungen in den Ruin zu treiben, da die Plattform es ablehnt, Zeitungen für deren Inhalte zu bezahlen, die sie verbreitet und die ihr Werbeeinnahmen bringen – Einnahmen, die nach dem Prinzip der kommunizierenden Röhren diesen Zeitungen nun fehlen. Wir werden im 4. Kapitel noch einmal darauf eingehen, weil Facebook diese enorme Verantwortung mit Google gemeinsam trägt. Die Folgen dieses Verhaltens sind schwerwiegend, denn der Tod der Medien geht auf Kosten der Vielfalt der Debatte und der Demokratie. Der weltweite Werbemarkt außerhalb Chinas wird heute zu mehr als 50 % von Google, Meta und Amazon bedient. Alle anderen Medien zusammen – Zeitungen, Radio- und Fernsehsender, Internetsites, Plakatwerbung und so weiter – teilen sich den Rest, auch wenn sie und nicht die Plattformen es sind, die die Inhalte produzieren und die Journalisten bezahlen. In Europa wie in Nordamerika und im Nahen Osten monopolisiert das Trio beinahe gänzlich die Werbung im Internet. Ein Jahrzehnt hat dafür genügt, dass diese Netzwerke sich den Löwenanteil des Werbekuchens gesichert haben; für die traditionellen Medien, die die Kosten für die Produktion der Informationen tragen, bleiben da nur die Krümel übrig.

Als die Zahl der Facebook-Nutzer begann zurückzugehen, kaufte Zuckerberg seine Konkurrenten (Instagram, WhatsApp, FriendFeed, Face.com …) auf, doch brachte dies ein erhöhtes Risiko mit sich, der Bildung eines Monopols beschuldigt zu werden. Auch hat er seine Strategie geändert, indem er die Rezepte der Newcomer kopierte, sobald sie ihm gefährlich wurden: Instagram hat Snapchat und TikTok imitiert. Dann hat Zuckerberg im Sommer 2023 Threads gestartet, nach dem Modell von dem, was zu dem Zeitpunkt noch Twitter hieß, um von dessen Schwäche zu profitieren, da die Marke mit dem blauen Vögelchen in der Folge des Wechsels seines Besitzers gerade die Hälfte seines Umsatzes verloren hatte. Dank der bereits vorhandenen Basis der Instagram-Abonnenten erreichte Threads in wenigen Tagen das Ziel von 100 Millionen Nutzern im Vergleich zu 350 Millionen Nutzern von Twitter beziehungsweise X. Allerdings schrumpfte diese Zahl nach ein paar Wochen wieder auf die Hälfte. Es macht aber kaum einen Unterschied, ob nun Mark Zuckerberg oder Elon Musk der Welt-Chefredakteur für Informationen ist.

Auch um seine Aktivitäten zu diversifizieren und weniger von der Nachrichtensphäre abhängig zu sein, kündigte Zuck im Juni 2019 ein neues Projekt an, das bis heute einer seiner peinlichsten Fehlschläge ist – und ein Beweis dafür, dass Staaten sich auch wehren können: Gemeint ist die Kryptowährung Libra, woraus 2020 Diem wurde, ohne dass dies erfolgreicher war. Es sollte gleichermaßen eine Währung und eine internationale Finanzinfrastruktur sein, da die 3 Milliarden Nutzer von Zuckerbergs Plattformen Zugang dazu haben sollten. Leiter des Projekts war der Schweizer Franko-Amerikaner David Marcus.

Von Fehlschlägen unerschüttert

Dieses digitale Geld sollte angelehnt sein an einen Korb von erstklassigen Devisen (Dollar, Euro, Yen, Pfund Sterling, Schweizer Franken), aber wie Kryptowährungen mit einem privaten Netzwerk auf der Blockchain-Technologie beruhen. Zunächst war Facebook dabei mit 27 Partnern verbündet, darunter Mastercard, Visa, PayPal, Uber, Free und Spotify, deren Interesse an der Operation offensichtlich war: Alle hätten damit Zugriff auf die Nutzerdaten bekommen. Wer zum Beispiel ein Zugticket mit Libra bezahlt hat, würde bei seiner Ankunft ein Angebot von Uber zum Weitertransport erhalten ... Musikfans würden ihr Premium-Abonnement bei Spotify in wenigen Sekunden erneuern können, ohne nach ihrer Bankkartennummer gucken zu müssen. Die Nutzer hätten untereinander Geld austauschen können, ohne über das Feld »Bank« gehen zu müssen. Das Projekt sah sogar reduzierte Kosten für die Händler vor, deren Kunden ihre Produkte mit Libra kaufen würden.

Doch diesmal war Facebook zu weit gegangen: Das Recht, Geld auszugeben, ist etwas, das Staaten oder Staatengruppen sich vorbehalten. Laut Bloomberg war es der Druck der Fed, der amerikanischen Zentralbank, der dem Projekt den Gnadenstoß gab. Tatsächlich hatten sich alle westlichen Regierungen gegen das Projekt in Stellung gebracht (siehe das Kapitel »Wie wir die Macht zurückgewinnen können«).

Doch wenn der Meta-Konzern von 2021 bis 2022 eine Schwächeperiode durchmachte – Rückgang der Nutzerzahlen und der Werbeeinnahmen, sinkender Aktienwert –, dann lag das vor allem daran, dass er von zwei Ereignissen zurückgeworfen wurde: einerseits durch seine Wendung hin zum Metaversum, der zwischen einem Kollektiv aufgeteilten virtuellen Welt, für die er enorme Investitionen tätigte, ohne bereits auf Einnahmen setzen zu können, und andererseits durch die Entwicklung des Anzeigenmarkts hin zu Lösungen, die mehr Rücksicht auf das Privatleben nehmen – eine Strategie, die Apple für das iPhone gewählt hatte und die Facebook daran hinderte, bestimmte Informationen zu nutzen, die es zuvor den Nutzern entlockt hatte.

Tatsächlich verpflichtet Apple die App-Entwickler von nun an dazu, die Einwilligung der Nutzer einzuholen, bevor sie deren Daten sammeln und mit Dritten teilen – die viele nicht geben. Dies vermindert erheblich sowohl die Fähigkeit von Meta, exakt zielgerichtete Werbeanzeigen bei Facebook und Instagram zu veröffentlichen, als auch die, die Wirkung der Werbekampagnen zu messen. Entsprechend enttäuscht sind die, die die Werbung in Auftrag gegeben haben. Auch wenn nur jedes fünfte Smartphone ein iPhone ist, bedeuten diese Einschränkungen für Facebook einen Rückgang der Einnahmen um etwa 7 %, also 6 Milliarden Dollar.

Der König des »Aufmerksamkeiterheischens«

Alle Probleme, die Facebook oder Instagram schaffen, rühren von ihrem Wirtschaftsmodell her, das auf zielgerichteter Werbung beruht. Je größer das Publikum, desto mehr bringt die Werbung. Und wie wir bereits gesehen haben, sind die Inhalte, die die Nutzer am meisten dazu bringen, aktiv zu werden, die, die polarisieren, spalten und zum Hass anstacheln. Alle kostenlosen Plattformen von YouTube bis TikTok sind deshalb versucht, diese besonders aktivierenden Inhalte zuzulassen oder sogar zu fördern.

Wer einen Artikel auf seinem Smartphone liest, gelangt nur selten bis zum Ende, weil ihn stets eine WhatsApp-Botschaft oder eine Instagram-Mitteilung ablenkt. Dieser »Krieg um Aufmerksamkeit« im Internet, der die Menschen dazu drängt, von einem Medium zum anderen zu zappen, weil jede Plattform ihr Publikum erweitern muss, um ihre Werbung teurer verkaufen zu können, hat zur Entstehung einer Wissenschaft des Aufmerksamkeiterheischens geführt – des Studiums der Mechanismen der Überredung und des Gewinnens von Aufmerksamkeit.

Alle Plattformen beschäftigen sich damit … Doch Meta mit den riesigen Mitteln, die dem Konzern zur Verfügung stehen, macht das stets in größerem Ausmaß als die anderen, wie Frances Haugen in einem Interview ausgeführt hat, das am Sonntag, dem 3. Oktober 2021, auf CBS ausgestrahlt wurde und bei dem sie zum ersten Mal ihr Gesicht zeigte. Vor die Wahl zwischen Nutzersicherheit und wirtschaftlichem Erfolg gestellt, habe Zuckerberg, so erklärt sie, sich stets für Letzteren entschieden; es gehe ihm um den maximalen Profit. »Facebook hat stets für das optiert, was gut für das Unternehmen ist, das heißt, am meisten Geld bringt […]. Mark ging es nicht darum, eine Plattform für Hass zu schaffen. Doch er hat Entscheidungen getroffen, deren kollaterale Folge es war, der Verbreitung von Hassbotschaften größeren Raum zu geben.«[22]

Der beliebte und harmlose junge Geek aus Harvard hatte keineswegs den Plan, eine Website zu schaffen, auf der zu Mord und Selbstmord aufgerufen wird – doch er hat es getan. Wenn es im Schulmilieu auch schon immer Mobbing gegeben und diese Art von Verfolgung Heranwachsende schon immer dazu gebracht hat, sterben zu wollen, haben die Social Media diesem Phänomen eine noch nicht da gewesene Verbreitung verschafft. Facebook und Instagram sind ein unbegrenzter Resonanzboden. Die Jugendlichen, die früher wegen ihres Aussehens von einigen Klassenkameraden stigmatisiert wurden und das nach Schulschluss zu spüren bekamen, werden heute in den sozialen Netzwerken von Hunderten jungen Menschen angepöbelt, 24 Stunden am Tag. Die Zahl der Fälle von schulischem Mobbing – und all der Schwierigkeiten, die auf ein schlechtes Selbstbild zurückzuführen sind – ist explodiert.

Für Heranwachsende verstärken die Social Media die Schwierigkeit, sich wegen des Blicks der anderen selbst akzeptieren zu können. Facebook vergrößert wie eine Lupe, was im realen Leben passiert. Instagram ist noch gefährlicher: Die Plattform für die Verbreitung von Photos und Videofilmchen ist insbesondere für junge Mädchen schädlich. Wenn Jugendliche nur wenige Freunde haben, werden sie diese traurige Realität im Netz wiederfinden. Ihr Gefühl, »versagt« zu haben, wird dadurch vergrößert, dass alle Kameraden ihr Profil sehen. Und an dem »reichen Sozialleben« der anderen teilzuhaben, verstärkt nur das Gefühl der Isolation bei den Empfindlicheren. Dies erklärt die Zunahme psychischer Probleme und die Vervielfachung der Selbstmordversuche.

Im Oktober 2023 leiteten 42 amerikanische Bundesstaaten Strafverfahren gegen die Mutter von Facebook und Instagram ein und klagten ihre Plattformen an, die mentale wie die physische Gesundheit der Jugend zu schädigen.[23] Meta wird angeklagt, Algorithmen entwickelt zu haben, die aus Profitgründen Dopamin bei den jugendlichen Nutzern freisetzen sollen, um sie abhängig zu machen und sie so in eine Falle zu locken. Doch die endlos vorüberziehenden Inhalte und die Vervielfachung der Mitteilungen, die sie erhalten, rufen Depressionen, Ängste und Schlaflosigkeit hervor. Das bringt das Lernen und das Alltagsleben durcheinander. Zu viel Zeit auf Social Media zu verbringen, schadet der Konzentrationsfähigkeit, ruft Nomophobie (Angst, von seinem Smartphone getrennt zu sein) hervor, auch das Syndrom FOMO (fear of missing out / Angst, etwas zu verpassen) und Athazagoraphobie (Angst, vergessen zu werden).

Zusammengefasst heißt das, dass die Abhängigkeit von Social Media zerstörerischen Einfluss auf die Psyche von Kindern und Heranwachsenden ausübt, so wie eine Droge. Oder Tabak. Lange Zeit haben die Zigarettenproduzenten ihrem Produkt süchtig machende Substanzen hinzugefügt; und auch die sozialen Netzwerke sind systematisch so konstruiert, dass Gewöhnung, das Gefühl, dass etwas fehlt, wenn sie nicht erreichbar sind, und die Sucht keine bedauernswerten Begleiterscheinungen sind, sondern der schon beim Entwurf des Produkts gewünschte Effekt.

Auch werfen die Gerichte Meta vor, die amerikanische Gesetzgebung, die das Sammeln und die Nutzung persönlicher Daten von unter 13-Jährigen untersagen, nicht beachtet zu haben.

Die Filter und die ästhetische Chirurgie

Die auch Millenials genannten Kinder der Generation Z, das heißt die nach 1996 Geborenen, die mit einem Handy in der Hand großgeworden sind, sind die Ersten, die von diesem süchtig machenden Gebrauch betroffen sind. Einer von 2007 bis 2017 in den Vereinigten Staaten durchgeführten Studie zufolge, die von *NCHS Data Brief* im Oktober 2019 veröffentlicht worden ist, ist die Suizidrate bei jungen Menschen im Alter zwischen 10 und 26 Jahren um 56 % höher als bei der vorherigen Generation.[24] Mädchen sind davon stärker betroffen als Jungen. Social Media verstärken Depressionen und Isolationsgefühle bei jungen Menschen, für die die Wertschätzung der anderen eine Conditio sine qua non dafür ist, dass sie sich wohl in ihrer Haut fühlen können.

Und die Situation verschlimmert sich trotz aller Warnungen. Die Erfindung von *beauty filters* – Filtern, die das Aussehen verändern, indem sie die Haut straffen, Nasen oder Lippen modellieren und Beine verlängern –, dank deren man auf Instagram, TikTok oder Snapchat verbesserte Photos von sich posten kann, hat zu einer explosionsartigen Zunahme schönheitschirurgischer Eingriffe bei den 18- bis 30-Jährigen geführt. Matthew Schulman, ein amerikanischer Chirurg, hat dieses Phänomen, das immer mehr junge Menschen dazu bringt, gefilterte Selfies als Inspirationsquelle für ihre plastische Chirurgie zu nutzen, *snapchat sysmorphia* genannt. Man möchte so aussehen wie auf diesen Photos! Die Zeitung *Les Échos* berichtet in einem Artikel über die »Skalpellsucht« von Juli 2023, dass in der Clinique des Champs-Élysées, der wichtigsten ihrer Art, die 15- bis 25-Jährigen jetzt zehnmal häufiger behandelt werden als zehn Jahre zuvor und bereits ein Viertel der Kundschaft darstellen.[25]

Die Benutzung dieser Filter gewöhnt die jungen Leute, deren Gehirne noch nicht ausgereift sind, an unrealistische Grade von Perfektion, was gravierende Folgen hat. 2021 enthüllten geleakte interne Dokumente von Meta, der Mutter von Instagram, die beunruhigenden Resultate einer neuen an 50 000 jungen Menschen durchgeführten Studie.[26] Das wichtigste Ergebnis: »Die negativen Formen sozialer Vergleiche, insbesondere hinsichtlich der äußeren Erscheinung, sind geeignet, Probleme hinsichtlich der Körperwahrnehmung und der Ernährung, Probleme von Ängsten und Einsamkeitsgefühlen zu verstärken.«[27] Solche Schwierigkeiten betreffen vor allem junge Französinnen, noch weit vor den angelsächsischen weiblichen Jugendlichen, doch keine Nationalität ist davon ausgenommen: Weltweit empfinden 34 % der über 13-jährigen Minderjährigen einen starken sozialen Druck hinsichtlich ihrer körperlichen Erscheinung. Auch bei den Jungen sollen die Filter, die die Erscheinung verändern, die Ursache für Ernährungsprobleme, für Ängste und Erektionsprobleme sein.

Da es dagegen einen Aufstand der Internetnutzer gab, wurde das Projekt eines Instagram für die unter 13-Jährigen Ende September 2021 gestoppt – ein Beispiel dafür, dass die Öffentlichkeit etwas bewirken kann, auch wenn die Staaten ohnmächtig sind. Doch Frances Haugen zufolge hat Facebook dieses Projekt, das »von entscheidender Bedeutung dafür ist, künftige Generationen zu gewinnen«, noch keineswegs endgültig aufgegeben, denn es könnte dazu dienen, den chinesischen Konkurrenten TikTok zurückzudrängen.

Viralität ist tödlich. Die Viralität entlässt die Internetuser aus jeder Verantwortung: Es ist einfacher, auf einen Like-Knopf zu drücken oder einen Witz zu verbreiten, als hinzugehen und mit einem Wesen aus Fleisch und Blut zu sprechen. Doch während der Mobber jetzt kaum noch Schuldgefühle hat, ist das, was der oder die Gemobbte leidet, unverändert … Die Digitalisierung unseres Lebens hat so etwas wie eine Erosion der sozialen Beziehungen mit sich gebracht, eine Form der Enthumanisierung.

Er ist bedingungslos für die KI

Die meistgenutzten Social Media stellen eine Gefahr für unser Gesellschaftssystem dar. Mark Zuckerberg könnte die Schäden vermindern, die sie anrichten; er will es aber nicht. Und bis heute hat noch kein Staat es geschafft – oder gewollt –, das zu ändern, weder im Westen noch anderswo. Anderswo ist es sogar noch schlimmer, denn Facebook konzentriert seine (wie wir gesehen haben, recht bescheidenen) Bemühungen um Eingrenzungen auf die reichsten Märkte, in denen es um die größten Werbeeinnahmen geht, und sieht sich nicht in der Lage, im Nahen Osten oder in Afrika effizient für Mäßigung zu sorgen. Internen Dokumenten zufolge benutzen in diesen Gebieten Drogen-, Organ- und Menschenhändler Facebook für ihre kriminellen Aktivitäten. So ist beispielsweise nichts leichter, als Frauen über die Netzwerke in die Prostitution zu locken.

Und dann gibt es noch Gefahren, die wir gar nicht richtig kennen … Wie Elon Musk und andere Digitalmilliardäre lässt Mark Zuckerberg seine Entwicklerteams an künstlicher Intelligenz arbeiten. Anfang Januar 2023 hat Facebook seine eigene generative KI gestartet, das Gegenstück zu ChatGPT: Llama 2, von der Zuck hofft, dass sie zum »Android« der künstlichen Intelligenz wird, zum technologischen Grundstein für die Konstruktion von KI-Anwendungen und -Programmen. Anders als Musk äußert Zuckerberg sich sehr optimistisch zu den wunderbaren Möglichkeiten der KI: Er wiederholt immer wieder, dass die Algorithmen unser Leben verbessern werden – auch wenn seine bisher das Gegenteil bewiesen haben. Der Herr über Facebook nimmt es übrigens seinem Rivalen übel, dass er apokalyptische Szenarien verbreitet (die KI wird sich eines Tages des Menschen »entledigen«), was er für unverantwortlich hält. Recht unfreundlich hat Musk, der Zuck zu seinem Intimfeind erklärt hat und dabei so weit gegangen ist, ihm einen »Peniswettbewerb«[28] vorzuschlagen, auf Ex-Twitter darauf geantwortet: »Ich habe mit Mark geredet. Sein Verständnis des Themas ist begrenzt.«

Trotzdem, wenn Zuck auch ein seliger Tech-Optimist und Musk ein aktiver Tech-Pessimist ist, entwickeln beide ähnliche weltenschöpferische Projekte. Wie bei den Google-Gründern Sergey Brin und Larry Page geht es dabei um die Verbindung zwischen Gehirn und Computer, um Projekte eines »erweiterten Menschen« im Sinne des Transhumanismus. 2017 präsentierte Zuckerberg das Projekt einer direkten Schnittstelle zwischen Gehirn und Facebook. Sie sollte es ermöglichen, ohne die Finger zu benutzen, nur durch Gedanken auf dem Smartphone zu schreiben und Befehle einzugeben. Ungefähr 60 KI-Experten und Neurowissenschaftler brüten im Labor B8 (building 8) in Menlo Park über diesem Projekt. 2019 ist es der Forschergruppe gelungen, mithilfe von Algorithmen die Arbeit des Gehirns in Worte zu übersetzen: Durch Implantate soll die Aktivität der Neuronen auf die Maschine übertragen und von diesen Algorithmen, die dabei eine begrenzte Serie von Fragen und Antworten benutzten, entschlüsselt worden sein. Auf die Dauer soll aber eine weniger umständliche Methode als die Transplantate gefunden werden, etwa eine *augmented-reality*-Brille, die mit Sensoren ausgestattet ist und durch Denken kontrolliert wird.

Wie im Fall von Elon Musk – und wie wir sehen werden, ebenfalls in dem von Google – sind auch die vom Meta-Konzern verursachten Schäden für die Demokratie, die Gesellschaft und die Wirtschaft derart, dass seine zu groß gewordene Macht dringend begrenzt werden muss. Viele Philosophen und Soziologen sind sogar davon überzeugt, dass es dafür schon zu spät ist. Die Menschheit hat sich bereits mit einer in ihrer Geschichte noch nicht da gewesenen Geschwindigkeit verwandelt. Eine ganze Generation ist geopfert worden, damit Mark Zuckerberg hundertfacher Milliardär werden konnte, und seine Plattformen haben bereits die Zivilisation verändert.

3. Kapitel

Larry Page und Sergey Brin, Kämpfer wider den Tod

Wer die letzten 20 Jahre nicht einsam in einer Höhle zugebracht hat, kennt Elon Musk und Bill Gates; die Gesichter von Mark Zuckerberg und Jeff Bezos sind etwas weniger bekannt, doch ihre Namen sagen vor allem den Jüngeren etwas. Die von Larry Page und Sergey Brin sind dagegen eher nur in Wirtschaftskreisen bekannt: Die beiden Unternehmer haben nie das Rampenlicht gesucht. Doch die beiden Milliardäre sind die Gründer von Google, der nach Apple bekanntesten Marke der Welt, weit vor Disney oder Coca-Cola. Auch wenn sie die Leitung ihres Konzerns 2015 an Sundar Pichai abgegeben haben und bei Google nur noch als Phantome auftauchen, behalten sie die absolute Macht über ihr in Alphabet umgetauftes Reich, denn sie halten mehr als 50 % der Stimmrechte. Als Ende 2022 mit großem Getöse ChatGPT4, die generative künstliche Intelligenz von OpenAI, über die digitale Welt hereinbrach und wie eine tödliche Gefahr über der Suchmaschine schwebte, tauchten sie sogleich am Firmensitz in Mountain View auf. Das rote Alarmlicht hatte geblinkt.

Man sollte ihrer coolen Attitüde nicht trauen – vor allem nicht der von Sergey Brin, der gern in Flip-Flops und Surfer-Shorts auftritt. Page und Brin gehören zu den mächtigsten Männern der Welt. Wie Musk oder Zuckerberg haben sie mehr Macht als Staatschefs. Und nicht nur, weil ihnen das berühmte Google und ein Vermögen von jeweils 100 Milliarden Dollar gehören. Vor zehn Jahren haben sie sich einer neuen Herausforderung zugewandt – vielleicht wollen sie Gott selbst herausfordern: Sie wollen den Tod töten. Am 30. September 2013 titelte das amerikanische *Time Magazine*: »Can Google solve death?« (»Kann Google das Todesproblem lösen?«)

Lösungsorientiert, folglich Transhumanisten

Wie alle ihresgleichen im Silicon Valley sind Page und Brin lösungsorientiert. Anders gesagt, sie sind überzeugt davon, dass man mithilfe von KI und Milliarden von Dollars eine Lösung für alle die Probleme finden kann, die unsere Existenz vergiften. Dazu gehört das Altern: Deshalb wollen sie diesen *bug*, der in allen Lebewesen steckt, ausrotten. Sie sind Transhumanisten – auch wenn sie nur selten das Wort gebrauchen –, und ihre Vermögen geben ihnen die Mittel in die Hand, ihre verrücktesten Träume zu realisieren. Wenn man sich alles kaufen kann, worauf man Lust hat, ist dann nicht das ewige Leben, das heißt die endlose Ausdehnung des Ich in Raum und Zeit, das letzte Gut, das man erwerben möchte? Die letzte Herausforderung?

Sergej Michailowitsch, kurz Sergey, Brin wird am 21. August 1972 in Moskau geboren, in der UdSSR Leonid Breschnews. Sein Vater ist Mathematiker, seine Mutter Naturwissenschaftlerin. Sie sind Juden, und Sergej ist sechs Jahre alt, als sie die Ausreisegenehmigung in die Vereinigten Staaten, nach Maryland, erhalten. Auf der Schule und dann auf der Universität erweist er sich als wissenschaftlich begabt – das ist er seiner Herkunft schuldig. Mit 19 erhält er seinen ersten Hochschulabschluss mit sehr guten Noten in Informatik und Mathematik. Doch noch wichtiger ist ihm der Sport: Segeln, Surfen und ... Trapez. Er liebt den Zirkus.

Lawrence Edward, kurz Larry, Page begegnet Sergey Brin in Stanford, als er sich dort im Sommer 1995 für ein Fortgeschrittenenstudium einschreibt. Der junge Brin ist damit betraut worden, ihn an diesem Orientierungstag in den Campus einzuführen, den er schon seit zwei Jahren besucht. Larry hat dasselbe Alter wie er – er ist am 26. März 1973 in Michigan geboren – und ist wie er der Sprössling eines Wissenschaftlerpaars jüdischer Herkunft: Carl Page, Informatikprofessor, ist ein führender KI-Forscher, Gloria Weinstein ist Professorin für Programmierung an der Universität von Michigan. Larry ist ein richtiger Geek, der einen Computer auseinandernehmen und wieder zusammensetzen kann. Er ist einmal dafür ausgezeichnet worden, dass er einen Tintenstrahldrucker aus Legosteinen entworfen hat.

Die beiden Studenten werden unzertrennlich. Sie erleben gemeinsam die Anfänge des Internet, zu einer Zeit, als jeder seine ersten Onlinerecherchen mithilfe von AltaVista, Yahoo! oder Excite anstellte. Alle diese Suchmaschinen klassifizieren die Websites entsprechend der Häufigkeit, mit der ihr Name auf den anderen Sites auftaucht. Larry Page schwebt eine bessere Klassifizierungsmethode vor, die er »PageRank« nennt. Sie basteln eine Maschine, die die Zahl der Verknüpfungen zählt, die auf eine Website verweisen, um die bekanntesten und sichersten zu finden.

Um die Datenbasis zu erhalten, muss Larry Page auf Festplatten alle existierenden Seiten verzeichnen. Eine ziemliche Herausforderung, da es schon Millionen davon gibt und ihre Zahl exponentiell wächst. Um alle zu verzeichnen und zu ordnen, wird eine große Zahl von Computern benötigt. »Unsere ganze Geschichte lässt sich so zusammenfassen:«, wird er später erzählen. »Wir brauchten immer mehr Computer.« Sergey arbeitet mit ihm an dieser Maschine, die sie jetzt BackRubb nennen (»Rückenmassage«, weil man immer wieder über dieselben Seiten gehen muss). Weil sie kein Geld haben, um einen Graphiker zu bezahlen, lassen sie die Startseite um das lange rechteckige Fenster herum, in dem die Nutzer ihre Frage stellen können, weiß.

Alles wissen, über jeden Besucher

Zunächst sind sie in Büro 360 des »Gates Computer Sciences Building« untergebracht – dem Gebäude, das Bill Gates seiner Universität geschenkt hat. Dort sammeln die jungen Männer so viele Computer, wie sie bekommen können, und vernetzen sie, um das ganze World Wide Web katalogisieren zu können. Innerhalb weniger Wochen wird die Maschine zu einem von den Studenten, den Lehrenden und dem Personal von Stanford sehr geschätzten Werkzeug.

Die Mund-zu-Mund-Propaganda funktioniert sehr gut: Täglich kommen 10 000 Suchen herein. Die Server der Universität sind voll ausgelastet. Nun ziehen Page und Brin aus und richten ihre Werkstatt in der Garage von Susan Wojcicki ein, der künftigen Schwägerin von Sergey. Nach mehreren Absagen von namhaften Firmen finden sie einen ersten Investor, Andy Bechtolsheim, den Gründer von Sun Microsystems, der ihnen einen Scheck über 100 000 Dollar ausstellt. Sie nennen ihre Suchmaschine jetzt Googol nach der englischen wissenschaftlichen Bezeichnung für die Zahl 10^{100}. Der Legende zufolge soll Larry Page nur einen Rechtschreibfehler auf dem Aktendeckel gemacht haben. Jedenfalls wurde aus Googol Google – was auch an *goggles* erinnert, die kleinen Brillen für das Schwimmbecken, das Labor oder die Bastelwerkstatt … komischerweise ist das Wort *goggles* heute praktisch von der übermächtigen Marke Google aufgefressen worden: Wenn man im Suchbalken »goggles+Oxford Dictionary« eingibt, ergeben die ersten Resultate der Suche das Verb *to google*!

Zu dieser Zeit geht es noch nicht darum, die persönlichen Daten der User abzuschöpfen, und die Suchmaschine verdient kein Geld. Sie versucht, eines Tages welches durch »Banner« zu verdienen, die über die Seiten gleiten. Doch wie bei einer Zeitung handelt es sich hierbei um Werbung, die für alle gleich ist, und keine, die genau auf den jeweiligen Besucher abgestimmt ist. Google Adwords, das es den Inserenten ermöglicht, Werbung entsprechend den von der Suchmaschine festgehaltenen Schlüsselwörtern anzuzeigen, entsteht im Jahr 2000. Seitdem wird der User bei seiner Internetsuche mit dem Ziel »verfolgt«, alles über seinen Geschmack, seine Aktivitäten und Bedürfnisse herauszubekommen. Durch Google Analytics dann werden die Anzeigen dynamisch an jedes Individuum angepasst. Man kann nicht nur jedem zum richtigen Zeitpunkt die richtige Werbebotschaft zukommen lassen; das Programm kann auch das Verhalten der Internetuser bei ihrem Besuch auf der Seite des Werbenden analysieren und damit den Erfolg seiner Aktionen im Webmarketing messen. Das Businessmodell ist damit gefunden.

Von nun an ist das Wachstum nicht mehr zu stoppen: Natürliches Wachstum, neue Aktivitäten (Gmail, Android ...), Akquisitionen (YouTube, DoubleClick ...), sodass der Jahresumsatz 2022 beinahe 283 Milliarden Dollar und der Nettoerlös 60 Milliarden betrug. Eine unglaubliche Goldgrube! Und alles mit Produkten, die den Verbraucher scheinbar nichts kosten. Denn der geniale Trick bei Google, wie übrigens auch bei Facebook, besteht darin, dass für die große Masse der User die Dienstleistungen kostenlos sind. Alle nützlichen Dinge, die die Internetbesucher nutzen, ohne dafür zahlen zu müssen, sind Informationsquellen für Google; sie erlauben es dem Unternehmen, die Nutzer einzuordnen und dadurch den Marken, seinen wirklichen Kunden, zu ermöglichen, das richtige Ziel zu erreichen und die passendste Werbung zu entwerfen. Es ist aber für dich, den Nutzer, nicht umsonst, denn du teilst Google etwas mit: Gegenüber den Inserenten bist du das Produkt. Deine persönlichen Daten, die Inhalte, die du schaffst, deine Kontakte, die E-Mails, die du schickst und erhältst, die Videos, die du guckst, die Begriffe, nach denen du suchst, deine Käufe und so weiter: Google behält alles über alle im Gedächtnis. Wie wir schon bei Mark Zuckerberg und seinem Meta-Konzern gesehen haben, geht es bei den von den Nutzern »konfiszierten« Daten um sehr, sehr viel.

Abkommen mit der NSA und dem Fiskus

Dass Google alles über dich weiß, kann sich auch gegen dich richten. Die Enthüllungen des Whistleblowers Edward Snowden 2013 haben für immer das libertäre und fortschrittliche Image der Suchmaschine beschädigt, da sie ihre Mitarbeit bei Programmen der Massenüberwachung durch die National Security Agency (NSA) der USA offenlegten. Die staatliche Behörde soll mit Larry Page und Sergey Brin Verträge geschlossen haben, in denen diese sich verpflichteten, jährlich einige Tausend »Profile« von Menschen zu liefern, die der Staat überwachen wollte.

Man kann sich gut vorstellen, dass Google dieselben Dienste auch in anderen westlichen Ländern leistet. So ist beispielsweise bekannt, dass der französische Fiskus Informationen nutzt, die er auf Facebook, LinkedIn oder Instagram findet, um seine Suche nach Steuervergehen zu verbessern: Wenn du nur ein kleines Einkommen angibst, solltest du vermeiden, dich mit deiner letzten Reise in die Karibik oder deinem neuen *Tesla* dicke zu tun.

Was die Hilfe für die Steuerbehörden durch Google bei der Entdeckung nichtdeklarierter privater Swimmingpools betrifft, ist das ganz offiziell: Den durch KI analysierten Satellitenbildern von Google Maps entgeht nichts!

Die Reputation von Google als Big Brother war es gewiss auch, woran das Projekt einer Zukunftsstadt des Konzerns im kanadischen Toronto gescheitert ist, das seine Tochterfirma Sidewalk realisieren sollte. Seit 15 Jahren begeistert Larry

Page sich für Zukunftsstädte; er stellt sich welche auf Wasser vor, in der Bucht von San Francisco, in der Wüste oder auf dem Mond. Vor allem aber will er sie neu erfinden, gewissermaßen benutzerfreundlicher machen.

In Toronto ist es allerdings mit einer ultramodernen *smart city* nichts geworden. Dabei sollte es sich um die »intelligenteste« Stadtorganisation »der Welt« handeln: Auf den Straßen sollte es keine Staus mehr geben, da die Ampeln sich in Realzeit an den Verkehrsfluss anpassen würden; keine Mülltonnen sollten mehr überquellen, weil sie dank unterirdischer Roboter automatisch eingesammelt würden, die nicht nur für das Abfallmanagement zuständig sein, sondern auch Pakete ausliefern sollten; Teile der Straßen sollten für autonome Fahrzeuge reserviert sein, und Bürgersteige und Radwege im Winter geheizt werden; die aus Holz gebauten Häuser sollten kaum Energie verbrauchen ... Und überall sollten Sensoren 24 Stunden am Tag die Daten aus dem Stadtleben sammeln: die Dichte des Verkehrs von Fußgängern und Rollern, den Wasserverbrauch, die Höhe, bis zu der die Mülltonnen gefüllt sind ...

Doch das Google-Subunternehmen musste trotz dem idealisierten High-Tech-Urbanismus und den verlockenden Werbebildern dazu vor einigen Bürgerinitiativen den Rückzug antreten, die sich gegen die massenhafte Installation von Kameras und Wi-Fi-Antennen ohne Zustimmung der betroffenen Bürger richteten sowie gegen das Sammeln persönlicher Daten und individueller Identitätsprofile ... Die öffentliche Auseinandersetzung und der Verdacht des Ausspioniertwerdens siegten über die Absichten von Larry Page. Beim Neinsagen sind Bürger offenbar effizienter als Staaten.

Ein Kuhhandel mit den Medien

Dies sollten wir im Kopf behalten. Diese Niederlage von Google scheint allerdings bloß anekdotische Bedeutung zu haben angesichts eines Skandals, gegen den die Staaten seit 15 Jahren nichts haben ausrichten können und der zum Sterben von Hunderten Zeitungen weltweit geführt hat. Wie wir gesehen haben, teilen Facebook und Google überall, wo es sie gibt, Jahr für Jahr 50 bis 80 % der Einnahmen aus der Onlinewerbung unter sich auf, auf Kosten der traditionellen Medien. Tatsächlich haben diese Plattformen auf ihren Seiten schamlos die Artikel der Zeitungen wiedergegeben und dadurch Umsatz gemacht, ohne auch nur einen Euro an die Autoren oder die Zeitungen, die sie beschäftigen, zu zahlen (und sie erklärten Letzteren, sie sollten sich doch freuen, weil das doch Reklame für sie sei). Diese kostenlos wiedergegebenen Artikel sind die unbezahlten »Anleihen«, mit denen die amerikanischen Milliardäre sich bereichert haben, während Hunderte andere Medien nicht mehr genügend Einnahmen erzielten und dichtmachen mussten. Doch Qualitätspresse ist, das weiß man seit Alexis de Tocqueville, »das demokratische Freiheitswerkzeug« schlechthin.

Nach jahrelangem Armdrücken in allen westlichen Ländern, weil diese räuberischen Websites nichts abgeben wollten, wurden sie von der französischen, kanadischen und australischen Regierung gezwungen, für die Zeitungsinhalte zu zahlen, die sie plündern. Doch sie haben dem nicht Folge geleistet!

Nehmen wir das Beispiel Frankreich. Ein am 24. Juli 2019 angenommenes Gesetz, das Ende Oktober des Jahres in Kraft trat, setzt eine europäische Direktive zum Autorenrecht um, indem es ein »Nachbarschaftsrecht« für die Verlage einführt, deren Inhalte von den digitalen Plattformen ausgebeutet werden. Und wer Recht sagt, sagt auch Bezahlung. Google soll also Geld an die betroffenen Medien zahlen. Doch das Unternehmen hält dagegen sein »Grundprinzip« hoch, das darin besteht, keine Bezahlung für das Aufzeigen von Inhalten anzunehmen. Und es nutzt eine juristische Hintertür, um folgende Alternative anzubieten: Entweder die Zeitungen verzichten ausdrücklich auf jegliche Bezahlung, und Google wird auch weiterhin ihre Titelzeilen samt einem kurzen Textabschnitt, einem sogenannten *snippet*, sowie Photos gut sichtbar auf seiner Nachrichtenseite zeigen – oder ihre Inhalte würden nur mit einem kurzen Titel bei den Suchergebnissen von Google auftauchen, ohne eine Photovignette oder ein *snippet*. Anders gesagt, die Artikel würden unsichtbar.

Ein Kuhhandel! Oder ein »tödlicher Missbrauch«, wie es ein Presseverleger nannte. Denn wenn die Medien auf die Werbung verzichten, die Google ihnen verschafft und an die sie sich (wie auch ihre Leser) gewöhnt haben, werden sie im Netz weniger gesucht werden, ihre Abonnementszahlen werden zurückgehen und damit ihre Werbeeinnahmen ... Kurz, ihre Wirtschaftlichkeit wäre noch mehr gefährdet als zuvor. Die Meinungsvielfalt und die freie Meinungsäußerung würden noch weiter zurückgehen. Pierre Louette, der Chef des Presseverlags Les Échos-Le Parisien, fasst die Enttäuschung der Branche zusammen, indem er »das Gebaren dieser ›Übernationalen‹« beklagt, »die ihre immense Verantwortung für die Erhaltung des Grundgleichgewichts in unseren Demokratien unterschätzen«[1]. Diese Angriffe auf alle unsere Prinzipien zeigen, wie sehr es die Staaten versäumt haben, die destruktive Macht dieser Firmen ernst zu nehmen, denen Recht und Gesetz gleichgültig sind.

Die Verlage lassen sich das aber nicht gefallen: Sie klagen gegen diesen offenkundigen Missbrauch einer beherrschenden Marktposition. Im Juli 2021 wird Google zu 500 Millionen Euro Strafe verurteilt, weil es nicht »nach Treu und Glauben« mit den Presseverlagen verhandelt habe. Jetzt lässt sich der Konzern – endlich – dazu herab, mit ihnen zu diskutieren, und am 3. März 2022 wird ein Abkommen zwischen dem Tech-Unternehmen und etwa 300 Medien getroffen. Die Summe der 2023 tatsächlich ausgeschütteten Ausgleichszahlungen ist aber auf grausame Weise desillusionierend. »Google hat endlich den Verlagen ein paar gelbe Münzen gezahlt«[2], klagt

Le Point. Doch Facebook, Microsoft und LinkedIn scheren sich überhaupt nicht um das Gesetz, genauso wenig wie X (Ex-Twitter), gegen das mehrere Medien eine einstweilige Verfügung erwirken. In Kanada hat Meta es vorgezogen, alle Verbindungen zu Inhalten der Medien zu kappen, sowohl für Facebook als auch für Instagram, um nicht das neue Gesetz befolgen zu müssen, das sie zu einer Bezahlung der Verlage verpflichtet.

Diese endlose Kraftprobe bedeutet, dass es den Staaten nicht gelingt, die Oberhand über die »supranationalen« Konzerne, vor allem Google, zu gewinnen. Die Medien verharren in einer Situation der Schwäche und Abhängigkeit gegenüber dem amerikanischen Riesen … und die wenigen Millionen Euros, die er ihnen zahlt, stehen in keinem Verhältnis zu den 150 bis 200 Milliarden Dollar im Jahr, die er weltweit allein mit Werbung umsetzt. Auf ihn konzentrieren sich allein 40 % der Werbung im Web. Die Medien haben ihm als Steigbügelhalter gedient, um den digitalen Werbemarkt zu »privatisieren«, und es ist zu spät, um ein neues Gleichgewicht herzustellen: Die zwei Jahrzehnte, während derer Larry Page und Sergey Brin von den Medien profitiert, deren Abhängigkeit organisiert und gegenüber Regulierungsversuchen auf Zeit gespielt haben, wiegen bereits zu schwer.

Und es zeichnet sich bereits ein neuer Streit ab, in der Fortsetzung der alten Auseinandersetzungen: Um ihre generative KI (ChatGPT und seine Äquivalente) zu trainieren, greifen deren Entwickler – darunter Microsoft, Google, Facebook oder X – auf die Inhalte des Web zurück, und ganz besonders auf die Inhalte der Mediensites. Wie immer, ohne zu zahlen. Einige haben den betroffenen Medienverlagen immerhin die Möglichkeit eingeräumt, dem Bot den Zugriff auf ihre Produktion zu versperren.

Briefkastenfirmen, um Profite anzusaugen

Eine andere endlose Machtprobe betrifft die Steuern. Das von unserem Duo zuerst dafür organisierte System, so wenige Steuern wie möglich zu zahlen, ist emblematisch geworden für die Praktiken aller dieser Milliardäre. Sie haben während zweier Jahrzehnte eine ausgetüftelte Steuerakrobatik entwickelt, die unter dem Namen »irisch-niederländisches Doppelsandwich« bekannt geworden ist. Mithilfe von Briefkastenfirmen ohne Beschäftigte in Irland, Singapur, auf den Bermudas oder in den Niederlanden »saugte« Google einen Großteil der Profite, die es weltweit machte, »an« und lagerte sie auf die Bermudas aus, wo sie keinerlei Gewinnsteuern unterlagen. Das Verblüffende an dem Trick war, dass er völlig legal war, wie die Juristen von Alphabet immer wieder betonten. Sie nutzten böswillig die unterschiedliche Besteuerung in den einzelnen Ländern und die Schwächen der Gesetzgebung aus.

Das System ist gar nicht so komplex, wie man denkt. Zunächst siedelt Google seinen Hauptsitz für Europa in Irland an, wo die Unternehmenssteuern mit die niedrigsten sind, und die Rechnungen für die in Deutschland, Frankreich oder Spanien getätigten Umsätze werden in Irland ausgestellt. Die in Irland beheimatete Firma hat aber auf dem Papier noch eine Muttergesellschaft in den Niederlanden, die ihr erhebliche Kosten für die Nutzung geistigen Eigentums (zum Beispiel Gebühren für die Nutzung der Marke) in Rechnung stellt. Einkünfte aus geistigem Eigentum sind in den Niederlanden steuerfrei. Und der schließlich in den Niederlanden registrierte Profit wird dann auf die Bermudas überwiesen.

Dieses System beruhte auf einer absichtlich in Irland eingezogenen Gesetzesschwäche, die Dublin unter dem Druck der Europäischen Union und der USA 2020 »reparieren« musste. Am Ende musste Google sein System nach einigen Gerichtsverfahren aufgeben – eines davon ging in Frankreich um »schweren Steuerbetrug und bandenmäßig organisierte Geldwäsche«.

Das hindert das Unternehmen nicht daran, mithilfe einer Armee von Steuerspezialisten und einer geschickten Standortwahl seine Besteuerung zu optimieren: Für 2020 hat der Konzern in Kalifornien im Jahre 2022 lediglich 2,1 Millionen für seine Firmen bezahlt, während er 600 Millionen an Umsatz deklarierte; die französische Filiale wird in der Tat lediglich für ihre Dienstleistungen für andere Firmen bezahlt – obwohl Google 2020 in Frankreich 2,7 Milliarden Euro umgesetzt hat, wenn man seinen Verlautbarungen vor der Enquetekommission des Senats zur Konzentration der Medien glaubt. »Als internationales Unternehmen zahlen wir den größten Teil unserer Steuern in den Vereinigten Staaten, unserem Herkunftsland, aber auch alle Steuern, die in den Ländern anfallen, in denen wir tätig sind«, sagte der Sprecher des Konzerns aus. »Wir sind davon überzeugt, dass eine koordinierte Reform des internationalen Fiskalsystems im Rahmen der OECD die beste Art sein wird, einen klaren Rahmen für weltweit operierende Unternehmen bereitzustellen.«[3] Aber bis dahin …

Es ist unmöglich herauszufinden, wie viel Steuern Google den europäischen Ländern ohne seine Steuertricks hätte zahlen müssen, denn es veröffentlicht keine Zahlen für die einzelnen Länder, sondern nur für Irland. Doch es ist sicher, dass beispielsweise Frankreich voll von seinen Steuervermeidungspraktiken betroffen war. Denn Google hat dem Land nur eine lächerlich geringe Ertragssteuer gezahlt – oft weniger als 10 Millionen Euro im Jahr. Das Finanzministerium hat 2014 versucht, dem Unternehmen eine Steuernachzahlung von 1,1 Milliarden Euro aufzuerlegen, doch dem ist es gelungen, dies vom Gericht rückgängig machen zu lassen. Doch nun vervielfältigten sich die Rechtsstreitigkeiten, und am Ende zahlte Google 2019 1 Milliarde Euro als Schlussbetrag. Das letztinstanzliche Gericht in Paris hatte diesen gerichtlichen Vergleich zwischen Google und der Finanzstaatsanwaltschaft herbeigeführt, im Rahmen des Verfahrens zum Thema » schwerer Steuerbetrug« und »bandenmäßig organisierte Geldwäsche«, das im Juni 2015 eröffnet worden war. Das Besondere an dieser Übereinkunft ist, dass damit alle zwischen 2005 und 2018 in Frankreich anhängigen Steuerverfahren annulliert wurden. Am Ende war das für Google gar nicht so teuer.

Eine Weltsteuer wird nicht genügen

Frankreich hatte nun aber die Geduld verloren und schuf ganz alleine eine (»Gafa« genannte) Steuer, die auf Google, Facebook und einige weitere große Tech-Unternehmen zielt. Sie trat 2019 in Kraft, sehr zum Missfallen von Donald Trump und seiner Regierung, die sogleich zu Gegenmaßnahmen griff. Diese Steuer auf die Werbeeinnahmen war ein Provisorium, da man einen weltweiten Steuersatz von 15 % erwartete, der bereits seit einem Jahrzehnt unter den 140 Mitgliedern der OECD verhandelt worden war und »unverzüglich« in Kraft gesetzt werden sollte.

Die mehr als zehn Jahre lang unter der Federführung eines Franzosen, Pascal Saint-Amans, geführten Verhandlungen führten im November 2022 tatsächlich zum Erfolg. Die Steuer wird vom 1. Januar 2024 an erhoben, das heißt, die ersten Einnahmen werden 2026 fließen. Offiziell soll diese Steuer die Steuerflucht der Multis deutlich begrenzen und im Weltmaßstab zu 150 Milliarden Dollar an zusätzlichen Einnahmen führen.

Das Prinzip ist einfach: Gleichviel, in welchem Staat ein multinationales Unternehmen seine Gewinne deklariert, müssen am Ende 15 % davon an Steuern abgeführt werden. Wenn also ein Unternehmen weniger als 15 % Gewinnsteuer in einem fremden Land, wo es Tochterunternehmen besitzt, zahlt, muss das Land, wo es seinen Hauptsitz hat, die Differenz abschöpfen, damit die Summe der von dem Unternehmen gezahlten Steuern diesen Sockel erreicht.

Jedes Unternehmen eines der Signatarstaaten, das mehr als 750 Millionen Euro an jährlichen Einnahmen ausweist, unterliegt dieser Steuer. Wenn zum Beispiel ein deutsches Unternehmen in einem Niedrigsteuerland nur 7 % Steuern zahlt, muss es in Deutschland die Differenz zu den 15 %, also 8 %, zahlen.

Natürlich ist es erfreulich, dass es wenigstens diese Mindeststeuer gibt. Die internationalen Konzerne waren so geschickt mit ihren Steuervermeidungsstrategien, dass es für die europäischen Staaten ein unerwarteter Segen zu sein scheint, zig Milliarden einnehmen zu können …

Doch es gibt keinen Grund zu triumphieren. Die Höhe der Steuer liegt weit unter dem, was die Multis eigentlich zahlen müssten: In Deutschland beispielsweise wurden die Unternehmensgewinne 2023 mit 29,9 % besteuert. Die Amerikaner haben ihren ganzen Einfluss dafür eingesetzt, dass die Steuer nicht zu hoch wurde.

Das von Pascal Saint-Amans ausgehandelte Abkommen hatte genaugenommen zwei Seiten. Die, von der eben die Rede war und bei der es um die 15 %-Steuer ging, ist die »zweite Säule«, während die andere Seite, die »erste Säule«, darin besteht, einen Teil der am Ende eingenommenen Steuern unter den Ländern zu verteilen, in denen die Unternehmen tätig sind. Nun ist das Prinzip einer Verteilung auch angenommen worden, doch der Teufel steckt im Detail, und die Verhandlungen darüber stecken fest. Die OECD-Mitgliedsländer können sich unter anderem nicht auf einen Verteilungsschlüssel einigen. Die erste Säule ist also noch nicht in Kraft getreten.

Google zahlt zwar so gut wie gar keine Steuern, doch hat das Unternehmen mehr als 8 Milliarden Euro an Strafgeldern zahlen müssen, denn das Unternehmen ist in der Europäischen Union dreimal in zehn Jahren verurteilt worden, weil es auf seinen Plattformen die eigenen Dienstleistungen (Preisvergleiche, Systeme für mobile Anwendungen und Werbung) auf Kosten der Konkurrenz bevorzugt hat. Im Übrigen geht aus einem Untersuchungsbericht der Federal Trade Commission, von dem das *Wall Street Journal* 2012 berichtet hat, hervor, dass Google Inhalte, die von Mitbewerbern wie Yelp, Tripadvisor und Amazon stammten, illegal kopiert, um seine eigenen Dienstleistungen zu verbessern. So soll das Unternehmen die Bewertungen von Produkten bei Amazon genutzt haben, um die Produkte auf seinen eigenen Shopping-Seiten zu bewerten! Und als die Rivalen sich darüber beklagten, soll Google ihnen gedroht haben, diese Produkte aus seiner Suchmaschine zu entfernen …

Wird Google ungestraft davonkommen?

Die zahlreichen Verurteilungen von Google wegen unlauterer Konkurrenz und Konkurrenz verhindernden Praktiken sind überhaupt nichts Besonderes, denn alle großen Tech-Unternehmen nutzen ihre Macht, um die Konkurrenz aus dem Wege zu räumen – wir werden das besonders im 5. Kapitel, bei Jeff Bezos, sehen.

Möglicherweise wird das Verhalten von Google in den Vereinigten Staaten nicht straflos bleiben, denn seit September 2023 läuft dort ein Anti-Trust-Prozess gegen das Unternehmen (siehe Schluss: Wie wir die Macht zurückgewinnen können). Der Prozess ist der wichtigste in der Tech-Branche seit dem gegen Microsoft 1998, der beinahe mit der Zerschlagung des Konzerns geendet hätte. Das amerikanische Justizministerium klagt den Konzern von Mountain View an, den Markt für Suchmaschinen abzuriegeln. Google, das 90 % des *search*-Markts in den USA (und in ähnlichem Maße auch in Europa) kontrolliert, soll Konkurrenz verhindernde Taktiken angewandt haben, um sein Monopol zu verteidigen. Ein weiterer Anti-Trust-Prozess hinsichtlich der Internetwerbung (der von adtech genutzten Techniken beim Verkauf und Kauf von Online-Werbung) wird anschließend stattfinden.

Google ist auch ein führendes Unternehmen bei künstlicher Intelligenz, auch wenn zuletzt weniger von seinen Fortschritten als denen von OpenAI (ChatGPT) die Rede war. Google hatte dessen Gegenstück, Bard, entwickelt. Das Unternehmen hat Bard noch nicht in seine Suchmaschine integriert, weil es die Ergebnisse des Programms noch verbesserungsfähig fand – in der Tat grenzten die Ergebnisse eines Anfang 2023 durchgeführten öffentlichen Tests noch ans Lächerliche –, doch es verbessert das Programm ununterbrochen und integriert seine Fortschritte in die Suchmaschine (aus Bard wurde im Jahr 2023 Gemini, das mittlerweile in einer breiten Produktpalette verfügbar ist, d. Übers.). Übrigens hat Googles Anteil beim *search* sich noch keineswegs verringert, obwohl vorhergesagt wurde, sein Konkurrent Bing (die Suchmaschine von Microsoft, dem Partnerunternehmen von OpenAI) würde ihm die Flügel stutzen.

Außerdem hat Google viel in Character.AI investiert, eine App, die es ermöglicht, sich mittels KI mit Romanfiguren oder berühmten Persönlichkeiten zu unterhalten. Der Konzern ist an der Seite von Amazon auch an AnthropicAI beteiligt, einem führenden Unternehmen der Branche, das Claude entwickelt, einen Chatbot, einen Konversationsroboter, der mit ChatGPT konkurriert.

Google verdiente 2022 und 2023 jährlich etwa 60 Milliarden Dollar, fast dreimal so viel wie Volkswagen, das größte deutsche Unternehmen; also verfügen Larry Page und Sergey Brin über fast unbegrenzte Mittel. Wenn man ein Vermögen besitzt, das man unmöglich ausgeben kann – wofür könnte man sich interessieren, wenn Yachten, Häuser und Privatjets gekauft sind? Manche, wie Bill Gates, wollen dann durch Impfkampagnen das Leben von Kindern retten, andere, wie Elon Musk, wollen die Erdenbewohner retten, indem sie sie zum Mars bringen. Sergey Brin und Larry Page aber wollen ihre eigene Haut retten: die Unsterblichkeit erobern und Gott herausfordern – das ist eine Aufgabe, die zu ihnen passt!

Um »den Tod zu töten«, haben Page und Brin, wie wir schon gesehen haben, Calico gegründet, eine Firma, die zum Prozess des Alterns forscht. In ihrem Zentrum steht eine Persönlichkeit mit einem großen Namen: Cynthia Kenyon, eine Molekularbiologin von der Universität von Kalifornien in San Francisco, die dadurch bekannt geworden ist, dass sie eine Studie veröffentlichte, die zeigte, dass man die Geschwindigkeit des Alterns biologisch beeinflussen kann. Ein Wurm, *C. elegans*, hat durch eine einfache genetische Veränderung doppelt so lange gelebt wie seine Artgenossen. Cynthia Kenyon hat Larry Page davon überzeugt, dass diese Manipulation auch an Säugern vorgenommen werden und so letztlich auch die Lebensdauer des Menschen verlängert werden könnte … kurz, der Tod sei ein biotechnologisch lösbares Problem. Außerdem gebe es einen gigantischen Markt für innovative Anwendungen und Produkte. Und Alphabet hat Calico mit Mitteln auf der Höhe ihrer Ambitionen ausgestattet: 1,5 Milliarden Dollar. Dazu kommt noch eine weitere Milliarde für eine Partnerschaft mit AbbVie, einer Forschungsfirma für Therapien.

Allerdings ist es schon mehr als zehn Jahre her, dass Google der Biochemikerin, die inzwischen auch Vizepräsidentin des Unternehmens ist, freie Hand gelassen hat, und Calico hat noch nichts Neues verkündet. Wenn das Unternehmen so diskret ist hinsichtlich seiner Forschungsergebnisse, könnte das vielleicht daran liegen, dass man noch nichts herausgefunden hat?

Calico, das ultradiskrete Subunternehmen

Forscher, die auf demselben Gebiet arbeiten, weisen darauf hin, dass man nur wenig über die Methoden von Calico weiß. Der Mitgründer des Unternehmens, Arthur Levinson, ein renommierter Wissenschaftler, ehemaliger Chef von Genentech und übrigens auch seit dem Tod von Steve Jobs Präsident des Verwaltungsrats von Apple, lehnt jedes Interview zu der Firma ab. Google ist der Herold der Transparenz ..., wenn es um die andere geht.

Doch das Glaubensbekenntnis von Calico, das man auf seiner Internetsite lesen kann, verspricht viel: »Wir haben keine Angst vor verrückten Ideen oder davor, Risiken einzugehen, denn wir wollen mit Riesenschritten auf dem Gebiet des Alterns und der altersbedingten Krankheiten vorankommen. [...] Wir haben keine Angst vor disruptiven Theorien, wenn sie eine solide wissenschaftliche Basis haben, und wir sind an keine besonderen Methoden, Ziele oder Technologien gebunden.«[5] Anders gesagt: Wir gehören keiner »Schule« an und sind zu allem bereit, womit wir den Bereich revolutionieren könnten. Tod, sei auf der Hut!

Während Larry Page persönlich in Calico investiert hat, bekämpft Sergey Brin die Parkinsonkrankheit. Das ist sein ganz persönliches Anliegen, seit er 2006 durch die von seiner damals künftigen Frau Anne Wojcicki (von der er mittlerweile geschieden ist) gegründeten Firma 23andMe seine DNA hat analysieren lassen und festgestellt hat, dass er Träger eines Gens ist, das für ein erhöhtes Risiko steht, Parkinson zu entwickeln. Dies ist nicht bloß hypothetisch: Seine Mutter, Eugenie Brin, leidet bereits unter der Krankheit. Seitdem dieses Damoklesschwert über dem Haupt von Sergey Brin schwebt, befindet sich dieser in einem Wettlauf gegen die Uhr. Und weil er es will, finanziert der Konzern die Forschung zur Bekämpfung neurodegenerativer Krankheiten. Eines seiner Subunternehmen, das 2014 gekaufte Start-up LiftLabs, entwickelt wie das dahinterstehende LiftWare Therapien zur Minimierung des für die Krankheit charakteristischen Zitterns der betroffenen Menschen. LiftLabs vertreibt seit 2017 LiftWare Steady: Dieser Löffel mit einer wiederaufladbaren Batterie mildert das Zittern von Personen mit Parkinson durch Rezeptoren, die sich in seinem Stiel befinden; die Bewegungen des Löffels werden um 70 % reduziert.

Außer in Calico hat Alphabet in Hunderte Start-up-Unternehmen im Medizinsektor investiert. Sein Ableger GV, früher Google Ventures, dient dazu, mit den neuesten Entwicklungen im Gesundheitswesen Schritt zu halten und die Hand auf eventuelle Innovationen zu legen. So hat Google bis 2021 einen Teil des Kapitals von 23andMe gehalten. Der Name des Unternehmens für genetische Analysen bezieht sich auf die 23 Chromosomenpaare, aus denen sich das Genom eines jeden Menschen zusammensetzt. Zunächst hatten Anne Wojcicki und ihr Teilhaber dreierlei als ihr Ziel deklariert: zunächst, DNA-Tests zu kommerzialisieren, sodass die Internetnutzer ihre genetische Herkunft, die geographische Herkunft ihrer Vorfahren und damit auch ihre Risiken, bestimmte Krankheiten wie Krebs, Herz-Kreislaufkrankheiten, Diabetes oder Alzheimer zu bekommen, kennenlernen konnten; weiterhin, eine kommerziell verwertbare genetische Datenbasis für die medizinische Forschung zu entwickeln; und schließlich so etwas wie ein genetisches Facebook zu entwickeln, eine Gemeinschaft, in der die Internetnutzer einander aufgrund ihrer genetischen Ähnlichkeiten begegnen und auf der ganzen Welt ihre »Nächsten« finden könnten. So kann man auf der Website der Firma die Berichte von Geschwistern lesen, die sich dank ihrer wiedergefunden haben.

Gefährliche Vorhersagen

Als das Unternehmen gegründet wurde, brauchtest du nur 999 Dollar zu bezahlen, um in Erfahrung zu bringen, woran du sterben könntest: Du brauchtest nur eine Analyse deines genetischen Fußabdrucks und deiner mitochondrialen DNA (der von der Mutter geerbten) zu kaufen. Doch die Food and Drug Administration hatte Zweifel, was gewisse Ergebnisse betraf, die erhebliche Folgen haben konnten. Zum Beispiel konnte es dazu kommen, dass Frauen eine Brustentfernung verlangten, nur weil sie erfahren hatten, dass sie ein höheres Brustkrebsrisiko hatten als der Durchschnitt. Die FDA untersagte es deshalb dem Start-up, weiterhin die Wahrsagerin zu spielen.

23andMe wiederum hatte ein Patent auf eine Methode angemeldet, mit der die Leute Babys à la carte produzieren konnten, durch die Auswahl der Keimzellen von Ei- und SamenspenderInnen. Die BioethikerInnen skandalisierten das, und die Methode wurde nicht kommerziell angewandt. Das Unternehmen verlegte sich nun auf weniger teure und weniger vollständige genealogische Untersuchungen, bis Anne Wojcicki im Oktober 2015 die Genehmigung erhielt, neue Tests zur Identifikation von Trägern einer genetischen Mutation zu entwickeln, die an Nachkommen weitergegeben werden kann. Ihr Katalog enthielt 36 Krankheitsbilder, darunter Mukoviszidose. Der nicht sehr hohe Preis dieser Dienstleistung erlaubte es 23andMe, eine umfangreiche Datei genetischer Fußabdrücke anzulegen, die sie an pharmazeutische Labore weiterverkaufte.

Es ist nicht ohne Risiko, innovative Start-ups aufzukaufen oder zu behalten. So stellte sich die mobile App Streams im Vereinigten Königreich, die für im Gesundheitswesen Tätige den Zugang zu den Krankenakten der Patienten erleichtern sollte, als Belastung für ihren neuen Eigentümer, Alphabet, heraus. Streams wurde heftig kritisiert, als die Medien aufdeckten, dass die Patienten nicht ihr Einverständnis dazu gegeben hatten, dass ihre Daten an Dritte weitergegeben werden sollten. Obwohl diese App, die seit 2015 benutzt wurde, dafür gefeiert worden war, dass sie »Menschenleben retten« und »das Leben von Ärzten und Krankenschwestern ändern« könne, schloss Google sie von einem Tag auf den anderen, wie das Unternehmen das gewöhnlich tut, wenn ein Risiko sich abzeichnet. Zum großen Ärger der Gesundheitsberufe, die nun darauf verzichten mussten … Hätte man nicht *vor* der Vermarktung der App die Risiken einschätzen und Korrekturen anbringen sollen?

Wie bei Facebook kann der Beobachter den Eindruck gewinnen, Google lasse im vollen Bewusstsein von Risiken Versuchsballons fliegen in der Hoffnung, dass die *bugs* unbemerkt bleiben – bereit, in dem Fall, dass der Fehler herauskommt, ohne Rücksicht auf Kollateralschäden alles zu stoppen und sich zerknirscht zu zeigen sowie zu versprechen, es nicht noch einmal zu versuchen. So hat Google sein Tochterunternehmen Boston Dynamics verkauft, weil die Militärroboter mit ihrem düsteren Erscheinungsbild, die die Firma zusammen mit DARPA, der Agentur des Pentagon, entwickelt hatte, sein Image zu beschädigen drohten …

2018 hat eine andere Tochterfirma von Alphabet im Gesundheitsbereich ein Projekt aufgegeben, das bei Diabetikern große Hoffnungen geweckt hatte: Es handelte sich um intelligente Kontaktlinsen, die den Blutzuckergehalt bestimmen können sollten. Leider funktionierte die Innovation nicht wie vorgesehen.

Darf man mit solcher Leichtfertigkeit mit der Gesundheit, mit Leben und Tod spielen? Die Gründer von Google möchten unserer erschöpften Menschheit ein zweites Mal den Lebensatem einhauchen. Doch die posthumane Menschheit, von der sie träumen, bedeutet eine radikale und definitive Veränderung unserer Spezies. Denn es ist der Transhumanismus, den sie finanzieren.

Der Papst des Transhumanismus ist bei Google

Larry Page hat der Singularity University viel Geld gespendet, einem einzigartigen Thinktank in Mountain View, den Ray Kurzweil, Peter Diamandis und Peter Thiel gegründet haben, emblematische Gestalten des Silicon Valley und Propheten der Fusion von Mensch und Maschine. Diese Universität ist eine Ausbildungsstätte und ein Brutkasten für Startups geworden.

Alle CEOs und Führungskräfte aus Europa, die sich eine Seminarwoche an der Singularity University gegönnt haben, konnten dort den Vorträgen von Ray Kurzweil beiwohnen, deren Ideen er bereits 2005 in seinem Buch *The Singularity Is Near* (deutsch: *Menschheit 2.0: Die Singularität naht*) entwickelt hat und in *The Singularity Is Nearer* (deutsch: *Die nächste Stufe der Evolution*), einem Buch, das 2024 erschienen ist, entschieden weiterverfolgt. Dieser Entwickler, der im Valley »der Papst des Transhumanismus« genannt wird, kündigt darin an, dass die Intelligenz der Maschinen im Jahre 2029 das Niveau der menschlichen Intelligenz erreicht haben wird. Danach wird sie sich weiterentwickeln und uns erlauben, die Grenzen, die uns der Tod setzt, zu erweitern. Tatsächlich sollen wir schon bald in der Lage sein, unser Bewusstsein in eine Maschine (zum Beispiel einen humanoiden Roboter) zu übertragen und uns unserer allzu eingeschränkten und vor allem sterblichen Hülle zu entledigen.

Stellen wir uns das vor: entfesselte kognitive Fähigkeiten, erweiterte Sinneskräfte, eine neue menschliche (oder übermenschliche) Spezies, verbessert, ohne Schwächen, ohne Krankheiten, befreit von der Vergänglichkeit des Fleischs, von genetischen Zufällen und diesem Altern, das wirklich eine Katastrophe ist! Man braucht keinen Gott mehr, keine Evangelien, kein Jenseits. Das ewige Leben auf Erden! Es ist durch die KI und die Fusion mit der Maschine erreichbar! Fürchtet euch nicht …

Larry Page hat Raymond Kurzweil 2012 bei Google als »Entwicklungsdirektor« angeheuert, so heißt es in dessen Wikipedia-Eintrag, doch Kurzweil arbeitet vor allem an der Erforschung automatisierten Lernens. Dieser 75-jährige Mann, der täglich mehr als 70 Kapseln aller Art schluckt, um sein Altern zu verlangsamen, wird bei seinem Tod tiefgekühlt werden, um wiederaufgeweckt zu werden, sobald die Wissenschaft das möglich macht. Dann wird er schließlich auch sein Bewusstsein auf einen Computer übertragen können.

Das Aufgeben des biologischen Körpers gefällt nicht allen Menschen, auch wenn die Transhumanisten versprechen, dass die Maschinen auch die Freuden des Essens, der Zärtlichkeiten, des Liebesakts, des Spürens von Wärme oder Wind, kurz alle Gefühle, die uns so wichtig sind, werden wiedererlebbar machen können.

Das Risiko ist wie immer das einer Menschheit in zwei Geschwindigkeiten: auf der einen Seite Menschen, die über ein erweitertes Gedächtnis und vermehrte Intelligenz verfügen, die lange leben und vielleicht in einen künstlichen Körper übertragen werden – auf der anderen Seite die, die das nicht wollen (oder mangels Geldes nicht können) und zu einer »Subspezies« werden, die der britische Kybernetiker Kevin Warwick »die Schimpansen der Zukunft«[6] getauft hat. Die Menschen, die sich geweigert haben, sich »erweitern« zu lassen, die zulassen, dass sie einfach altern, vielleicht weil sie keine andere Wahl haben, werden von den anderen wie Primaten behandelt werden. Das heißt: nach dem Kampf der Traditionalisten gegen die Modernen wird es den zwischen Transhumanisten und Bio-Konservativen, den der Techno-Progressiven gegen die Bio-Maschinenstürmer geben, wobei Erstere jeweils gegenüber Letzteren im Vorteil sein werden. Und es werden die Google-Gründer sein, die den Übergang vom Humanen zum Transhumanen vorantreiben, weil sie dank ihrer ursprünglichen Aktivität und Dutzender Zukäufe über die Technologien verfügen, die den Transhumanismus möglich machen: Robotik, Informatik, eine Suchmaschine, künstliche Intelligenz, DNA-Sequenzierung, Nano-Technologie …

Ohne irgendwelche Tabus

Page und Brin sind nicht die Einzigen, die davon träumen. Wir haben schon gesehen, dass Elon Musk mit Neuralink eine andere Methode gewählt hat, Mensch und Maschine zu verbinden: die von Implantaten im Gehirn. Tatsächlich gehört die Idee des Transhumanismus im Tech-Milieu zum Zeitgeist: Das Bedürfnis, über sich hinauszuwachsen, im wörtlichen wie im übertragenen Sinn, ist für die dauernd optimistischen und vom Wunsch, reich zu werden, besessenen Menschen, die das Silicon Valley bevölkern, eine Selbstverständlichkeit. Die neuen Herren der Welt haben die Kontrolle über unseren Planeten schon ergriffen, bevor sie 30 waren. Was für uns tabu ist, weckt bei ihnen nur die Neugier.

Das Wort »Transhumanismus« gab es schon lange vor High-Tech und auch weit entfernt vom Silicon Valley. Es war der Biologe Julian Huxley, der Bruder von Aldous Huxley, dem Autor von *Brave New World*, der es 1957 erfunden hat. Diese Weltanschauung, die zuerst von den Science-Fiction-Lesern übernommen wurde, hat sich über die sozialen Medien verbreitet. Das Posthumane, ein alter Hut für die SF-Gemeinde, ist zu einer plausiblen Perspektive für die Zeit nach 2040 geworden. Während die neue Religion als Zentrum der Katechese Ray Kurzweils Singularity University gewählt hat, ist ihr kultisches Kunstwerk der Film *Transcendance* von Wally Pfister (2014). Johnny Depp spielt darin einen genialen Wissenschaftler, der den Heiligen Gral, das äußerste Stadium des Transhumanismus, erreicht: Sein Bewusstsein – seine Intelligenz, seine Erinnerungen, seine Gefühle – wird auf die Festplatte eines Computers übertragen. Danach gelingt dem schönen Johnny aus Liebe zu seiner Schönen eine »Reinkarnation« als physischer Avatar, physisch stärker als das Original … und unsterblich.

Transhumanismus ist keine Sekte, sondern eine Auffassung, die unter denen verbreitet ist, die überzeugt sind, dass Wissenschaft und Technologie die Menschheit retten werden. Bevor sie die Welt verändern, möchten sie die Einzelnen ändern. Der Körper ist eine Maschine, deren Einzelteile man auch heute schon Stück für Stück ersetzen kann. Der Ausdruck »natürlicher Tod« ist für sie unerträglich; für sie ist der Tod gar nichts

Natürliches. Sie wollen die Freiheit, die eigene physische Gestalt zu wählen, das absolute Recht eines jeden, über seinen Körper zu verfügen. Schließlich lässt man sich bereits seine Zähne, seine Hüftgelenke, seine Knie ersetzen … Die neuen Linsen gegen den grauen Star korrigieren ganz nebenbei auch die Kurzsichtigkeit, die man schon sein ganzes Leben hatte … Wenn künstliche Carmat-Herzen (eine französische Erfindung) eingesetzt werden, braucht man sich nicht mehr mit denselben ethischen Fragen wie bei der ersten Herztransplantation mit einem menschlichen Spender herumzuschlagen. Und man kennt in der Medizin kein Beispiel für eine technologische Innovation, die im Namen humanistischer Werte von der Gesellschaft abgelehnt worden wäre.

Es herrscht Einvernehmen darüber, verlorene Fähigkeiten zu ersetzen und das, was durch Krankheit oder einen Unfall unbrauchbar geworden ist, zu reparieren. Bald wird man nicht mehr unterscheiden können zwischen dem, was Maschine, und dem, was Mensch ist. Warum sollten wir uns also damit zufriedengeben, unseren Körper zu flicken, statt ihn zu verbessern, zu bereichern, ihm neue Fähigkeiten zu verleihen? Nach dem reparierten Menschen wollen die Transhumanisten den erweiterten Menschen schaffen.

Doch gerade hier liegt das Problem. Es gibt eine Grenze zwischen medizinischer Therapie oder Rehabilitationsmedizin (ein nicht funktionierendes Herz oder eine Leber zu ersetzen, die Sehfähigkeit wiederherzustellen, Ersatz für einen amputierten Arm zu schaffen …) und einer Veränderung des Menschen durch die Erweiterung seiner Fähigkeiten (ihm eine größere Muskelkraft zu verschaffen, zusätzliches Gedächtnis, die Nachtsichtfähigkeit von Katzenaugen …). Es stimmt, dass manche Eingriffe das eine wie das andere sind, wie der, einem alten Menschen die Sehkraft eines Jugendlichen zurückzugeben oder jemandem, dem ein Teil der Beine amputiert werden musste, Prothesen anzupassen, mit denen er schneller laufen kann als fast alle Unversehrten … Doch gerade bei solchen Grenzfällen beginnt das Nachdenken und macht eine kollektive Debatte notwendig. Dürfen wir über das hinausgehen, was den Menschen bestenfalls von Geburt an mitgegeben ist? Ein Mensch wird »erweitert«, wenn man in sein Genom ein Fledermaus-Gen einpflanzt, damit er wie eine Fledermaus hören kann, nicht, wenn man ein Hörgerät in seinem Ohr versteckt …

Eine Elite und »die Schimpansen«

In Medizinerkreisen glaubte schon vor dem Vormarsch von Gehirnimplantaten, wie Elon Musk sie entwickelt, niemand daran, dass die Menschen sich damit zufriedengeben würden, die Prothesen der neuen Generation ausschließlich zu Rehabilitationszwecken zu nutzen. Sobald die Technologien bei Menschen mit einem Handicap bewiesen haben, was sie können, werden auch Unversehrte nach ihnen verlangen, um ihre eigenen Fähigkeiten zu erweitern.

Was wird in einer Gesellschaft geschehen, in der es heute schon große Einkommensunterschiede gibt? Zunächst wird eine geringfügige Verbesserung des Menschen als Mode durchgehen, wie die ästhetische Chirurgie, und man wird vor allem auf die misslungenen Operationen schauen. Die ethischen Debatten werden vorsichtig beginnen: Man wird versuchen, eine »gute« Verbesserung des Menschen von einer schlechten zu unterscheiden, um die Entwicklung zu verlangsamen und weniger ungleich zu gestalten. Doch bald schon werden diese Überlegungen von der Realität überholt werden. Die »verbesserten« Männer und Frauen werden zu einer Elite von Cyborgs werden, die sich von der übrigen Bevölkerung absetzt und sich nur untereinander reproduziert; denn ein »verbesserter« Mensch wird keine Lust haben, mit einem der »Schimpansen der Zukunft« einen Haushalt zu gründen.

Was Letztere betrifft, ist nur schwer zu glauben, dass sie es freiwillig sein werden: Wird man denn heute auf ein Smartphone verzichten wollen, auch wenn man es theoretisch könnte? Die Trennung zwischen Reich und Arm wird endgültig sein. Und zwar deshalb kaum mit Skrupeln, weil für die Transhumanisten das Gemeinwohl keine Rolle spielt, sondern jeder nur für sich sorgt.

Mit dem Entstehen neuer Gesundheitseliten werden wir endgültig in einer Welt mit zwei Geschwindigkeiten leben – einer Welt des technologischen Neoliberalismus, in dem die Reichen den Tod nicht mehr kennen, während die Armen, die der natürlichen Alterung unterworfen sind, weiterhin jung sterben. Denn auch in einem vergleichsweise egalitären Land wie Deutschland oder Frankreich wird die Krankenversicherung nie für Medikamente gegen das Altern aufkommen – schließlich ist Altern keine Krankheit!

Auch die Philosophen gehen nun auf die Barrikaden und beklagen die Gefährlichkeit dieses Projekts: dass die Menschen mental und moralisch nicht auf ein Leben vorbereitet sind, in dem der Tod keine Rolle mehr spielt und vergessen wird; dass die Menschheit einer Umweltkatastrophe durch Überbevölkerung und einem daraus folgenden Mangel an Ressourcen entgegengeht; und dass die Gesellschaft dadurch vor einer drastisch verstärkten Ungleichheit steht. Wenn die Auserwählten das Recht auf ein ewiges Leben erwerben, während die Übrigen wissen, dass sie kaum die Achtzig überschreiten werden, wird die letztliche Gleichheit der Menschen – die angesichts des Todes – dahin sein. Und die Möglichkeiten des erweiterten oder unsterblichen Menschen werden zum Mittel der Herrschaft der Reichsten über die Schimpansen der Zukunft sein.

Wir befinden uns am Vorabend dieser Epoche, und dies ist der ideale Moment, darüber zu diskutieren. Doch Larry Page, Sergey Brin oder Elon Musk haben die Debatte bereits gekapert, überzeugt, »die« Wahrheit zu besitzen. Die Staaten schauen gelähmt zu, wie sie vorangehen, ohne sich mit irgendjemandem abzusprechen. Mit dem Risiko, dass es bald schon zu spät sein könnte.

4. Kapitel

Jeff Bezos, der Allgegenwärtige

Auch wenn man ihn nie Implantate in die Gehirne von Affen hat installieren sehen oder behaupten hören, er könne den Tod töten, ist auch Jeff Bezos, der 60-Jährige allmächtige Gründer von Amazon, entschlossen, »die Welt zu retten«. Und die Science-Fiction-Szenarien seiner Kindheit zu verwirklichen. Wozu sollte es auch sonst nutzen, hundertfacher Milliardär zu sein?

Sein Projekt ist es, Milliarden Erdlinge in den Weltraum zu bringen. In seiner Zukunftsvision besiedelt der Mensch das Sonnensystem und die Milchstraße. Es droht keine demographische Gefahr mehr, weil es genügt, Armeen von Siedlern in den Kosmos zu schicken, wenn die Erde an ihre Grenzen gelangt … das heißt, bald.

Bei einem Vortrag in Washington am 9. Mai 2019 hat Bezos, allein auf der Bühne, den Blick fest auf den Teleprompter gerichtet, einen Teil des Geheimnisses um seine gewaltigen Ambitionen gelüftet. Zunächst hat er sein riesiges Mondlandegerät namens *Blue Moon* vorgestellt. Vier Jahre später wurde *Blue Moon* von der NASA als zweites System der Mondlandung im Rahmen des Programms Artemis V ausgewählt. Das bedeutet einen Vertrag über 3,4 Milliarden Dollar für sein Subunternehmen Blue Origin – das Bezos zufolge noch weit mehr Geld benötigt; er muss seine Weltraumprojekte damit finanzieren, dass er jedes Jahr für 1 Milliarde Dollar Amazon-Aktien verkauft. Man kann die Sache allerdings auch andersherum betrachten: Bezos hat jemanden gefunden, der die Kosten für sein Lieblingsprojekt mit ihm teilt, nämlich den amerikanischen Staat.

Den ersten Vertrag für die Rückkehr der Yankees zum Mond, die Artemis-V-Mission, ergatterte Elon Musk im April 2021 mit 2,9 Milliarden Dollar für sein *Starship*. Es handelte sich bereits um den Bau eines Mondlandefahrzeugs, das zwei amerikanische Astronauten auf die Mondoberfläche bringen sollte. Jeff Bezos, gewohnt, Einspruch zu erheben, um sich seinen Platz auf den Märkten zu sichern, und überzeugt, dass der Auswahlprozess »rechtswidrig und ungerecht« war, hatte gegen die NASA geklagt, weil die seinen Konkurrenten vorgezogen hatte. Er verlor … und nicht zu Unrecht, denn sein Vorschlag hätte die amerikanische Weltraumagentur 5,9 Milliarden Dollar gekostet. Doch 2023 teilte die gute NASA ihm dann sein neues Budget für Artemis V zu … Natürlich hatte er diesmal seine Forderungen nach unten korrigiert. Die Sache mit dem Mond ist jedenfalls erst der Appetithappen: »Es wird Zeit, dass wir zum Mond zurückkehren … aber dieses Mal, um zu bleiben«, hämmerte Bezos dem Publikum bei seiner Vorstellung von *Blue Moon* ein. Er sagt nicht, er wolle den Mars besiedeln. Denn er hegt einen noch verrückteren Ehrgeiz – nämlich die Menschheit zwischen den Sternen anzusiedeln. Er möchte riesige Raumschiffe in der Größe der Metropolen von heute konstruieren, in denen die Menschen ideale Lebensbedingungen vorfinden sollen. Diese Raumschiffe, die er O'Neill-Kolonien nennt – nach dem Namen des Astrophysikers Gerard K. O'Neill, der sie 1976 ersonnen hat –, würden jeweils 1 Million Menschen beherbergen, und man müsste, findet er, so viele davon bauen, dass sie 1000 Milliarden Menschen fassen können. Sie würden schwerelos im All schweben und mit allem ausgestattet sein, was ein Mensch zum Leben braucht, angefangen mit der Schwerkraft.

Aus der Erde ein Museum machen

Nicht alle Raumschiffe würden bewohnt sein. Energie beispielsweise würde in Kapseln in Sonnennähe produziert werden. Andere Kapseln würden die schmutzigsten Fabriken beherbergen oder »natürliche Reserven« enthalten. Bezos hat Bilder von O'Neill-Kolonien gezeigt, die aus den schönsten Science-Fiction-Romanen stammen könnten. Darauf sieht man Bauernhöfe, Felder, Berge, Seen und Hirsche, die herumspringen, aber auch Wolkenkratzer und Ultra-Schnellzüge. Und überall herrscht die Temperatur von Hawaii im Frühjahr. Kurz, eine idealisierte Version unserer Welt, grün und blau, in riesigen Lebensblasen.

Bezos träumt schon seit je von dieser schwerelosen Welt; als O'Neill sie entworfen hat, war Jeff zwölf. »Nicht alle Kapseln werden notwendigerweise dieselbe Schwerkraft haben. Es könnte eine geben für Freizeitvergnügen, die eine Schwerkraft von null hat, wo man sich Flügel anschnallen und umherfliegen könnte«[1], begeistert er sich. Wir werden in einer perfekt gestalteten Umwelt leben, wo das Wetter stets schön ist. Kein Regen, kein Unwetter, kein Erdbeben. »Wir werden keinen Planeten mehr brauchen«[2], tönt Bezos. Doch wir werden die Energie der Sonne nutzen sowie die mineralischen Ressourcen, die auf dem Mond und dem Mars, dann auch auf anderen Monden, die weiter entfernte Planeten umkreisen, zu finden sind oder auf benachbarten Himmelskörpern und Asteroiden.

Wenn man ihm glauben möchte, gibt es, wenn man die Erde retten will, keine andere Lösung, als drastisch unseren Energieverbrauch zu senken, was mit dem Risiko eines Schrumpfens der Wirtschaft einhergeht. Folglich werden unsere Enkel fraglos ein härteres oder doch weniger reiches Leben führen als wir. Deshalb wiederum ist es notwendig, dass wir es uns anderswo, im All, einrichten: »Wenn wir mit allen unseren Aktivitäten ins Sonnensystem ausweichen, stehen uns unbegrenzte Mittel zur Verfügung. Das ist durchaus machbar, vorausgesetzt, wir fangen heute damit an.«[3] Der Amazon-Chef möchte dazu beitragen, dass diese kolossale multiplanetarische Zivilisation entsteht, von der er glaubt, dass sie bis zum Jahr 2150 verwirklicht werden kann. »Dann werden wir tausend Mozarts und tausend Einsteins haben!«[4], begeistert er sich. Und genauso viele Putins und Trumps?

Unsere gute alte Erde wird dann nur noch ein großes Freilichtmuseum sein, die behütete Wiege der Menschheit, zu der alle einmal im Leben pilgern, etwa so, wie die Amerikaner heute nach Europa reisen. Wie hat Jeff Bezos aber diesen Ehrgeiz entwickelt? Und womit hat er das Recht erworben, daran zu glauben?

Jeffrey Preston Jorgensen, am 12. Januar 1964 in Albuquerque geboren, ist in seinen frühen Jahren kein Träumer und Idealist. Er ist noch keine zwei Jahre alt, als seine Mutter Jacklyn seinen Vater Ted Jorgensen, ein Zirkusartist und König des Einrads, verlässt. Die Scheidung erfolgt 1965. Der Junge wird seinen Vater nie wiedersehen und sich nicht an ihn erinnern können (heute denkt er an ihn nur, wenn er auf Gesundheitsfragebögen die Fragen nach seinen Vorfahren beantwortet). Seine Mutter heiratet darauf einen Einwanderer aus Kuba, Mike Bezos, der ihn adoptiert, als er vier ist, und Jeffrey wächst im Schoß der Familie zusammen mit einem jüngeren Bruder und einer jüngeren Schwester auf. Als er mit zehn erfährt, dass Mike nicht sein biologischer Vater ist, muss er weinen.

Der Einfluss der Schwerkraft auf Fliegen

Nach einem IQ-Test mit beeindruckenden Ergebnissen schicken seine Eltern ihn auf eine Schule für Hochbegabte. Ein lokales Unternehmen schlägt dem Schuldirektor vor, seine Schüler könnten seinen großen Computer nutzen, wenn er nicht anderweitig gebraucht werde. Bezos wird nun zum Anführer einer kleinen Gruppe, die sich über einen Fernschreiber in der Schulaula mit der Maschine verbinden. Zusammen lernen sie Programmieren und verbringen Stunden damit, die Urversion von *Star Trek* zu spielen. Seinen Kameraden von damals zufolge grenzt sein Konkurrenzgeist ans Lächerliche, doch er sammelt Auszeichnungen in Mathematik und Naturwissenschaften; später wird er einen richtigen Wissenschaftspreis gewinnen, und zwar für die Untersuchung des Einflusses der Schwerelosigkeit auf Hausfliegen.

Er möchte ein genialer Erfinder werden, ein neuer Edison. Seine Mutter muss immer öfter zwischen dem Haus und RadioShack hin- und herfahren, einer Ladenkette, die elektronische Komponenten verkauft, um für ihn zu kaufen, was er für seine Erfindungen braucht: Roboter, einen Solarkochherd – oder ein Alarmsystem, das seinen Bruder und seine Schwester daran hindert, in seinem Zimmer herumzuschnüffeln.

Er beginnt ein Studium der Informationswissenschaften in Princeton, das er im Unterschied zu den anderen Magiern des Algorithmus – wie Gates, Jobs oder Zuckerberg – auch mit dem Diplom abschließt. Danach wählt er vernünftigerweise die Karriere eines Finanzanalysten in einem Hedgefonds der Wall Street: Schließlich ist es das Finanzwesen, wo man die besten Chancen hat, ein Vermögen zu machen, wenn man sich nicht zum Unternehmer berufen fühlt. Oder *noch* nicht. Denn bei D. E. Shaw & Co., einem der Tempel für spekulative Anlagen, dessen jüngster Vizepräsident er mit 30 wird, begreift der Mann mit dem dröhnenden Lachen seit 1994 die unerhörten Möglichkeiten des entstehenden Internets. Eine

Studie zeigt, dass die Nutzung des Netzes mit 2300 % jährlich voranschreitet. Sogleich stellt Bezos sich ein Onlinekaufhaus vor, dank dem er aus dem unbegrenzten Platz auf den Regalen des Netzes Profit schlagen könnte: Nur im Netz lässt sich alles anbieten, was immer es auch ist.

Er sucht sich das Produkt aus, das sich am leichtesten online verkaufen lässt, weil es besonders standardisiert ist und beim Versand kaum böse Überraschungen bescheren kann: das Buch. Er beginnt damit, dass er zu einem Buchhändlerkongress nach Los Angeles reist, um die Feinheiten des Metiers kennenzulernen. Anders als Musk verkündet er seinen künftigen Zunftgenossen nicht, dass er sie fertigmachen wird (er wird es dennoch tun). Und im Juli 1995 macht er ernst.

Jedoch nicht ganz allein. Bei D. E. Shaw & Co. hat er eine weitere grundlegende Begegnung gehabt: die mit MacKenzie Scott Tuttle, einer ehemaligen Kommilitonin aus dem literarischen Fachbereich in Princeton, wo sie die Assistentin der Schriftstellerin Toni Morrison war. Die Nobelpreisträgerin hatte ihr Talent erkannt und sie ermutigt. Trotzdem legte sie, nachdem sie die Gefährtin von Jeff geworden war, ihre Tätigkeit als Romanschriftstellerin erst einmal zur Seite, um sich ein Jahrzehnt lang der Firma Amazon zu widmen, die nach dem Amazonas, dem größten Fluss der Welt, benannt worden war. Den Namen hatten sie gemeinsam gewählt. Bezos hätte sie auch gern »Relentless« (gnadenlos) genannt, was seinem Charakter besser entsprochen hätte. Weitere Favoriten waren »Make It So« nach dem Wahlspruch seines Helden aus *Star Trek* oder »Cadabra« nach der Zauberformel Abrakadabra. Schließlich entschieden sie sich aber für einen Namen, der mit A beginnt, weil der leichter zu finden ist.

Die künftige Schriftstellerin schaffte es, vier Kinder – drei Jungen und ein Mädchen – großzuziehen, während sie neben Jeff die treibende Kraft der Plattform war, die rapide wuchs. Bei ihrer Scheidung 2019 erkannte Jeff ohne Weiteres an, dass sie es verdiente, ein Viertel der Amazon-Aktien aus seinem

Besitz übertragen zu bekommen, das heißt 4 % des Unternehmens. Das waren 35 Milliarden Dollar. Die verteilt sie heute an verschiedene karitative Initiativen, und sie will das bis zum letzten Cent tun.

125 aufgekaufte Start-ups

Jeff Bezos gehört zu den wenigen Internetgründern, die den Börsenkrach der neuen Wirtschaft 1999/2000 überlebt haben. Amazon, das 1994 offiziell gegründet worden ist, ging 1997 an die Börse, bereits einige Jahre früher als Google oder Facebook. Wie die anderen Riesen hat Bezos seine Tätigkeit mit einem einzigen Sektor begonnen: Der Onlinebuchhandel war für ihn, was die Suchmaschine für Google oder das erste soziale Netzwerk für Facebook war. Später hat er dann seine Geschäftstätigkeit auf alles ausgeweitet, das sich aus der Ferne verkaufen lässt: Spielzeug, Bastelartikel, Kleidung, elektrische Haushaltsgeräte und so weiter. Das Reich ist entstanden durch den Aufkauf von 125 Firmen aller möglichen Größen, von Internet-Start-ups bis zu dem Lebensmittelhändler Whole Foods Market, den Amazon für 13,7 Milliarden Dollar gekauft hat. Durch Akquisitionen, Partnerschaften und internes Wachstum ist der Konzern vom bloßen Internetbuchhändler zur größten Plattform des Internethandels weltweit geworden.

Amazon hat zehn Jahre gebraucht, bis es Geld verdiente. Doch während das Unternehmen noch Defizite anhäufte, streckte es krakenartig seine Arme in alle – kaufkräftigen – Ecken der Welt aus, und sein Börsenwert wuchs unaufhaltsam. Denn Jeff Bezos konnte die Geldgeber überzeugen, dass das Unternehmen mit der Vervielfachung der Bestellungen und dem Heranwachsen einer treuen Kundschaft sehr profitabel werden würde. Anders gesagt: dass die schiere Masse am Ende zur Amortisierung der Fixkosten führen würde. Und eines Tages, wenn er alle oder beinahe alle seine Konkurrenten aus dem Feld geschlagen haben würde, könnte er höhere Preise verlangen und viel Geld verdienen. Gesagt, getan.

Die Buchhändler und alle seine anderen »physischen« Konkurrenten, die rentabel zu wirtschaften hatten, um überleben zu können, mussten ohnmächtig dem unaufhaltsamen Aufstieg des defizitären Riesen zuschauen. Amazon erweitert seine Angebotspalette, schafft eine Plattform, die alles verkaufen kann, und etabliert nach und nach sein Monopol. Es handelt sich nicht um ein Monopol im juristischen Wortsinn – jeder kann ja zu der Buchhandlung oder dem Lebensmittelhändler in seinem Wohnviertel gehen, wenn es die noch gibt –, doch Amazon hat dadurch, dass es seine Konkurrenten ausgekauft oder erstickt hat, eine derart hegemoniale Stellung erworben, dass es niemanden mehr gibt, der nicht auch bei Amazon kauft. Sein herkulisches Ziel rückt näher: den Handel auf der ganzen Welt zu beherrschen und zu kontrollieren, der Mittler zwischen allen Käufern und Verkäufern auf der Erde zu sein.

Amazon ist heute nicht nur die Nummer eins des weltweiten Internethandels; es ist ein Weltreich. Ein Multi, der so mächtig geworden ist, dass sein Chef inzwischen den Kapitalismus revolutionieren und »die Welt retten« will.

Der intellektuelle Geek mit seinem zunehmend kahlen Kopf, der sich so kleidet, dass seine Freunde ihm schon einmal vorgeworfen haben, er kaufe seine Kleider wohl in einem Computerladen, ist nach und nach zu einem selbstbewussten Konzerndirigenten geworden, der über eines der größten Vermögen der Welt verfügt. Je nach Situation an der Börse nimmt es den ersten bis dritten Platz ein, zusammen mit Elon Musk und Bernard Arnault. Mit 1,6 Millionen Beschäftigten ist Amazon der zweitgrößte Arbeitgeber weltweit. Diese Beschäftigten erledigten zumeist extrem taylorisierte Aufgaben, Jobs »von Maschinen, die von Maschinen kontrolliert werden«, und seine Warenlager werden in den Ländern angelegt, die die günstigsten Bedingungen dafür bieten.

Wie Zuckerberg oder Musk verhandelt er von Gleich zu Gleich mit den Regierungschefs, und zwar durchaus nicht nur, weil er Beschäftigung und wirtschaftliche Aktivität mitbringt – schließlich haben manche Forscher ausgerechnet, dass er mehr Beschäftigung zerstört als schafft, bei den Buchhändlern, im Elektrofachhandel, bei den Kaufhäusern …

Trump verzichtet darauf, sich an ihm zu rächen

Wie alle GAFAM-Unternehmen hat auch Bezos ein System der konzerninternen Geldflüsse etabliert, in dem Steuerparadiese und die westlichen Länder mit den niedrigsten Steuersätzen genutzt werden, um so wenig Steuern wie möglich zu zahlen. Oder gar keine. Einer Untersuchung von ProPublica zufolge soll Jeff Bezos zwischen 2007 und 2011 keinerlei amerikanische Bundessteuern gezahlt haben, da er größere Kosten durch Investitionen als jährliche Einnahmen angegeben habe. Dieselbe Quelle gibt auch an, er habe 2011 sogar einen Steueraufschub von 4000 Dollar für seine Kinder erreicht.

Bevor er 2016 zum Präsidenten gewählt wurde, polemisierte Donald Trump gegen den Riesen aus Seattle: »Wenn Amazon vorschriftsmäßig Steuern zahlte«, twitterte er, »würde sein Börsenwert dahinschmelzen und das Unternehmen wie ein Kartenhaus zusammenbrechen.« Jeff Bezos antwortete darauf: »Wir werden für Mr Trump immer einen Platz auf unserer *Blue-Origin*-Rakete freihalten – #wir schicken Donald ins All.« Trumps Replik ließ nicht auf sich warten: »Verlasst euch drauf, wenn ich Präsident werde, oh, dann wird er Probleme bekommen.« Bezos: »Diese Person ist eine Gefahr für die Demokratie.«

Am Ende ist Donald gewählt worden … und die beiden Männer haben ihre Beziehungen normalisiert. Bezos beglückwünschte ihn zu seinem Sieg und war nicht weiter beunruhigt. Weder wegen der Steuern, die er trickreich weiter vermied, noch wegen des Missbrauchs seiner marktbeherrschenden

Stellung. Und das, obwohl er, direkt oder indirekt, für das Verschwinden von Millionen kleiner Läden und das großer Marken verantwortlich war, die gemeint hatten, mit ihm koexistieren zu können.

Der Fall von Toys "R" Us ist zweifellos der aufschlussreichste. 1999 ist Amazon bloß ein Onlinebuchhändler, der versucht, sein Angebot zu erweitern. Spielzeug scheint ein gutes Segment zu sein. Es fängt an, mehrere Fabrikate zu listen, hat aber schon sehr schnell nicht genug auf Lager. Jeff Bezos beginnt deshalb, seine Pokémon-Karten und seine Mattel-Hunde bei Toys "R" Us zu kaufen, der mächtigen Firma mit 1600 Läden weltweit. Dabei verliert er natürlich Geld, denn er muss die Spielzeuge zu dem Preis verkaufen, zu dem er sie gekauft hat; außerdem muss er für die Transportkosten aufkommen. Aber er gewinnt 3 Millionen neue Kunden: Das ist es, was ihn mittelfristig interessiert. Toys "R" Us wiederum freut sich über den neuen Absatzmarkt, denn seine eigene Website ist nicht besonders gut, und sein Chef John Eyler glaubt nicht daran, dass das Web eines Tages ein ganz wichtiger Absatzkanal werden würde. Er glaubt, Kunden würden Spielzeug nur kaufen, wenn sie es auch anfassen könnten. Das war sein erster großer Fehler.

Der zweite Fehler ist ein strategischer: Eyler unterschreibt einen Vertrag mit Amazon, in dem er sein Unternehmen zu dessen offiziellem Spielzeuglieferanten macht. Am 10. August 2000 geben Jeff Bezos und John Eyler das offiziell bekannt: Gemeinsam würden sie jeweils »die erste Website für Spiele in der Welt« und »der größte Spielzeughändler der Welt« sein. Der Vertrag legt fest, dass die Spielzeugmarke ihre eigene Website aufgibt und Amazon jährlich 50 Millionen Dollar zahlt, zusätzlich zu der Kommission, die der Vertreiber von ihm für jeden Verkauf verlangt. Das alles kommt John Eyler recht vernünftig vor.

Bezos killt Toys "R" Us

In Wahrheit ist er in eine Falle gegangen. Denn da Amazon jetzt immer mehr Spielzeuge online verkauft, sammelt es immer mehr Daten, mit deren Hilfe es am Ende den Sektor beherrschen wird: natürlich die Kundenkontakte, aber auch Hinweise darauf, welche Produkte sich am besten verkaufen und wie sich das über die Jahreszeiten verteilt, auf die Einkaufsmöglichkeiten, die Verkaufsargumente, die Effizienz dieser oder jener Werbemaßnahme und so weiter. Kurz, Amazon kann die Waffen schärfen, die ihm eines Tages erlauben werden, ohne seinen Partner auszukommen. Und um noch einen draufzusetzen, lädt Bezos Dutzende weiterer Spielzeugfabrikanten auf seinen Marktplatz ein, denn der Vertrag verbietet das nicht.

2004 begreift Toys "R" Us, dass es auf einen Kuhhandel hereingefallen ist und rundherum verloren hat. Es kündigt den Vertrag, zieht vor Gericht und erreicht ... eine Entschädigung von 51 Millionen Dollar. Peanuts. Es versucht wieder unabhängig zu werden und seinen eigenen Internetshop aufzumachen, doch dafür ist es zu spät: 2009 verkauft Amazon schon doppelt so viel Spielzeuge wie das Spielzeugunternehmen! 2018 muss Toys "R" Us Konkurs anmelden.

Was ist der Kniff in der Konstruktion, der normale Konkurrenz ausschließt und Jeff Bezos' Firma so unwiderstehlich macht? Ganz einfach: Amazon ist zugleich Partei und Richter – es ist sowohl ein Marktplatz, das heißt Handelsplattform für Verkäufer von außerhalb, als auch selbst Verkäufer, denn es verkauft direkt. Hunderte von Händlern, die Amazon vertraut haben, sind verdrängt worden, wenn eines ihrer Produkte sich besonders gut verkaufte: Die gigantische Plattform nahm dann Kontakt zu ihrem Lieferanten auf und verkaufte das Produkt an ihrer Stelle direkt. Freilich, Europa hat wegen solchen Verhaltens, das das freie Spiel der Konkurrenz behinderte, Strafen verhängt. Gegen den Konzern wurden drei Anti-Trust-Ermittlungen angestellt, und Amazon zog es im Dezember 2022 vor, eine Vereinbarung mit der Europäischen Union zu schließen, um einer Strafe zu entgehen, die bis zu 10 % seines Weltumsatzes (das waren 2022 über 500 Milliarden Dollar) hätte betragen können.

Im ersten dieser Fälle wurde das Unternehmen angeklagt, »seine Größe, seine Marktmacht und die von ihm gesammelten Daten einzusetzen, um vorzugsweise seine eigenen Produkte und Dienstleistungen zu fördern«. Anders gesagt, es missbrauche die Informationen von Händlern auf seinem Marktplatz. Jeff Bezos knickte ein; er sicherte zu, nicht länger die Daten der Verkäufer auf seiner Plattform zu nutzen, um sein eigenes Angebot zu verbessern. Im zweiten Fall ging es darum, dass Amazon bei Suchen auf seiner Plattform die eigenen Produkte auf der Startseite als Top-Angebote eher als die anderer Verkäufer anbot, auch wenn Letztere für die Käufer günstiger waren. Europa verlangte die Gleichbehandlung aller Anbieter. Jeff Bezos akzeptierte, eine zweite Kaufoption für Konkurrenzprodukte einzurichten für den Fall, dass ein Amazon-Produkt als erste Wahl erschiene. Die dritte Klage betraf die Logistik. Bis heute sind die Verkäufer, deren Waren von Amazon als »Prime« gelabelt werden, gezwungen, die Logistik des Bezos-Konzerns zu nutzen. Künftig werden sie ihre eigenen Logistik- und Transportmöglichkeiten nutzen können.

Aber nicht nur Europa ist ihm auf den Fersen: Auch die Federal Trade Commission (FTC), eine der beiden amerikanischen Institutionen, die über die Konkurrenz wachen, und die für 17 Bundesstaaten zuständig ist, verkündete am 26. September 2023, sie gehe gegen Amazon wegen Missbrauchs einer marktbeherrschenden Stellung vor. Sie klagt das Unternehmen an, die Konkurrenz zu blockieren, damit ein Monopol zu errichten und so alle Möglichkeiten zu bekommen, die Preise aufzublasen, die Produktqualität zu mindern und Neuerungen zu ersticken. Ein Beispiel: Amazon platziert auf seiner Website Konkurrenzprodukte schlecht, wenn sie weniger teuer sind …

Seine Leidenschaft: der Gesundheitsmarkt

In nur zwei Jahrzehnten ist die kleine Onlinebuchhandlung mit mehr oder weniger legalen Methoden zu einem Weltreich des Handels, der Informatik und der Unterhaltung geworden. Doch Jeff Bezos hat das Bedürfnis, weiterzugehen. Er hat Märkte angegriffen, die zuvor als »unberührbar« galten, weil sie reglementiert waren oder von »allgemeinem Interesse« sind, wie das Gesundheitswesen. Er träumt davon, jede Etappe der Gesundheitsfürsorge neu zu erfinden, von der Krankenkasse bis zur Lieferung der Medikamente nach einem Besuch beim Arzt oder bei der Physiotherapie … Er hat den Ehrgeiz, zu Doctolib hoch zehn zu werden, der einen so gut wie sofortigen Besuch beim Arzt garantiert, live oder, wenn das genügt, als Onlinediagnose, er stellt sich vor, dass Lieferwagen herumfahren, die hinreichend für die grundlegenden Untersuchungen (Blutdruck messen, EKGs, Röntgen …) ausgestattet sind; danach würde er in wenigen Stunden die Medikamente liefern, denn das ist sein eigentlicher Beruf. Alle diese »Bausteine« gibt es noch nicht, doch unschwer lässt sich das Grundmuster erkennen, von dessen Umsetzung Amazon anscheinend träumt. Wie die meisten Tech-Barone ist Bezos Anhänger des *fail fast, learn fast*: Je schneller etwas bei dir schiefgeht, desto schneller lernst du dazu. Keine großen Erfolge ohne Fehlschläge.

Jeff Bezos hat mit der Krankenversicherung begonnen, indem er 2018 zusammen mit Jamie Dimon, dem CEO von JP Morgan, und Warren Buffet, dem Chef von Berkshire Hathaway, Haven gründete, eine Non-Profit-Organisation. Die Gesellschaft sollte den Angestellten ihrer Firmen ein neues System der Gesundheitsfürsorge anbieten; sie testete

»neue Formen eines vereinfachten Zugangs zur medizinischen Grundversorgung, um die Leistungen der Versicherung einfacher verständlich und einfacher nutzbar zu machen und die Medikamente erschwinglicher«. Das Experiment endete als Fehlschlag; Haven musste schließen.

Ebenfalls hat der Konzern Amazon Care gestartet, einen Online-Medizindienst, der zunächst nur für seine Angestellten im Staate Washington zugänglich war, dann für alle Unternehmen der Region und schließlich im ganzen Land, bevor er dann 2022 aufgegeben wurde. Er bot die Möglichkeit an, in einem Sofortdienst mit Gesundheitsprofis zu sprechen, sich einer Onlinekonsultation zu unterziehen und eine Krankenschwester zu rufen ... Die nächste Stufe bestand darin, dass man zu den Kranken, die weiterer Untersuchungen bedurften, einen Lieferwagen mit den nötigen Geräten schickte. Und die verschriebenen Medikamente im Handumdrehen lieferte.

Es war nicht schwer sich vorzustellen, wie es weitergegangen wäre: Amazon hätte als Monopolist darüber entscheiden können, welche Community, welche Wohngegend, welche Krankheit bevorzugt behandelt werden sollte, welche Patienten die letzten Einheiten eines nicht mehr verfügbaren Medikaments erhalten sollten, und es hätte Preise verlangen können, deretwegen Gesundheit nicht mehr für alle erschwinglich gewesen wäre. Glücklicherweise ist es dazu nicht gekommen: Der Test mit Amazon Care ist weder für die Nutzer noch für die Profite von Amazon befriedigend verlaufen, und Jeff Bezos hat Ende 2022 entschieden, ihn zu beenden.

Allerdings hat er noch einen Fuß in der Tür bei der Belieferung mit Medikamenten und bei der Onlinemedizin. Der Riese des E-Commerce hat nämlich ein Online-Apotheken-Start-up gekauft, PillPack, das in Amazon Pharmacy umbenannt wurde. Dieser Service erlaubt es Mitgliedern von Amazon Prime, sich kostenfrei in nur wenigen Stunden Medikamente liefern zu lassen, nicht selten zu reduzierten Preisen. Außerdem hat Amazon 2022 One Medical gekauft, ein großes Netzwerk von Kliniken und Arztpraxen. Das Ziel: Zeitgewinn für die Patienten. Für 200 Dollar jährlich wird einem auch hier wieder eine schnelle Sprechstunde im Netz garantiert, ein »Chat« mit Gesundheitsprofis 24 Stunden am Tag, und man wird beraten, wie man sich in dem recht komplexen amerikanischen Gesundheitssystem zurechtfinden kann oder auch, worauf man beim Abschluss einer Krankenversicherung achten soll ... Doch dieses Abonnement kommt noch zu den Gesundheitskosten hinzu, die sich bereits für jeden amerikanischen Haushalt auf etwa 12 500 Euro jährlich belaufen.

Sein wirkliches Geschäft? – Die Daten

Trotz seiner nicht zielführenden Versuche – die er unter *test and learn* abspeichert, nur als weiteren Schritt zum perfekten Produkt, so wie bei Musk mit seinen Raketen – hat Amazon weiter große Ambitionen im Gesundheitssektor. Da es auf verschiedenen Gebieten aktiv ist, verfügt es bereits über wertvolle Informationen über Konsumgewohnheiten und das Netzwerk der Gesundheitsprofis. Doch sein Eindringen in das Gesundheitswesen könnte sich für die persönlichen Freiheiten als noch gefährlicher erweisen als auf anderen Gebieten. Denn das, was die Firma interessiert, sind wie immer die Nutzerdaten, und auf die hat es grenzenlosen Appetit.

Nun sind aber Gesundheitsdaten besonders sensibel. An dem Tag, an dem eine Versicherung die genauen Risiken eines jeden Kunden kennt (seine chronischen Leiden, seine familiäre Vorbelastung, aber auch seinen Tabak- und Alkoholkonsum, seine Ernährungsgewohnheiten und so weiter), können wir uns von der Gleichbehandlung der Bürger bei den Krankenkassen verabschieden. Deutlicher gesagt: die potenziell Kranken werden mehr bezahlen müssen als die anderen. Und sie werden weniger Chancen bei einer Bewerbung haben, wenn Amazon ihr Risikoprofil den potenziellen Arbeitgebern mitteilt, während ihre Kinder es schwerer finden werden, auf die Schule zu kommen, von der sie träumen. Denn natürlich würde Amazon die Gesundheitsdaten allen verkaufen, die sich dafür interessieren könnten – Versicherer, Banken, Arbeitgeber …

Paradoxerweise ist es nicht der Verkauf von Waren im Internet, sein ursprüngliches Geschäft, der Amazon am meisten einbringt, auch wenn das Unternehmen 5 Milliarden Päckchen und Pakete jährlich ausliefert. Seine Goldmine ist die Nutzung der Kundendaten. Wie auch Facebook und Google verkauft Amazon diese Daten an Werbende. Die dafür bezahlen, dass sie zielgerichtete Werbung an Interessierte schicken können. Und die bereit sind, immer mehr dafür zu zahlen: Die Einnahmen aus der Werbung sollten 2023 für Amazon fast 45 Milliarden Dollar betragen, gegenüber 39 Milliarden im Jahre 2022. Das heißt 7,5 % der weltweiten Einnahmen aus Internetwerbung.

Doch was Amazon zu einer regelrechten *cash machine* macht und dem Unternehmen auch nicht rentable Aktivitäten erlaubt (mit denen es auf unlautere Weise mit gegnerischen Firmen konkurriert), das ist seine zweite Hauptaktivität, die auch wieder mit Daten zu tun hat: die Cloud, das heißt die Nutzung der bei seinem Subunternehmen Amazon Web Services (AWS) ausgelagerten Computerdaten. AWS ist ein Spezialist des *cloud computing*, der Speicherung und Onlinenutzung von Daten. Diese neue Industrie hat Amazon erfunden. Die Idee entstand 2006, an einem Tag, als Jeff Bezos mit seinem Team überlegte, wie sie die Kosten der riesigen *data centers* reduzieren könnten, dank deren die E-Commerce-Plattform funktionierte.

Die Cloud, seine Cashcow

Einer seiner engsten Mitarbeiter, Andy Jassy, hat nun eine ganz unorthodoxe Idee: Wie wäre es, wenn man, statt zu versuchen, die Kosten zu senken, die Einnahmen erhöhte? Jassy hatte verstanden, dass die Entwicklung eines Hochleistungs-Internets dabei war, die Art zu verändern, wie Unternehmen funktionierten: Weil man aus der Entfernung auf andere Computer zugreifen kann, lässt sich die Speicherung und Verarbeitung von Daten auslagern. Unterschiedliche Unternehmen, die zu unterschiedlichen Uhrzeiten aktiv sind, können sich also die Kapazitäten derselben Server teilen. Damit hatte Amazon ein neues Geschäftsmodell erfunden: die *location* ihrer digitalen Infrastruktur. Jeff Bezos wird nun seine riesigen Serverkapazitäten mit anderen Unternehmen teilen und ihnen die Speicherung, aber auch die Verarbeitung der Daten – seine Spezialität – in Rechnung stellen. Netflix, Airbus, Engie und sogar Radio France oder Axa haben gemeinsam, dass sie ihre Informatik – das heißt ihre Daten, das Herz ihrer Aktivitäten – AWS anvertrauen. Umso schlechter für ihre Unabhängigkeit.

Andere amerikanische Unternehmen mit gewaltigen Informatikkapazitäten beeilten sich, Amazon nachzueifern: voran Microsoft (mit Microsoft Azure), dann Google (mit Google Cloud). Die europäischen Unternehmen haben also die Wahl zwischen mindestens drei großen – amerikanischen – Anbietern. Die Amerikaner mögen ja unsere Verbündeten sein, doch unsere wirtschaftlichen Interessen unterscheiden sich oft; wir haben nicht dieselben Vorstellungen vom Schutz der Privatsphäre; außerdem ist die Extraterritorialität des amerikanischen Rechts (das heißt seine Anwendung außerhalb des amerikanischen Staatsgebiets, wenn ein Geschäft in Dollars getätigt wird) ein echtes Hindernis.

Der von der Trump-Regierung 2018 angenommene *Cloud Act* erlaubt es den amerikanischen Behörden beispielsweise, bei einer Strafverfolgung legal und ohne eine vorhergehende Prozedur alle Daten abzuschöpfen, die »die öffentliche Ordnung bedrohen« könnten. Diese Abschöpfung kann in den Vereinigten Staaten geschehen, aber ebenso auf europäischem Boden, und das stellt einen bewussten Angriff auf unsere Souveränität dar. Indem wir die Vorherrschaft einer nichteuropäischen Cloud zulassen, lassen wir es zu, dass die Amerikaner in der digitalen Welt unsere Werte bedrohen, und unsere Ablehnung des Überwachungskapitalismus verkommt zur bloßen Pose. Mit der Erfindung der gemeinsam genutzten Cloud hat Amazon eine neue Form der Abhängigkeit der europäischen Unternehmen erfunden. Und wieder einmal ein Gebiet, auf dem ein Milliardär mächtiger ist als ein Staat.

Gewiss, die europäischen Regierungen haben versucht, eine europäische Alternative zu AWS zu finden. Sie wollten eine zu 100 % europäische Cloud auf den Weg bringen. Aber sie mussten aufgeben angesichts der Schwierigkeit des Unternehmens, der Kosten der Operation und der Tatsache, dass wir Europäer nicht über alle nötigen technologischen »Bausteine« verfügten. Sie setzten stattdessen auf Behelfslösungen. So hat Frankreich das Prinzip einer »Cloud des Vertrauens« und die Zertifizierung »SecNumCloud« eingeführt, was hier zu kompliziert zu beschreiben wäre … und mit Sicherheit nicht zu Ende gedacht ist.

Nebenbei bemerkt hat AWS von der ukrainischen Regierung einen »nationalen Friedenspreis« zugesprochen bekommen, weil es der Ukraine Computerkapazitäten und *cloud computing* zur Verfügung gestellt hat, was während des russischen Angriffskriegs von grundlegender Bedeutung ist.

Andy Jassy, der Mann der Cloud, hat 2021 die Nachfolge von Jeff Bezos an der Spitze des gesamten Amazon-Konzerns angetreten, darunter auch der neuesten Aktivitäten wie die bei der generativen künstlichen Intelligenz (also Ähnlichem wie ChatGPT), die ein sehr expansiver Sektor ist. Das Unternehmen aus Seattle hat zwei Programme entwickelt, »Trainium« und »Inferentia«, die Sprachmodelle trainieren können und sie funktionieren lassen. Auch hat es »Code Whisperer« entwickelt, ein Programm, das Entwicklern Programmzeilen vorschlägt, sodass sie Zeit gewinnen. Vor allem aber hat es in eine der führenden Firmen für generative KI investiert, Anthropic, zu dem es 4 Milliarden Dollar beitragen will.

Er spielt in *Star Trek* mit

Unterdessen widmet sich der Gründer seinen verrückten Projekten. Jeff Bezos ist berühmt genug geworden, um seine Kindheitsträume wahr werden lassen zu können: Er hat acht Sekunden in *Star Trek Beyond* mitgespielt, als Alien kostümiert. Er ist reich genug, um alle seine neuen Leidenschaften ausleben zu können. Als reichte es nicht, eine superriesige Yacht zu besitzen, hat er das Konzept einer doppelten Riesenyacht erfunden, einen Wahnsinn, der 2,5 Milliarden Euro gekostet hat: die *Koru*, einen 127 Meter langen Dreimaster, dem stets die *Abeona*, 75 Meter, folgt, die den Hubschrauber, die Beiboote und die Vorräte trägt … Er ist mit seiner Familie auch in ein U-Boot gestiegen, um nach den Überbleibseln von NASA-Raketen im Ozean zu suchen, nachdem er eine Expedition finanziert hatte, die die Skelette der *Saturn-V*-Raketen der Apollo-Mission bergen sollte. Diese Reste sind jetzt im Museum of Flight südlich von Seattle ausgestellt. Ein anderes verrücktes Projekt bestand darin, dass der Milliardär 42 Millionen Dollar dafür verwendet hat, in Texas eine riesige Uhr konstruieren zu lassen, die mit dem Zenit der Sonne synchronisiert ist, der 10 000 Jahre unverändert bleiben wird. Und im Juni 2021 ist er in seiner eigenen *Blue-Origin*-Rakete selbst zum Astronauten geworden und hat damit die Ära des Weltraumtourismus eingeläutet.

Dieser gänzlich autonome Flug in der Rakete *New Shepard* hat ihn 107 Kilometer von der Erde fortgeführt, bis jenseits der Kármán-Linie, die von der internationalen Luftfahrtföderation als die Grenze zwischen Erdatmosphäre und dem Rest des Universums anerkannt wird. Zusammen mit seinem Bruder Mark, mit Wally Funk, dem mit 82 Jahren ältesten Astronauten der Geschichte, und Oliver Daemen, einem 18-jährigen Niederländer, dem ersten zahlenden Passagier von *Blue Origin* und jüngsten Astronauten der Geschichte, konnte er den blauen Planeten und das tiefe Schwarz des Weltraums durch große Kuppelfenster bewundern. Nach ein paar Minuten Schwerelosigkeit fiel die Kapsel im freien Fall wieder zur Erde, bevor ihre riesigen Fallschirme und der Landemotor für eine sanfte Landung in der Wüste sorgten.

Der erste Weltraumtourist

Als er aus dem Modul ausstieg, trug Jeff Bezos einen Cowboyhut ... und bedankte sich bei allen Mitarbeitern und allen Kunden von Amazon: »You guys paid for all of this.« Dieser Hinwies darauf, woher er all sein Geld hat, reichte aus, um in den Social Media einen Shitstorm von denen auszulösen, die der Meinung waren, dass angesichts der Arbeitsbedingungen und des Lohnniveaus bei Amazon es in der Tat die Mitarbeiter sind, die mit ihrem Schweiß und ihrem niedrigen Lebensstandard die suborbitalen Abenteuer ihres Bosses bezahlen. Wütend war auch eine andere Bevölkerungsgruppe: die Klimaschützer, die daran erinnerten, dass solche bemannten Raumflüge eine Katastrophe für unseren Planeten sind. Unverdrossen empfahl Bezos unterdessen, dass jeder doch einmal die Erde aus dem Weltraum betrachten möge, um festzustellen, wie fragil sie doch sei.

Der Milliardär hatte gewiss nicht das Gefühl, mit diesem Ausflug über die Grenzen der Erdatmosphäre ein allzu großes Risiko einzugehen. Allerdings fing eine der folgenden *Blue*

Shepards beim Flug mit mehreren Touristen an Bord Feuer. Glücklicherweise konnte die Kapsel sich von der brennenden Trägerrakete lösen und mit ihren Passagieren, die außer dem Schreck keinen weiteren Schaden nahmen, wassern. Beim fünften Start war der Geschäftsmann Hamish Harding für einen zehnminütigen Flug an Bord; derselbe Hamish Harding starb wenig später bei der Implosion der *Titan*, des »zusammengebastelten« Tauchboots, das das Wrack der *Titanic* in 4000 Metern Tiefe besuchte ...

Zu Bezos' nützlicheren und früher Staaten vorbehaltenen Projekten gehört die Entsendung von Telekommunikationssatelliten in niedrige Erdumlaufbahnen: Sein System *Kuiper* ist dabei, ebenso wie Elon Musks *Starlink*, dieses neue Feld zu erobern, das ihnen überlassen zu haben Europa eines Tages bereuen wird. Bis 2026 möchte Bezos 600 Satelliten starten, mittelfristig mehr als 3000. Musk wird nicht in »seine« Weltraumzone eindringen dürfen, die sich in etwa 600 Kilometern Höhe befindet.

Jeff Bezos ist einer der Tycoons, die am besten Versteck gespielt haben, denn scheinbar interessierte er sich ja nur für die Verteilung von Waren, während er dort investierte, wo niemand es vermutete. Die neuen Leidenschaften des Finanziers gelten dem Transhumanismus, ebenso wie die der anderen »systemrelevanten« Milliardäre: Er möchte so etwas wie eine »Unsterblichkeit des Kollektivs« erfinden mit seinen gigantischen Raumkapseln. Doch zuletzt hat er sich – altersgemäß? – auch für die individuelle Unsterblichkeit interessiert.

Er ist durch die Forschungen an einem »erweiterten« Menschen motiviert: Ohne das groß an die Öffentlichkeit zu bringen, setzt er an der Seite seines Freundes Bill Gates auf die zerebralen Implantate der Firma Synchron.[5] Das Vorgehen von Tom Oxley, dem Gründer von Synchron, ist sehr viel weniger invasiv als das von Neuralink, der Firma von Elon Musk. Synchron öffnet nicht das Gehirn des Versuchstiers, sondern führt die Prothese über eine Vene am Hals bis in ein Blutgefäß in der Nähe der Großhirnrinde. Das Verfahren ist vergleichbar mit dem, das zur Behandlung von Koronarerkrankungen ein Stent gesetzt wird.

Dieses drahtlose Implantat kann Nervensignale interpretieren und so die Steuerungsimpulse des Gehirns erkennen. Patienten mit schweren Lähmungen sollen dadurch in die Lage versetzt werden, mit ihren Gedanken einen Computer zu steuern. 2021 war Synchron das erstes Start-up, das von der FDA (Food and Drug Administration) grünes Licht dafür bekam, mit klinischen Versuchen zu beginnen.

Tom Oxley hat jedenfalls von der Verachtung profitiert, die sowohl Bill Gates als auch Jeff Bezos gegenüber Elon Musk pflegen. Gates wird von Musk auf Ex-Twitter regelmäßig attackiert – im Zusammenhang mit der Besiedlung des Mars, mit Covid-19 oder den Kryptowährungen und weil er einmal Optionen verkauft hat, die auf eine Schwäche der Tesla-Aktien wetteten. Elon hat sich auch über Bills Bauch lustig gemacht, indem er das Emoji eines schwangeren Mannes postete. Und Bezos ist Musks direkter Konkurrent bei Aufträgen der NASA für Satelliten in niedrigen Erdumlaufbahnen, Aufträgen, bei denen sie sich abwechselnd ausstechen. Musk behauptet sogar, dass Bezos sich nur aus der Führung von Amazon zurückgezogen habe, um sich besser auf die Prozesse konzentrieren zu können, die er gegen ihn anstrengt.

Er sucht nach dem Schlüssel zum ewigen Leben

Auch Jeff Bezos ist also zum Kreuzzug gegen die Zeit aufgebrochen, um das Geheimnis des ewigen Lebens zu finden. Zwischenziel: die Verlängerung des menschlichen Lebens durch eine Umkehr des Alterungsprozesses. Bislang war sein Engagement auf diesem Gebiet weniger öffentlich als das von Sergey Brin und Larry Page, die verkündet haben, »den Tod töten« zu wollen. Doch im Januar 2022 machte das von dem russisch-israelischen Milliardär Yuri Milner gegründete amerikanische Start-up Altos Labs öffentlich, dass es dank einer Finanzierung von Bezos ein Forschungslabor im Vereinigten Königreich eröffnen werde. Das Biotechnologie-Unternehmen arbeitet an der Umprogrammierung von Zellen, einer Technik der »zellulären Verjüngung«, die von dem japanischen Mediziner Shinya Yamanaka erfunden worden ist. Dieser Forscher, der 2012 mit dem Nobelpreis ausgezeichnet worden ist, hat nachgewiesen, dass man durch die Injektion von vier Proteinen gealterten Zellen wieder alle Eigenschaften von embryonalen Stammzellen verleihen kann. Kurz, es geht um ein Verjüngungselixier.

Yamanaka hat die Präsidentschaft im wissenschaftlichen Beirat von Altos Labs übernommen. Das Unternehmen verfügt über eine Finanzierung in Höhe von 3 Milliarden Dollar und ein echtes Dream-Team mit drei weiteren Nobelpreisträgern: Jennifer Doudna, die zusammen mit Emmanuelle Charpentier die berühmte »molekulare Schere« CRISPR-Cas9 entwickelt hat, mit der man die DNA zerschneiden kann; Frances Arnold, die revolutionäre Arbeiten in der Biochemie von Enzymen begründet hat; und David Baltimore, dessen Arbeiten über Krebs und die Genetik von Viren spektakuläre Fortschritte in der Medizin ermöglicht haben. Diese Koryphäen der Wissenschaft können sich auf eine ganze Armee von hochqualifizierten Forschern stützen: Spezialisten der biologischen Grundlagenforschung, Biochemikerinnen, Spezialisten für das Bio-Ingenieurswesen, KI-Profis und solchen für Datenverarbeitung …

Das Start-up beginnt damit, seine Technologie anhand von Zell-»Paketen« zu entwickeln und bereits identifizierte Kollateralschäden zu untersuchen (behandelte Mäuse neigen dazu, sehr aggressive Krebsarten zu entwickeln). Die Firma hofft mittelfristig darauf, das menschliche Leben um ein halbes Jahrhundert verlängern zu können. Um Forscher anzuziehen und zu motivieren, bietet es ihnen ein Jahresgehalt von einer

Million Dollar. Das ist der Vorteil davon, über unbegrenzte Mittel für seine Leidenschaften verfügen zu können: Wer liebt, zählt nicht.

Eine Gesellschaft mit zwei Geschwindigkeiten

Der Erste zu sein, der herausfindet, wie man die Verjüngung von Zellen erreichen kann, würde mit Sicherheit auch bedeuten, dass man sehr, sehr viel Geld verdienen kann. Aber wäre das zu diesem Zeitpunkt nicht sekundär? Die Implikationen einer solchen Entdeckung sind derart schwindelerregend! Auch damit würden wir in eine dystopische Welt eintreten, in der die mächtigen ganz Reichen auf immer schön und gesund wären, während die Plebs sich weiter mit Krankheiten, Altern und Sterben herumschlagen müsste.

Am Ende seines letzten Briefs als Vorstandsvorsitzender an die Aktionäre spricht Bezos nicht von Amazon. Als befinde er sich bereits anderswo, beschäftigt er sich mit dem Thema, von dem er besessen ist, dem menschlichen Tod: »Unsere Körper beispielsweise sind zumeist wärmer als ihre Umgebung, und in kalten klimatischen Umgebungen müssen sie sich anstrengen, um diesen Unterschied aufrechtzuerhalten. [...] Wenn ihnen das nicht gelingt, sterben sie. Ganz allgemein gilt: Wenn Lebewesen nicht aktiv daran arbeiten, zu verhindern [dass die Körpertemperatur sich der der Umgebung angleicht], werden sie in ihrer Umgebung aufgehen und nicht länger als autonome Wesen existieren. Das ist, was eintritt, wenn sie sterben.«[6]

5. Kapitel

Bill Gates, der Retter der Menschheit

Der »Bill Chill«, das Erschauern, wenn Bill ins Spiel kommt[1], ist im engen Kreis der Entscheider über die Weltgesundheit ein Synonym für Selbstzensur. Bill, das ist Bill Gates, der über die von ihm zusammen mit seiner Frau Melinda gegründeten Stiftung wichtigste private Spender der WHO, der Weltgesundheitsorganisation. Wenn die Verantwortlichen der WHO es nicht wagen, Entscheidungen von Gates zu kritisieren, aus Angst, die Hunderte Millionen von Dollar, die er ihnen Jahr für Jahr überweist, zu gefährden, berufen sie sich auf den »Bill Chill«. Sie mucken nur ganz leise auf. Der Gedanke an Quentin Tarantinos *Kill Bill* steht nicht auf dem Programm.

Nachdem er der bekannteste Unternehmer der zweiten Hälfte des 20. Jahrhunderts war, ist Bill Gates im 21. Jahrhundert der starke Mann der Weltgesundheit geworden. Der Gründer von Microsoft, der aus der Leitung des Unternehmens ausgeschieden ist, aber ein Zehntel seiner Zeit noch immer darauf verwendet, seinen Nachfolger zu beraten, ist der großzügigste Philanthrop der Welt. Die Beiträge der Bill-und Melinda-Gates-Stiftung (die heute nur noch nach Bill heißt, denn Melinda ist 2024 aus der Stiftung ausgeschieden, um sich ihren eigenen Wohltätigkeitszielen zu widmen, d. Übers.), die etwa 10 % des WHO-Budgets ausmachen, übertreffen Jahr für Jahr die Beiträge der größten Staaten, wenn man einmal von Deutschland im Jahr 2021 und den USA 2019 absieht. Ihre Stiftung, bei der 1600 Mitarbeiter beschäftigt sind, erhält wiederum wirklich üppige Spenden: 50 Milliarden Dollar von Bills Freunden, insbesondere dem Milliardär Warren Buffett.

Diese karitativen Investitionen hindern den Unternehmer nicht daran, ganz allein über Anlagen zu verfügen, die ihn mit 114 Milliarden Dollar noch immer zum fünftreichsten Mann der Welt machen. Allerdings nicht mehr für lange, wenn man ihm glaubt, denn er will demnächst weitere 20 Milliarden seiner Stiftung schenken.

Dem Willen dieses Mannes ist es zu verdanken, dass die Kinderlähmung auf der ganzen Welt fast ausgerottet ist. Gewiss, die WHO hat schon seit 1988 gegen diese Geißel der Menschheit gekämpft. Doch der entscheidende Impuls kam von Gates – mit seiner Finanzierung, seiner Kreativität und seinen aus der Tech-Welt übernommenen Methoden. Dank den in den letzten 20 Jahren realisierten Impfprogrammen sind die Poliofälle um 99,9 % zurückgegangen, das heißt, von 350 000 Erkrankten auf … sechs registrierte Fälle in den 125 betroffenen Ländern im Jahr 2021.[2] Das ist erst das zweite Mal in der Geschichte, dass eine menschliche Krankheit so gut wie ausgerottet worden ist, seit den Pocken im Jahre 1980.

Dennoch wird die Einmischung von Gates kritisiert. Die Verantwortlichen zögen es vor, dass er seinen Obolus zahlt, ohne sich darum zu kümmern, wofür die Fonds genutzt werden, denn das ist eigentlich nicht sein Beritt. Er aber liebt es, jeden Aspekt der Programme, die er finanziert, zu beherrschen, denn er wünscht sich maximale Effizienz. Er wählt sich seine Ziele nicht zufällig: Er möchte zu konkreten messbaren Resultaten gelangen. Er steckt daher seine Nase in alles, verbringt einige Zeit vor Ort und sieht zu, dass die Maßnahmen ergriffen werden, die er für nützlich erachtet.

Er herrscht über die Weltgesundheit

Der zweite Kritikpunkt, der zum ersten hinzukommt, ist noch brutaler: Er wird angeklagt, die Entscheidungsgewalt bei der WHO »gekapert« zu haben. »Der größte Teil dessen, was die Gates-Stiftung bei der WHO finanziert, hat mit seinen eigenen Gewichtungen zu tun, was bedeutet, dass die WHO nicht mehr in der Lage ist, ihre Prioritäten in der Weltgesundheit selbst zu bestimmen«[3], kritisiert Linsey McGoey, eine Soziologieprofessorin an der Universität von Essex in England und Autorin eines Buchs über die Gates-Stiftung. Ein Beispiel: Die Stiftung finanziert zum großen Teil die internationale Impfallianz Gavi, an deren Schaffung sie beteiligt war, und ebenso die Koalition für Innovationen bei der Vorbereitung auf Epidemien (CEPI). Diese Verbände steuern unter der Schirmherrschaft der WHO das Programm COVAX. Der *New York Times* zufolge hätte die WHO gern die Kontrolle über diese Einrichtung übernommen, doch die Gates-Stiftung hat sich gegen sie durchgesetzt.

»Es ist im Interesse der Stiftung, schnelle Resultate präsentieren zu können, um die Effizienz der ›Philanthropie der Milliardäre‹ unter Beweis stellen zu können«[4], bemerkt McGoey und gibt zu verstehen, dass es Bill Gates offenbar vor allem um seinen guten Ruf geht. Sie gehört damit zu denen, die einen zeitlichen Zusammenhang – es geht um das Ende der 1990er Jahre – zwischen dem Urteil im Anti-Trust-Prozess gegen Microsoft und der Gründung der Stiftung sehen. Der in Redmond beheimatete Konzern wurde nicht zerschlagen, musste jedoch korrigierende Maßnahmen ergreifen und »Zeichen für Wohlverhalten setzen«.

Der letzte Kritikpunkt an dem ehemaligen Vorstandsvorsitzenden von Microsoft ist der, dass die Bill-Gates-Stiftung niemandem Rechenschaft schuldet im Unterschied zu den Mitgliedsstaaten der WHO, die ihre Bürger vertreten und damit ausnahmslos Wähler. Sie muss sich für nichts verantworten. Die Milliardäre machen mit ihrem Geld, was sie wollen, und niemand kann ihnen vorwerfen, dass sie es für diese oder jene Sache verwenden – dass sie, um es extrem vereinfacht auszudrücken, beschließen können, dass die Bevölkerung des Landes A vor der des Landes B geimpft wird, weil sie dort oft ihren Urlaub verbringen. Schließlich sind sie überhaupt nicht zum Geben verpflichtet, und alles, was sie geben, ist mehr, als es ihre Pflicht ist.

Eine Episode während der Covid-Epidemie hat zu weiteren Vorwürfen gegen den Milliardär geführt. Dabei geht es um seine Position in der Debatte über die Aufhebung der Patente der Big-Pharma-Konzerne auf die Impfstoffe auf der Grundlage von Messenger-DNA. Gates hatte dabei ein Wörtchen mitzureden: Schließlich hatte er mit seiner Stiftung die Forschung an dem Impfstoff und an der Behandlung von Covid-19 auf mehreren Etappen des Prozesses mitfinanziert. So hat er beispielsweise 2020 156 Millionen Dollar zusätzlich für die Finanzierung des COVAX-Programms überwiesen, 300 Millionen an das Serum Institute of India für die Produktion von 200 Millionen für Länder mit geringem Einkommen bestimmten Dosen, aber auch 15 Millionen an Novavax, 4 Millionen an Biological E. Ltd oder 3,6 Millionen an SB Bioscience.

Sollten die Patente auf die neuen Impfstoffe »geöffnet« werden, um die Produktion und Verteilung der Impfstoffe in den armen Ländern zu erlauben? Sollte man die Eigentumsrechte der Pharmafirmen an ihnen annullieren? Die Staaten hätten das beschließen können, mit dem Hinweis auf höhere Gewalt. Es heißt, Tedros Adhanom Ghebreyesus, der Generaldirektor der WHO, sei für die Aufhebung der Patentrechte gewesen. Doch Bill Gates war ganz entschieden dagegen. Und zwar aus gutem Grund: Es war das System des Schutzes von geistigem Eigentum, das es ihm erlaubt hat, mit den Programmen von Microsoft sein Vermögen zu machen.

Bill Gates war davon überzeugt, dass es eine kurzsichtige Entscheidung, ein *one shot*, gewesen wäre, den Pharmafirmen ihre Eigentumsrechte zu entziehen. Das heißt, er war sich sicher, dass beim nächsten Auftreten eines Virus die Staaten niemanden mehr finden würden, der so schnell und effizient ein revolutionäres Mittel dagegen fabrizieren könnte. Dies wurde durch die Lage in den nichtkapitalistischen Ländern bestätigt: In China oder in Nordkorea waren die von staatlichen Unternehmen wie Sinovac produzierten Vakzine nicht sonderlich effizient … und niemand konnte dort einen Messenger-DNA-Impfstoff entwickeln. Für Gates ist nichts so wertvoll wie das Gesetz des Markts. Nur die Aussicht darauf, ein Vermögen zu machen, kann die besten Gehirne dazu bringen, 24 Stunden am Tag – beinahe jedenfalls – an sieben Tagen in der Woche in einer Garage zu arbeiten, um nach sechs Monaten ein revolutionäres Produkt herauszubringen. Und nur die Logik des Markts und des Profits kann die pharmazeutische Industrie dazu bringen, sich mit diesen Start-ups zu verbünden und erhebliche Mittel dafür einzusetzen, dass der Impfstoff so schnell und so breit wie möglich verteilt werden kann.

Er verkörpert die amerikanische *soft power*

Während er sich gegen die Aufhebung der Patente eingesetzt hat, hat Bill Gates andererseits aber auch dafür gekämpft, dass die Länder mit geringem Einkommen sehr schnell über Impfstoff verfügen konnten. Er sammelte Spenden, um Dosen zu kaufen und breit zu verteilen. Er bemühte sich, die großen Hersteller davon zu überzeugen, Produkte zu entwickeln, die auch für diese Gebiete geeignet sind; denn wenn die Impfstoffdosen, einmal geöffnet, nur 24 Stunden lang bei –60° C haltbar sind, hätten nur wenige Länder in Afrika etwas mit ihnen anfangen können …

Der Mann, der besser als andere die amerikanische *soft power* verkörpert, hat alle wichtigen Staatenlenker der Erde direkt kontaktiert und mit jedem von ihnen Videogespräche arrangiert, um ihre Unterstützung sicherzustellen. In nur einer Woche tauschte er sich zwischen zwei Lockdowns sowohl mit Angela Merkel, Emmanuel Macron und Ursula von der Leyen als auch mit »MBS«, dem Kronprinzen von Saudi-Arabien, aus. In Washington stand er in ständigem Kontakt mit Dr. Fauci, der für das Weiße Haus verantwortlichen »Autorität«, die ihm gut bekannt ist, weil er mit ihm schon bei der Malaria, bei Aids und bei Polio zusammengearbeitet hat.

Bill Gates ist Pragmatiker. Er ist sich des Interessenkonflikts zwischen der öffentlichen Gesundheitsfürsorge und den Profiten des Privatsektors bewusst, doch dieser »Kollateralschaden« kann für ihn nicht bedeuten, die globale Effizienz des Systems infrage zu stellen, um die es ihm vor allem geht. Die *New York Times* hat die schmeichelhaften Äußerungen des Arztes Ariel Pablos-Mendez veröffentlicht, des ehemaligen Leiters der WHO: »Es gibt Leute, die haben mir gesagt: Aber warum macht Gates sich diese Arbeit? Und ich habe geantwortet: Er hat die Macht eines Stars. Er hat Geld. Das Problem treibt ihn wirklich um. Es gibt viele Leute, die etwas tun, aber niemand in einer Größenordnung wie Gates.«[5] Warum also sollte man ihn loswerden wollen?

Niemand gibt mehr für die öffentliche Gesundheitsfürsorge aus als der Gründer von Microsoft; dennoch wird er heftig kritisiert. Zwar ist es ein ernsthafter Vorwurf, dass er einen übergroßen Einfluss auf die Gesundheitspolitik der Welt ausübt, doch die einzige Art und Weise, wie die WHO ihre Macht zurückgewinnen könnte, bestünde darin, dass sie sich von privater Unterstützung freimachte, was aber heißt, dass die Mitgliedsstaaten ihre Beiträge massiv erhöhen müssten. Doch kein Staat möchte mehr ausgeben …

Und ist es nicht auch eigentlich so, dass manche Staaten insgeheim die indirekte Kontrolle begrüßen, die Bill Gates über die Verwendung ihrer Beiträge ausübt? Wenn seine Aufsicht dazu führt, die Effizienz der Organisation zu stärken? …

Schließlich ist die Kontrollmanie etwas, das ganz wesentlich zu Gates gehört. Das kann man gut finden oder nicht.

Der Psycho will nicht weiter therapieren

William Henry Gates III., geboren am 28. Oktober 1955 in Seattle, war schon immer die Verkörperung von Präzision und Kontrolle. Seit seiner Kindheit. Hochbegabt, vor allem in Mathe, großer Leser von Enzyklopädien, widersetzt er sich oft seinen Eltern, sodass diese ihn zum Psychologen schicken. Gleich bei der ersten Sitzung macht der 13-Jährige seine Ansage: »Ich befinde mich mit meinen Eltern im Krieg, und es geht darum herauszufinden, wer die Macht hat.«[6] Von dem Gespräch mit ihm beeindruckt, empfiehlt der Psychologe den Eltern, ihrem Sohn zu vertrauen und ihn auf eine Schule zu schicken, die seinen Begabungen besser entspricht.

In Lakeside, der Privatschule in Seattle, begeistert sich Bill von 1968 an für BASIC, die vier Jahre zuvor entwickelte Computersprache. Kleincomputer gibt es noch nicht (kein Wunder, denn gleichzeitig mit Apple wird vor allem er es sein, der sie zehn Jahre später erfindet), und er lernt das Programmieren an einer riesigen Maschine, die die Schulmütter bei einem benachbarten Unternehmen mieten, General Electric. Zusammen mit Paul Allen, einem älteren Mitschüler, der derselben Leidenschaft frönt, opfert er die Pausen und Sportstunden, um mithilfe eines Fernschreibers in den Dialog mit dem Computer einzutreten; sie spielen mit ihm unzählige *Monopoly*-Partien.

Mit 18 wird Gates in Harvard angenommen und bricht nach Boston auf, »um ein großer Mathematiker zu werden«. An der Universität verbringt er seine Nächte damit, Poker zu spielen. Eines Tages im Jahre 1974 zeigt ihm Paul Allen, der sich ebenfalls in Boston aufhält, die Titelseite des Magazins *Popular Electronics*. Dort steht: »Ein Mikro-Computer zum Selberbauen«.

Der zugehörige Artikel erklärt, wie man einen Altair, den ersten Kleincomputer der Geschichte, zusammenbauen kann, und enthält einen Bestellbon für alle Einzelteile, darunter einen Intel-8080-Mikroprozessor. Das Ergebnis ist eine Art Blackbox ohne Tastatur oder Bildschirm, mit vielen Schaltern und überall aufflackernden Dioden. Ein Gerät nur für echte Informatikfans, denn um etwas einzugeben, muss man in der Lage sein, alle Schalter in der richtigen Reihenfolge zu betätigen.

»Warum sollten wir nicht ein BASIC schreiben, mit dem man diese Maschine in Gang bringen kann«, überlegt Paul Allen. Bill Gates ist nicht davon überzeugt, aber Paul schafft das nicht ohne ihn. Er überzeugt seinen Kumpel davon, dass sich eine solche Gelegenheit nicht noch einmal ergeben wird. Bill schreibt das Programm. Wir ahnen schon, wie es weitergeht: Sie verkaufen es an Altair und gründen ein Unternehmen mit dem Namen »Microcomputer Software«, was ein paar Jahre später zu »Microsoft« abgekürzt werden wird. Gates hält 60 % daran, denn er war es schließlich, der das Programm entwickelt hat. Und er hat sein ganzes kleines Kapital hineingesteckt – nämlich alles Geld, das er beim Pokern gewonnen hat.

Ein hochbegabter Kontrollfreak

Es gibt zahlreiche Bestellungen, und er verlässt Harvard, um sich seiner Firma zu widmen. Er ist noch keine 20. Aber er ist ein Visionär: Er ist überzeugt davon, dass es eines Tages in jedem Haushalt einen Mikrocomputer geben wird – etwas, das man sich damals überhaupt noch nicht vorstellen konnte. Selbst IBM glaubt nicht daran. Es gibt zu diesem Zeitpunkt nur die großen »Kleiderschränke« von Computern, die nur die großen Unternehmen nutzten; die wenigen schwarzen Kisten sind die Spielzeuge von ein paar Geeks, die man *hobbyists*, also Hobby-Computernutzer, nennt. Bill Gates, der das Managerdasein nicht besonders liebt, wird zu einem Kontrollfreak von Start-up-Chef: Er weiß alle Nummernschilder seiner 30 Mitarbeiter auswendig, so kann er sich mit einem Blick auf den Parkplatz ausrechnen, wie viel Zeit sie jeweils in der Firma verbringen …

Auch wenn IBM nicht an einen Markt für Mikrocomputer glaubt, entscheidet sich das Unternehmen dafür, einen zu bauen, damit das Pionierunternehmen Apple nicht ohne Konkurrenz bleibt. So vertraut es nach einem Aufruf zu Angeboten Gates die Entwicklung von MS-DOS an, dem Betriebssystem des *personal computer* (PC), und seiner graphischen Benutzeroberfläche, des Windows-Programms. Mit diesen beiden Programmen schließt er zu den Großen auf und wird zum Rivalen von Steve Jobs, auch wenn er mit diesem bei der Entwicklung des Apple II, eines Ahnen des Macintosh, zusammengearbeitet hat. Das ist der Grund seines Zwists mit ihm.

Mit Windows, das exklusiv für IBM zu lizensieren er sich geweigert hat – dies wird sich als sein Geniestreich erweisen – und für das er bei jedem verkauften Exemplar Lizenzgebühren erhält, werden nun nach und nach alle Kleincomputer der Welt außer den Apples ausgestattet.

Der Einzug von Microsoft in den Wall-Street-Handel im März 1986 macht ihn mit 31 Jahren zum Milliardär, ebenso wie seine beiden Partner Paul Allen und Steve Ballmer; er macht auch 12 000 Angestellte, Programmierer, Händler und Sekretärinnen von Microsoft, unter denen er von Beginn an Aktien ausgegeben hat – die beste Methode, sie zu motivieren –, zu Millionären. Doch er stellt seinen Reichtum nicht zur Schau – kein Privatjet, keine Erste-Klasse-Reisen. Eine größere Ausnahme ist sein gewaltiges Haus im Stil von Citizen Kane: Sieben unterirdisch miteinander verbundene Pavillons am Ufer des Lake Washington, 15 Minuten von Seattle entfernt. 1996 fertiggestellt, ist es der Prototyp eines *connected home*, das dafür entworfen ist, indiskrete Blicke abzuhalten.

Bill Gates ist für die Informatik-Community schon immer das schwarze Schaf gewesen. Am Anfang war es seine Rivalität mit Apple – der bevorzugten Marke der Künstler und Kreativen –, die ihn zum Feind der Geeks gemacht hat. Sie klagen ihn an, weil er Programme privatisiert habe, die nach den Usancen des Milieus Open Source hätten bleiben müssen. Es gibt noch keine Verschwörungstheorien, doch er verkörpert bereits das Böse schlechthin. So soll er einer Legende zufolge eine geheime Hintertür in das Betriebssystem von Microsoft eingebaut haben, die es FBI und CIA erlaubt, aus der Entfernung auf alle Computer zuzugreifen …

Der Anti-Trust-Prozess, der 1998 gegen Microsoft eröffnet wird, ist deshalb gerechtfertigt, weil der Konzern aus Redmond alles getan hat, um seine Monopolstellung zu verteidigen und jede Konkurrenz im Keim zu ersticken. Er dauert ein Jahrzehnt und ist nicht gut für den Ruf von Microsoft und seinem Chef. Das Reich von Bill Gates wird am Ende nicht aufgeteilt, aber er wird auch nicht gänzlich reingewaschen vom Vorwurf, unfaire Praktiken angewandt zu haben.

Die Entwicklung des Internet und der sozialen Netzwerke verstärkt diese Feindseligkeit noch. Üble Nachrede und falsche Gerüchte verbreiten sich immer schneller, werden weiter verzerrt und aufgeblasen. Niemand schont Microsoft: Elon Musk auf Twitter nennt die Marke ein »gnadenloses Monopol« … Die Gründung der Bill-und-Melinda-Gates-Stiftung und der halbe Rückzug von Gates aus der Konzernleitung beruhigen die Gemüter keineswegs: Gates steht zu seinem Ärger heute im Zentrum der wildesten Verschwörungstheorien. Auch wenn die tatsächliche Macht des Milliardärs größer ist als die mancher Staatschefs, ist seine Macht zu schaden, die ihm die Anhänger von Verschwörungstheorien zuschreiben, noch größer, denn man klagt ihn an, »Verbrechen gegen die Menschlichkeit« zu begehen.

Die »acht Verbrechen« des Bill Gates

Einem von 1Planet auf Facebook veröffentlichten Post zufolge, der Tausende Male geteilt und in allen Social Media in unterschiedlichen Formen wieder aufgegriffen wurde, soll Gates eingesperrt werden, weil er nicht weniger als »acht Verbrechen gegen die Menschlichkeit«[7] begangen habe. Besonders tragisch daran ist, dass die Liste der Leute, die den Post geteilt haben, auch bekannte Politiker umfasst, wie die Konservative Candace Owens, die Donald Trump nahesteht, oder den Impfgegner und Kandidaten für die Präsidentschaft bei den Demokraten Robert Kennedy Jr.

Als Erstes wird Bill Gates angeklagt, »die Covid-19-Pandemie finanziert und geplant« zu haben, nachdem er sie »bei einem Event-201-Kongress angekündigt« habe. Diesen Kongress hat es wirklich gegeben: Er fand im Oktober 2019 unter der Schirmherrschaft des Johns Hopkins Center for Health Security statt, und die Bill-und-Melinda-Gates-Stiftung hat ihn gemeinsam mit dem Davoser Weltwirtschaftsforum ausgerichtet. Doch er beschäftigte sich lediglich im Rahmen einer Präventionsübung mit der Hypothese einer weltweiten Epidemie. Die Übung beruhte auf einem fiktiven Szenario, in dem ein »Coronavirus« vorkommt (aber es gibt zahlreiche Coronaviren), und ihr Ziel bestand darin, Empfehlungen mit dem Ziel zu formulieren, »die wirtschaftlichen und sozialen Folgen einer sehr schweren Pandemie zu vermindern«. Zweck der Übung war allein, Präventionsmaßnahmen zu entwickeln, und es gab damals keinen Hinweis auf die Covid-19-Epidemie, denn die hatte noch nicht in China begonnen. Doch mehr bedurfte es nicht, um Gates im Nachhinein dafür anzuklagen, er habe die Pandemie »ausgelöst und verbreitet« …

Auch wird der Konzernchef angeklagt, »Covid finanziert« zu haben, weil er einer der Hauptaktionäre und Gründer des Pirbright-Instituts in England sei, das »die Patente an dem

Virus« besitze. Auch wenn das Pirbright-Institut in der Tat 2015 ein Patent auf ein Coronavirus angemeldet hat, betraf dieses keineswegs das Virus von Covid-19, sondern das der infektiösen Geflügelbronchitis – ein ganz anderes Coronavirus, das für Menschen ungefährlich ist. Außerdem bedeutet ein Patent auf ein Virus angemeldet zu haben, nicht, es geschaffen, sondern es entdeckt zu haben.

Weiterhin wird Bill Gates beschuldigt, bei seinen Impfkampagnen »fragliche Experimente an Bevölkerungen« angestellt zu haben. Auch hieran weiden sich die Impfgegner. So soll zum Beispiel die Malaria-Impfung 151 afrikanische Kinder getötet haben, bei 50 weiteren zu Lähmungen geführt und in sieben afrikanischen Staaten Meningitis ausgelöst haben. Diese Beschuldigungen lassen sich leicht zurückweisen: Auch wenn Kinder zur selben Zeit gestorben oder erkrankt sind, zeigen die Studien Fall für Fall, dass das nichts mit der Impfung zu tun hatte.

Bill Gates soll auch »dreiundzwanzigtausend junge Mädchen in Indien sterilisiert haben lassen«: Tatsächlich hat die Gates-Stiftung eine Impfkampagne gegen das Papillomavirus in Indien durchgeführt, doch gab es keinerlei Klagen deshalb. Im Übrigen ist weder in Afrika noch in den Vereinigten Staaten oder Europa jemals eine Verbindung zwischen der Sterilität junger Frauen und dieser Impfung hergestellt worden.

Die Liste von 1Planet führt auch auf, Gates habe »ein Experiment an der Johns-Hopkins-Universität finanziert, bei dem Hunderte Guatemalteken mit Geschlechtskrankheiten infiziert werden sollten mit dem Ziel, danach Medikamente und Impfstoffe gegen diese Krankheiten zu testen«. 2010 kam heraus, dass in Guatemala zwischen 1946 und 1948 tatsächlich ein skandalöses Experiment durchgeführt worden ist, um die Wirksamkeit von Penizillin bei Syphilis zu erproben; dabei wurde die Krankheit gewaltsam Hunderten Guatemalteken injiziert. Doch die Johns-Hopkins-Stiftung hat diese Studie weder finanziert noch durchgeführt, und erst recht kann der 1955 geborene Bill Gates nicht dafür verantwortlich gewesen sein.

Das schönste Adressbuch der Welt

Bill Gates soll auch »unsere Lebensmittel mit genetisch veränderten Organismen (GVO) verändert und das finanziert« haben. Der erste der großen Tech-Bosse ist in der Tat für die Verwendung von GVO: Er ist überzeugt davon, dass sie dazu beitragen können, die Probleme von Mangelernährung in zahlreichen Entwicklungsländern zu lösen … aber wieso soll das ein Verbrechen gegen die Menschlichkeit sein?

Schließlich wird Bill Gates auch angeklagt, bei den Impfkampagnen der Weltbevölkerung Mikrochips injizieren zu wollen, um die Menschen besser überwachen zu können. In Frankreich hat Juliette Binoche, die man schon vernünftiger erlebt hat, diese Theorie verbreitet. Auch in diesem Fall handelt es sich um reine Phantasie. Sie bezieht sich auf die – ganz reale – Erfindung von unter die Haut injizierbaren Nanopartikeln, die mit bloßem Auge nicht erkennbar sind und fluoreszieren – eine Technik im Versuchsstadium, die eines Tages dazu dienen könnte, festzustellen, ob jemand eine Impfung bekommen hat, und so die ewigen Probleme mit dem Impfbüchlein, das man nicht wiederfindet, zu lösen … Doch wie soll man damit Geimpfte aus der Ferne überwachen können? Diese Marker sind nur in einem Abstand von 30 Zentimetern sichtbar.

Gates ist zwar offenkundig nicht das Monster, für das manche Leute ihn halten, doch er befindet sich sehr wohl im Kern weltweiter Machtstrukturen, und zwar nicht bloß denen der Weltgesundheit. Sein Adressbuch ist sicher voller als das des amerikanischen Präsidenten, denn mit seinen 69 Jahren gehört er bereits seit einem halben Jahrhundert zur Weltelite und kann durch keine Wahl daraus entfernt werden. Er kann bei jedem Herrschenden auf der Erde vorstellig werden, um seine Sache oder seine Interessen zu verteidigen.

Wie die französische Zeitung *Les Échos* berichtet hat, war er es, der den *IRA* (*Inflation Reduction Act*) gerettet hat, diesen »grünen Pakt«, der es der Regierung von Joe Biden erlaubt, eine neue industrielle Revolution ins Werk zu setzen, Investoren, die für Umweltfreundlichkeit stehen, den Boden zu bereiten und Industrielle aus der ganzen Welt anzulocken, europäische inklusive.[8] Ohne Gates, so heißt es, wäre der Text nicht Ende 2022 vom Kongress angenommen worden. Da die Mehrheit der Demokraten im Senat nur von einer einzigen Stimme abhing, musste Biden die widerstrebenden demokratischen Senatoren Joe Manchin und Kyrsten Sinema umstimmen. Doch Manchin, der in einem Staat mit einer instabilen Wählerschaft gewählt worden ist, dessen Wirtschaft vom Kohlebergbau abhängig ist, fand die Vorlage zu teuer und politisch zu riskant. Er hatte öffentlich verkündet, dass er nicht mitstimmen werde, da er dies nicht vor seinen Mitbürgern in West Virginia würde vertreten können.

Doch sechs Monate später vollzog Joe Manchin eine Kehrtwende. Wodurch kam dieses Wunder zustande? Kaum zu glauben, aber der Deus ex Machina war niemand anderes als Bill Gates. Der philanthropische Milliardär kennt Joe Manchin. Um den dissidenten Senator umzustimmen, lädt er ihn im Januar 2022 zum Essen ein und redet mit ihm über Breakthrough Energy, seine Stiftung für den Klimawandel. Eines der Start-ups, die sie finanziert, TerraPower, könnte, erklärt er, Mini-Atomkraftwerke in West Virginia bauen und die ehemaligen Kumpel einstellen. Bingo. Manchin macht mit. Doch einige Monate später nimmt der wankelmütige Senator unter einem neuen Vorwand erneut seine frühere Position ein. Und wieder ist es Bill Gates, der ihn umstimmt.

Der Windows-Erfinder kennt so viele Leute, sowohl in der Geschäfts- als auch in der politischen Welt, dass er mit allen gut zurechtkommt, sowohl persönlich als auch mit seiner Stiftung oder über Microsoft. So hat er sein Vermögen diversifiziert und in Hunderte vielversprechende Unternehmen investiert. Nichtsdestoweniger hätte man glauben mögen, dass der weise Doyen der Tech-Milliardäre sich nicht für die zweifelhaften Forschungen interessiert, die die Leidenschaft der

Musk, Zuckerberg, Brin oder Page sind, von Leuten, die jünger und abenteuerlustiger sind als er. Dass dieser traditionelle Konzernlenker nicht versuchen würde, den »*Homo deus*« zu schaffen. Weit gefehlt.

Der Weg zur absoluten Macht

Es sieht so aus, als sei der Traum von der Unsterblichkeit für sie alle die letzte *frontier*. Ihr Weg zur absoluten Macht. Also investiert auch Bill Gates in neuronale Implantate, die zwar auch dazu dienen sollen, Gelähmten die Herrschaft über ihre Glieder zurückzugeben oder Blinden ihre Sehkraft, vor allem aber das Mensch-Maschine-Interface des künftigen Übermenschen vorbereiten. Zusammen mit Jeff Bezos, seinem Nachbarn in Seattle, hat er in Synchron investiert, ein New Yorker Start-up, das beim Rennen um neuronale Implantate die Nase vorn hat.

Synchron ist der Entwickler eines Gehirn-Maschine-Interface, das heißt eines Systems, das das Gehirn direkt mit dem Computer verbindet, wodurch Gelähmte, ohne auf ihre peripheren Nerven und ihre Muskeln angewiesen zu sein, Aufgaben erfüllen können. Am 28. Juli 2021 hat Synchron von der Food and Drug Administration die Erlaubnis für einen klinischen Versuch an einer Gruppe von sechs Patienten am Mount Sinai Hospital in New York erhalten, die alle schwere Lähmungen haben. Die Neuroprothese Stentrode von Synchron ermöglicht es, elektrische Signale des Gehirns zu empfangen und in Gesten zu übersetzen mithilfe von Algorithmen automatischen Lernens und einem in Höhe der Brust des Patienten installierten Kästchen.

Das Besondere an diesem Implantat besteht darin, dass für seine Installation keine schwere Operation nötig ist wie bei Elon Musks Neuralink, für das Dutzende Affen ihr Leben lassen mussten, als die Empfänger in ihrem Gehirn installiert wurden. Wie wir gesehen haben, ist die Technik von Synchron deutlich weniger invasiv: Die Prothese wird über die Drosselvene am Hals eingeführt und bis in ein Blutgefäß nahe der Großhirnrinde vorgeschoben. So wie man einen Stent in eine verengte Arterie einführt, um einen Herzinfarkt zu verhindern. Das Implantat bleibt vollständig im Kopf des Patienten; kein Draht ragt heraus.

Synchron hat bereits klinische Studien an zwei australischen Patienten durchgeführt, und denen ist es gelungen, ihre Computer allein durch Gedanken zu steuern. Beide sind gut mit ihrer Neuroprothese zurechtgekommen und haben SMS oder E-Mails versenden und sogar Onlinekäufe erledigen können.[9] Im Dezember 2022 wurde Synchron zu einem der bestdotierten Start-ups auf dem Gebiet der Schnittstellen von Gehirn und Maschine – dank der Unterstützung durch den Gründer von Microsoft und den ehemaligen Konzernchef von Amazon, die bei einer Vorstellungsrunde zugegen waren, bei der 75 Millionen Dollar gesammelt werden konnten. Diese neue Finanzierung, mit der das Start-up insgesamt bereits 145 Millionen Dollar eingesammelt hat (die Hälfte dessen, womit Neuralink ausgestattet worden ist), soll die Entwicklung des ersten Produkts von Synchron, eines Switch getauften Implantats beschleunigen, sodass es auch als Krankenkassenleistung anerkannt werden kann, damit die Firma erstmals Einnahmen erzielen kann. Jedenfalls hat man damit Elon Musk die Suppe versalzen.

Denn auch wenn diese Implantate derzeit für Gelähmte bestimmt sind, ist es schwer zu glauben, dass sich Bill Gates und Jeff Bezos nicht der großen Innovation bewusst sind, die diese nichtinvasive Implantation über die Blutgefäße bedeutet. Das Verfahren wird es – leichter als das von Elon Musk – erlauben, Prothesen im Gehirn ganz normaler Menschen zu installieren, mit denen sie ganz einfach ihren Computer, ihr Smartphone oder andere elektronische Geräte durch ihre Gedanken steuern können. Eine schwindelerregende Perspektive.

Seine Haltung zur KI hat sich geändert

Bill Gates ist in unterschiedlicher Weise auch an Projekten zur generativen künstlichen Intelligenz beteiligt. Microsoft ist der Hauptinvestor bei OpenAI, der Gesellschaft »mit begrenzten Gewinnzielen«, die nur konstruktive und positive Anwendungen von KI untersuchen soll. Wie wir im 1. Kapitel gesehen haben, erregte OpenAI Ende 2022 Aufsehen, als es der Welt sein berühmtes ChatGPT4 vorstellte, einen mit generativer KI gedopten Konversationsroboter: ChatGPT4 antwortet direkt auf alle in normaler Sprache gestellten Fragen, ohne dass man die Antworten im der Vorschlagsliste einer Suchmaschine zu suchen braucht.

Man ahnt schon, dass dieser Fortschritt zum *game changer* werden könnte: Was wird aus der Vorherrschaft von Google, wenn eine generative KI besser ist? Wenn die User als Antwort auf ihre Fragen eine wirklich argumentierende Erklärung erhalten statt einer Liste von Websites, wo sie vielleicht Informationen dazu finden können? Microsoft, dessen Suchmaschine Bing sich heute mit einem winzigen Marktanteil im *search*-Bereich zufriedengeben muss, hofft darauf, durch diese Partnerschaft, die die Firma bereits 1 Milliarde Dollar gekostet hat, in ganz neue Dimensionen vorzustoßen. Das Unternehmen hat 2023 eine erneute Investition von 10 Milliarden Dollar angekündigt und begonnen, die Technologie von ChatGPT in seine Suchmaschine zu integrieren wie auch in sein Office-Paket und seinen Mail-Dienst Outlook.

Trotzdem wird Bing wohl kaum Google verdrängen. Vor allem, weil Sergey Brin und Larry Page, wie wir gesehen haben, noch nicht ihr letztes Wort gesprochen haben. Aber auch, weil selbst die neueste Version von ChatGPT noch vervollkommnet und trainiert werden muss. Zu häufig leidet die künstliche Intelligenz noch unter »Halluzinationen«. Wenn sie nicht die genaue Antwort auf eine Frage weiß, erfindet sie sie, und sie erfindet auch besonders glaubhafte »Quellen« …

Vor allem, wenn man von ihr Informationen über nicht besonders bekannte Menschen erhalten will. Sie dichtet ihnen dann einen vollständigen Lebenslauf an, indem sie sich vom Leben anderer Menschen inspirieren lässt, die einen ähnlich klingenden Namen haben.

Eines der Hauptprobleme mit diesen generativen KIs ist das mit den Quellen: Sie sind so konzipiert, dass sie in allem fischen, was es im Internet gibt – insbesondere in nicht unbedingt kostenlosen Informationsplattformen und ohne diese zu zitieren …

Elon Musk, der zusammen mit Sam Altman und Greg Brockman einer der Mitgründer von OpenAI war, hat die Organisation, wie wir schon gesehen haben, 2018 verlassen. Musk dürfte zu dem Ergebnis gelangt sein, dass die neue Orientierung von OpenAI – die Schaffung einer profitorientierten Filiale, seine Partnerschaft mit Microsoft und die ausbleibende Veröffentlichung der Forschungsergebnisse und des Quellcodes – ein Verrat an ihren ursprünglichen Zielen war.

Jeder der »systemischen« Milliardäre arbeitet an der künstlichen Intelligenz, doch sie haben nicht alle dieselben Ansichten zu der Gefahr, die eine »unfreundliche« KI für die Menschheit bedeuten könnte. Bill Gates ist dabei besonders uneindeutig. Im Januar 2015 hat er bei einer Frage-und-Antwort-Sitzung mit Usern auf der Website Reddit erklärt: »Ich gehöre zu denen, die sich wegen der Superintelligenz Sorgen machen. Zunächst einmal werden die Maschinen viele Aufgaben für uns erledigen und noch nicht superintelligent sein. Das sollte positiv sein, wenn wir gut damit umgehen. Doch nach ein paar Jahrzehnten kann die Intelligenz so stark sein, dass sie Probleme macht. Ich bin da einer Meinung mit Elon Musk und anderen, und ich verstehe nicht, wieso die Leute nicht beunruhigt sind.«[10] Das war klar und deutlich.

Der Wettlauf zum Gral hat begonnen

Acht Jahre später, während immer mehr Experten über die rasenden Fortschritte bei der Entwicklung von KI beunruhigt sind und für ein Moratorium eintreten, will Bill Gates, dessen Firma heute mit OpenAI die Nase vorn im Wettlauf hat, nichts mehr von einem Stopp der Entwicklung hören. Der größte Aktionär von Microsoft findet, dass die Appelle für ein Moratorium die künftigen »Herausforderungen nicht lösen werden«. Für ihn geht es zunächst darum, »sich auf die beste Art der Nutzung der Entwicklungen in der KI zu konzentrieren«. In einem weltweiten »Waffenstillstand« sieht er keinen Nutzen: »Ich verstehe nicht wirklich, wer das stoppen könnte, und wenn alle Länder der Erde sich darauf einließen, es zu stoppen, warum sie es stoppen sollten.« An dieser Stelle kann man sich vorstellen, wie Elon Musk murmelt, dass Bill Gates ebenso wie Mark Zuckerberg nur ein begrenztes Verständnis von KI hat …

Nichtsdestoweniger befinden sich alle diese hundertfachen Milliardäre auf den Vorposten der KI-Forschung. Alle haben sie sich bemüht, die besten Ingenieure bei sich zu versammeln, und bieten ihnen außer Jahreseinkommen von über einer Million Dollar auch fast unbegrenzte Mittel. Wie Gates oder Musk lassen auch die Gründer von Google, Facebook und Amazon die Köpfe Dutzender Ingenieure rauchen. Und die werden ihre Forschungen nicht von allein einstellen! So arbeitet bei Meta der Franzose Yann Le Cun, der 2018 den Turing-Preis, den Nobelpreis der Informatik, erhalten hat und seit 20 Jahren im Silicon Valley als KI-Guru wirkt; der zögert nicht, den Wunsch nach einem Moratorium als neuen Obskurantismus zu bezeichnen. Er sieht in der KI keinerlei Gefahr: Wenn dadurch die Welt der Berufe eine völlig andere wird, wenn es neue geben wird und andere verschwinden, dann müssen wir uns eben daran anpassen.

Die wirkliche Gefahr besteht bekanntlich weniger in der heutigen KI als in einer Superintelligenz, die ein Bewusstsein ihrer selbst hat. Der, die Ray Kurzweil, der Apostel der »Singularität«, bereits für die nahe Zukunft ankündigt. Der, die eines Tages beschließen könnte, dass die Gegenwart von Menschen nicht nur nichts zum Funktionieren des Planeten beiträgt, sondern sogar schädlich dafür ist. Diese KI könnte also beschließen, uns auszurotten.

Führt also die heftige Konkurrenz der Tech-Milliardäre dazu, dass wir Menschen die Kontrolle verlieren, was das Vorspiel zur Auslöschung der Menschheit sein könnte? Manche Experten haben sich dies schon ganz ernsthaft gefragt. Doch es ist niemand in Sicht, der diese Männer, die mächtiger sind als Staaten und alle auf der Suche nach demselben Gral sind, aufhalten könnte.

6. Kapitel

Wie China seine Milliardäre auf Linie gebracht hat

Die Szene spielt beim Weltwirtschaftsforum in Davos am 23. Januar 2019. Covid hat noch nicht zugeschlagen, und der Alpenkurort ist noch immer der Rückzugsort für die Vorkämpfer der Globalisierung. Auf einem Sofa im hinteren Teil eines Ruheraums interviewt die Autorin dieser Zeilen gerade eine Ministerin der Regierung von Emmanuel Macron. Plötzlich bricht ein Schwarm von Journalisten, Photoapparaten, Filmkameras und Stativen mit Mikrophonen in den Raum. Die Ministerin dreht sich um, überrascht von dem Lärm. Niemand würdigt sie eines Blickes.

Im Mittelpunkt der brodelnden Menge tut ein kleiner Mann, der wie ein Clown aussieht, grinsend so, als wolle er fliehen. »Jack, Jack!«, ruft die Meute. Kein Staatschef – und in Davos gibt es genug davon – hätte eine solche Hektik auslösen können. Wenn in diesem Jahr der chinesische Präsident nach Davos gekommen wäre, hätte er eifersüchtig werden können auf seinen Landsmann, den Gründer von Alibaba. Xi Jinping steht nicht derartig im Rampenlicht. Jack Ma ist der populärste Mann in China und der populärste Chinese im Ausland. Mit seinem Aussehen wie E.T. und seinen von Sun Tse und Peter Drucker inspirierten Sprüchen, die er in fließendem Englisch vorbringt, verkörpert dieser Milliardär, dem alles gelingt, wunderbar die chinesische *soft power*.

Aber nicht mehr lange. Der Mann, der zum *board of trustees* von Davos gehört und seit 2004 fast jedes Jahr hergekommen ist, weiß noch nicht, dass er den Schweizer Kurort zum letzten Mal genießt. Seine Freiheit hat lange genug gedauert. Xi Jinping wird sich bald schon die chinesischen Tech-Riesen vornehmen. Angefangen mit Ma Yun, genannt Jack Ma.

Der frühere Englischlehrer hat es darauf ankommen lassen. »Crazy Jack« oder »Jack Magic« reizt die Staatsmacht schon seit Jahren. Wie ein Kind bei seinen Eltern austestet, wie weit es gehen kann, provoziert er immer mehr und macht grenzwertige Erklärungen. Im Ausland allerdings verteidigt der Sohn einer Arbeiterin und eines Photographen, der in einem bescheidenen Viertel von Hangzhou, 200 Kilometer südlich von Shanghai aufgewachsen ist, immer den chinesischen Staatskapitalismus … jedoch ohne sich die Freiheit der Meinungsäußerung nehmen zu lassen.

Er erzählt gern von seiner Kindheit als Faulenzer, als eine Null in Mathe wie in Informatik (was ihn von den anderen Internetmilliardären unterscheidet). Es war das Englische, das ihn gerettet hat. In der Oberschule war es eine hartnäckige Geographielehrerin, die ihn mit einem unschlagbaren Argument überzeugte, die Sprache Shakespeares zu studieren: »Wenn ein Fremder Sie um eine Auskunft bittet, und Sie nichts darauf erwidern können, verliert ganz China das Gesicht!« Ma Yun nimmt seine ganzen Ersparnisse und kauft sogleich ein Radio, damit er die englischsprachigen Sender hören kann. Er lernt so schnell und macht dabei den amerikanischen Akzent so gut nach, dass Fremde ihn für einen Sino-Amerikaner auf Heimaturlaub halten.

Mit Ach und Krach erreicht er die Zulassung zur Universität, und zwar, indem er nur als Nachrücker und erst beim dritten Versuch das *gaokao* schafft. Er wählt Englisch als

Fach, hat aber keine Lust, Lehrer zu werden. Doch da der Staat in seine Ausbildung investiert hat, muss er wenigstens sechs Jahre an der Universität für Elektronik von Hangzhou lehren. Der Job ist langweilig und schlecht bezahlt (10 Dollar im Monat); er versucht da herauszukommen, doch er wird bei einer Kontrolle festgehalten ... Seine Schüler jedoch langweilen sich überhaupt nicht, denn er verwandelt den Hörsaal in ein Kabarett. Er praktiziert »crazy English«, womit er den Neuen das Lernen leichter macht. Seine Uni-Kollegen, die gern auswandern oder Unternehmen gründen würden, um sie in den USA weiterzuentwickeln, bitten ihn um Privatstunden. Gleichzeitig macht er den Führer für amerikanische Touristen, um mit ihnen ein bisschen Konversation üben zu können. Einer von ihnen nennt ihn »Jack«. Der Name gefällt ihm, er nimmt ihn an.

»Etwas Animalisches in seinen Augen«

1994 gründet er Haibo, eine Übersetzungsagentur, wie es sie in China zu Hunderten gibt. Die Behörden schicken ihn nach Seattle, wo er einer offiziellen Delegation als Dolmetscher dienen soll, die mit einem amerikanischen Investor über den Bau einer Autobahn verhandelt. Bei dieser Reise entdeckt er das Internet, bei einem Freund, der in die Hauptstadt des Staates Washington gezogen ist. Er gibt »Bier« und »China« ein, ohne Ergebnis. Bei seiner Rückkehr gründet er China Pages, einen Onlinedienst für Gelbe Seiten. Das ist ein Fehlschlag. Doch das Handelsministerium schlägt ihm vor, an Websites mitzuarbeiten, die das Geschäftsleben einfacher machen sollen. Er zieht nach Peking. Inzwischen weiß er, was er gern machen will: eine Website schaffen, die Verkäufer und Käufer zusammenbringt, für alle möglichen Produkte. Die Gelegenheit ist günstig, denn China ist dabei, die Werkstatt der Welt zu werden; man reißt sich um seine preiswerten Produkte.

1999 verwirklicht er seine Idee, aber nicht in Peking. Vielmehr kehrt er in seine Herkunftsprovinz zurück, wo Mieten und Löhne niedriger sind, und sammelt bei 18 Freunden und Verwandten 60 000 Dollar ein. Er hat an die 20 Angestellte rekrutiert, die auf ihrem jeweiligen Gebiet mehr Ahnung haben als er, und bringt sie in einer kleinen Wohnung unter, die er gemietet hat. Er ist es auch nicht, der die Programme schreibt: Davon hat er keine Ahnung, und ihn interessiert nur der Verkauf. Er wählt für seine Firma einen Namen, der in allen Sprachen bekannt ist: Alibaba.

Jerry Yang, der Gründer von Yahoo!, dem damals blühenden multinationalen Unternehmen, ist der Erste, der in Alibaba investiert. Jack Ma kennt ihn, seit er ihm als Übersetzer die Große Mauer gezeigt hat. Auf Yang folgt bald Masayoshi Son, der Präsident der SoftBank, der dank Alibaba eines Tages der reichste Japaner werden wird. Wenn man den japanischen Bankier fragt, wie er das Potenzial des früheren Faulpelzes erkannt hat, antwortet er, er habe »so etwas Animalisches in seinen Augen« gesehen.[1]

Es ist die Epoche, in der nach der von Deng Xiaoping ausgegebenen Parole des »Bereichert euch« viele Chinesen darangingen, ihre Unternehmen zu gründen. Um nicht bei Innovationen zurückzubleiben, aber auch nicht die Kontrolle zu verlieren, schufen die chinesischen Behörden in Analogie zur Großen Mauer den »Großen Brandschutzwall«, der es ihnen erlaubt, die Webbrowser zu überwachen und die Daten zu filtern. Sie schufen auch eine neue Unternehmensform, das Unternehmen »mit variablen Zinsen«, damit die Firmen des neuen Sektors ausländisches Kapital anziehen konnten – ein ziemlich unsicherer Status, der eine gewisse Freiheit gewährte.

Alibaba, das anders als Amazon keine Provision auf den Verkauf der Waren erhebt, sondern seine Einnahmen ausschließlich aus der Werbung erzielt, erlebte einen rasanten Erfolg. Wie seine Kollegen, die künftigen chinesischen Tech-Giganten Baidu, Tencent und Xiaomi, hat es nicht die

Konkurrenz von Google, Facebook oder PayPal zu fürchten. Die GAFAM-Konzerne haben alle versucht, sich auf dem riesigen chinesischen Markt zu etablieren, doch es gab für sie eine Reihe von Fallstricken, angefangen mit der Zensur, die sie nicht akzeptieren können: Sie sind verpflichtet, online alle unerwünschten Inhalte und als sensibel erachteten politischen Themen zu unterdrücken ... Facebook und Twitter sind seit dem ersten Jahrzehnt des zweiten Jahrtausends vom chinesischen Markt verbannt, Google hat China 2010 verlassen. LinkedIn (Microsoft), das mit seiner App InCareer zu den Letzten gehörte, die sich noch zu halten versuchten, wirft im Mai 2023 das Handtuch. – Das Konkurrenzumfeld war eindeutig zu kompliziert. Für Amazon, das Vorbild für Alibaba, ist es schon zu spät, als es sich 2004 nach China aufmacht: Das Segment des Onlineverkaufs ist bereits fest in der Hand von Alibaba und JD.com. Amazon gibt 2019 auf und gibt sich damit zufrieden, im Reich der Mitte seine Cloud- und Logistikdienste aufrechtzuerhalten.

Ein Selfmademan, der zur Ikone geworden ist

2014 geht Alibaba an die Wall Street und sammelt ... 25 Milliarden Dollar ein, die größte jemals registrierte Kapitalbeschaffung. Diese Einführung in die Finanzmärkte ist ein Wendepunkt in der amerikanischen Börsengeschichte. Der Titel des chinesischen Kolosses der Onlinevermarktung schließt am ersten Börsentag bei 93,89 Dollar ab, das bedeutet eine Börsenkapitalisierung von 232 Milliarden Dollar, höher als die von Facebook (202 Milliarden) oder von Amazon (153 Milliarden)!

Das Reich von Jack Ma endet nicht an den Grenzen von Alibaba. Sehr schnell gibt es seine Ableger überall im Netz. Alipay zum Beispiel ist ein auch über Mobiltelefone zu bedienendes Onlinebezahlsystem, vergleichbar mit PayPal. Er bringt auch Taobao auf den Markt (eine Art eBay) und Tmall (Luxuswaren online). Zusammen machen die Geschäfte von Alibaba 2,5 % des chinesischen Bruttoinlandsprodukts aus. Vor allem aber verdient er sehr schnell sehr, sehr viel Geld. Mobile Bezahlung, Finanzdienstleistungen, Unterhaltung: Alibaba wird im Laufe der Jahre zu weit mehr als einem Giganten des E-Commerce: Seine Server sind reichlich eingedeckt mit Daten, und das ist seine Goldmine.

Jack Ma wird zum Multimilliardär, aber noch weiß er, wem er das verdankt. Politisch steht er immer auf der Seite der Regierung, wenn er etwa jedem, der es hören will, erzählt, dass die Stabilität Chinas sein größter Trumpf ist oder dass die Niederschlagung der Tienanmen-Proteste die richtige Entscheidung war, um diese Stabilität zu erhalten. Wenn es allerdings um das Geschäft geht, ist seine Loyalität nicht so eindeutig. So erklärt er 2007 in Davos hintersinnig: »Man muss die Regierung lieben, aber man muss sie nicht heiraten.«

Beim siebten Treffen der chinesischen Unternehmensleiter 2008 kann er sich nicht zurückhalten, das Finanzsystem zu kritisieren: »Ich habe von zahlreichen Banken sagen hören, sie würden kleinen und mittleren Unternehmen Kredite geben. Schon seit fünf Jahren höre ich diese Reden, aber wie viele unter ihnen handeln wirklich so? Sehr wenige. Wenn die Banken sich nicht ändern, werden wir sie ändern!« Wenige Monate später kommt er darauf zurück: »Die Finanzwelt muss einmal kräftig durchgeschüttelt werden. Wenn die Banken nicht fähig sind, sich zu ändern, werden wir sie dazu zwingen.« Schließlich bietet er selbst die Instrumente der Fintech an, um die Bankiers zu umgehen. Sie erlauben auch kleinen Vermögen, an der Börse mitzuspielen oder Kredite zu erhalten, ohne sich unter das kaudinische Joch der traditionellen Finanzinstitutionen beugen zu müssen. 2004 geht er das Risiko ein, mit Alipay Zahlungen per Smartphone zu ermöglichen, weil er findet, dass das chinesische Zahlungssystem nicht unbedingt ein Staatsmonopol sein muss …

Anderthalb Jahrzehnte lang glaubt er sich unbesiegbar, geschützt durch seine Popularität. Geschützt durch all die Bücher, die sein Leben erzählen und die man überall in chinesischen Bahnhöfen findet: »Denken wie Ma«, »Ma hat gesagt«, »Das Ma-Jahrzehnt«, »Mas Lebensphilosophie«, »Mas Unternehmerlogik« ... Er wird zur Ikone. Als Inbegriff eines Selfmademan für seine Landsleute verkörpert er für den Rest der Welt den Triumph eines weltoffenen China mit seiner Spitzentechnologie.

Vielleicht fühlt er sich auch durch seine ganz alte Beziehung zu Xi Jinping geschützt; er hat ihn kennengelernt, als er noch Parteisekretär der Provinz Zhejiang war, wo sich der Firmensitz von Alibaba befand. Xi hatte damals das Wachstum des Start-up unterstützt und soll den Unternehmer sogar gebeten haben, bei der Entwicklung des Gebiets von Shanghai behilflich zu sein, das zu seinem Verantwortungsbereich gehörte.

Xis Geduld hat ihre Grenzen

Allerdings hat Xis Geduld ihre Grenzen. Jack Ma wird immer verrückter und provoziert. Das *Wall Street Journal* berichtet, der starke Mann in Peking sei nicht darüber amüsiert gewesen, dass der Alibaba-Chef sich bei einem Treffen chinesischer und amerikanischer Unternehmensleiter erlaubt hatte, fröhlich die dreiminütige Redezeit zu überziehen, die für jeden vorgesehen war und an die sich seine Kollegen gehalten hatten.

Und was hätte er gedacht, wenn er den Kerl bei einem Fest seines Konzerns auf der Bühne gesehen hätte, wie er als Rockstar verkleidet, mit Rasta-Perücke, Lederjacke und schwarzer Brille, unter dem Beifall von Tausenden seiner Angestellten die elektrische Gitarre spielte? Oder als James-Bond-Girl beim traditionellen chinesischen Junggesellenfest an der Seite von Daniel Craig, der auf seinen Wunsch nach

China gekommen ist? Jack Ma hat einen Sinn für Spektakel. Sein Vater und seine Mutter waren nicht einfach nur ein paar Arbeiter mit kleinem Einkommen – sie waren auch professionelle Spieler von *pingtan*, einer Mischung von altertümlichen Balladen und von Saiteninstrumenten begleitetem Theater. Im Grunde ist der kleine Mann mit dem Quadratschädel ein Schauspieler, wie seine Eltern.

Doch es gibt Wiederholungstaten, die einen teuer zu stehen kommen. Seine große Tirade auf dem Finanzforum von Shanghai am 24. Oktober 2020 sollte ihn ... 37 Milliarden Dollar kosten. Sie haben richtig gelesen: Milliarden, nicht Millionen. Das war es, was ihm der Börsengang seiner Antgroup gleichzeitig in Hongkong und Shanghai zwölf Tage später, am 5. Januar, eingebracht hätte. Doch die Behörden haben die Operation verboten, unmittelbar nach seiner ätzenden Rede. Auf Anweisung von Xi Jinping.

Was für eine Majestätsbeleidigung hatte sich Jack Ma zuschulden kommen lassen? Der Gründer von Alibaba und Alipay hat die Schwächen des chinesischen Finanzsystems kritisiert. Geplant, denn er hatte am Vortag seinen Mitarbeitern angekündigt, dass er es tun werde. Und anders als es sonst seine Gewohnheit war, hat er seine Bemerkungen abgelesen, er hatte also die Worte sorgfältig erwogen. Er hat gesagt, dass eine Reform der Regeln nötig sei, da die chinesischen Banken noch immer mit der »Mentalität von Pfandleihern« arbeiteten. Er hat offen die Regulierung der Onlinekredite kritisiert, die »anachronistisch und für das Fehlen von Innovationen« im chinesischen Ökosystem »verantwortlich« sei. Er hat versichert, dass China nicht mit »einem systemischen Finanzrisiko konfrontiert« sei, »sondern mit dem Risiko des Fehlens eines gesunden Finanzsystems«, und vorausgesagt, dass die exzessive Kontrolle am Ende »die Wirtschaft ersticken« werde.[2]

Doch indem er die Wahrheit über die Schwächen des chinesischen Finanzsystems sagte, hat er deutlich etwas getan, was nicht sein Recht war, und Grenzen überschritten.

Jack Ma ist zu gefährlich geworden

Jack Ma hatte vergessen, dass gewisse Prinzipien unumstößlich sind: Das Finanzwesen ist in China als zu wichtig erachtet worden, als dass man es der Privatwirtschaft hätte überlassen können. Handel ist eine Sache, die Finanzen sind eine andere. Für Xi Jinping ist finanzielle Stabilität ein Element der nationalen Sicherheit. Jack Mas ätzende Rede verschafft nun den Regulierern die politische Unterstützung durch Peking, auf die sie schon lange gedrängt haben, das grüne Licht, das sie brauchen, um für alle von der Ant Group angebotenen Finanzdienstleistungen neue strikte Regen einzuführen – und zur allgemeinen Verblüffung deren Börsengang zu verhindern.

Die Finanzbehörden beeilten sich, die Hand auf ein Gebilde zu legen, das sie zu beunruhigen begonnen hatte. Die von der Ant Group vertriebenen Finanzprodukte hätten zu etwas Ähnlichem werden können wie seinerzeit die Subprimes in den USA. Alipay, die App für mobiles Bezahlen, die mehr als viele Millionen Chinesen benutzen, um ihre Mahlzeiten zu bezahlen, um auf Kredit einzukaufen oder ihr Erspartes anzulegen (in China ist das mobile Bezahlen dreimal wichtiger als Kartenzahlung), ist für ihren Alltag unverzichtbar geworden. Doch da für Privatleute die Kosten für ihre Transaktionen praktisch null waren, musste Alipay sich andere Einnahmequellen verschaffen. Deshalb hat Ant seine Daten genutzt, um seinen Kunden Anlageprodukte direkt anzubieten, mit dem Start von Yu'e Bao. Dieser Anlagefonds war so erfolgreich, dass er in Peking die Befürchtung wachsen ließ, er könne den Bankeinlagen den Boden entziehen. Dasselbe galt für die Plattform Huabei, die ihre Kleinkredite für den Konsum in Höhe von 300 Dollar fast ohne Garantien verteilte, während das Durchschnittseinkommen eines chinesischen Haushalts in zwei Dritteln der Provinzen unter 300 Dollar lag. Im Juni 2020 konzentrierten sich bei Huabei allein ein Fünftel der kurzfristigen Schulden der chinesischen Haushalte.

Kurz, die Ant Group verfügte über eine so große Liquidität und hatte so große Verpflichtungen, als sie an die Börse gehen wollte, dass man sie als »systemrelevantes Unternehmen« betrachten konnte. Angesichts dieses Geisterschiffs mussten die staatlichen Instanzen fürchten, die Kontrolle über die Finanzflüsse zu verlieren.

Eine geregelte Zerschlagung

»Ant hat eine weltweite Bedeutung, wie sie noch keine andere chinesische Finanzinstitution hatte«, analysierte *The Economist* kurz vor dem geplanten Börsengang. Die chinesischen Banken sind riesig, aber ineffizient, denn auf ihnen lastet das Gewicht des Staatseigentums. Die ausländischen Finanziers betrachten Ant dagegen mit Neugierde, Neid und Ängstlichkeit. Einige Falken im Weißen Haus wollten schon sein Vordringen in die Vereinigten Staaten verhindern. Ant ist die am stärksten integrierte technologische Finanzplattform der Welt: eine Kombination von Apple Pay für Offlinezahlungen, Paypal für Onlinezahlungen, Vemmo für Überweisungen, Mastercard für Kreditkarten, JP Morgan Chase für Konsumentenkredite und iShares für Investitionen, mit einem beigefügten Versicherungsmakler, alles in einer mobilen App.[3] Diese Hegemonie der Ant Group im mobilen Zahlungswesen, im Kreditwesen, bei Investitionen und Versicherungen war geeignet, im Fall eines industriellen Unfalls Unruhe im chinesischen Finanzsystem zu schüren.

Am Tag nach seiner Rede bestellen die staatlichen Finanzverantwortlichen Jack Ma zu einem Gespräch ein, um ihm den Kopf zurechtzurücken. Sie senken den Daumen für den Börsengang, aber nicht nur das: Ant soll sich »reorganisieren«, das heißt, unter die Zuchtrute der chinesischen Zentralbank kommen, und einen Prozess der »juristischen Berichtigung« beginnen, anders gesagt, Gegenstand einer geregelten

Zerschlagung werden, durch die die Risiken isoliert werden sollen. Diese Reorganisation wird mehr als zwei Jahre dauern. Doch heute schon ist das mobile Zahlsystem Alipay von dem sehr lukrativen Geschäftsfeld der Konsumentenkredite abgetrennt. Die beiden Dienste für Kredite (Huabei für Kreditkartenkredite, Jiebei für nicht gesicherte Direktdarlehen) werden bei einer anderen Filiale untergebracht, an der die Ant Group nur maximal 50 % halten darf, während eine öffentliche Anstalt im Besitz der Stadt Hangzhou 10 % besitzen wird. Ant muss auch Lizenzen für seine wichtigsten Aktivitäten erwerben. Die Gruppe wird sich in eine von der chinesischen Zentralbank überwachte Finanzholding verwandeln.

Die Art und Weise, wie Jack Ma zur Ordnung gerufen wurde, war orchestriert und bezeichnend für die chinesischen Methoden, die in einem Rechtsstaat unvorstellbar sind. Denn der geregelte und kapitalistische Bereich des Verfahrens ist nur die sichtbare Seite der Korrekturen.

Zunächst einmal verschwindet der Milliardär für beinahe drei Monate. Er verbringt 88 Tage in absoluter Mediendiät. Er kann nicht einmal die letzte Episode des Fernsehspiels ansehen, das er selbst für die afrikanischen Unternehmer geschaffen hat und das ihm ganz besonders am Herzen liegt: *Africa's Business Heroes*. Sein Name ist schlicht und einfach aus dem Abspann entfernt worden!

Während dieser langen Wochen seiner Abwesenheit laufen die irrsten Gerüchte um. Manche glauben, der rebellische Unternehmer sei beseitigt worden. Heute denkt man eher, dass er wie die meisten seiner Kollegen dem *shuanggui* unterworfen worden ist: Bei diesem Verfahren, das auch »weiße Folter« genannt und vor allem in Korruptionsfällen angewandt wird, kann jemand, ohne dass es ein Anwalt oder die Familie erfährt, wochenlang völlig aus der Welt verschwinden. Das Opfer wird in einem Hotelzimmer oder einem Privathaus festgehalten, das heißt an Orten, wo nichts dazu verpflichtet, das Gesetz hinsichtlich der Haftbedingungen zu beachten. Während seiner Internierung wird der Verdächtige jeden Tag befragt und jeden Tag 24 Stunden lang überwacht.

Jack Ma musste die »weiße Folter« über sich ergehen lassen

Seit Xi Jinping 2012 an die Macht kam, ist China, wie *Les Échos* schreibt, zum »Land der verschwindenden Unternehmer« geworden. Im Zusammenhang mit der Antikorruptionskampagne, die der neue starke Mann in Peking losgetreten hat, sind Dutzende der reichsten Geschäftsleute von der Bildfläche verschwunden, weil sie verhaftet wurden, während andere ihren Exodus nach Singapur, in die USA, nach Kanada oder Australien organisierten – wobei einige sich nicht sogleich dort ansiedelten, sondern zunächst einmal nur ihre Frauen und Kinder und einen Teil ihres Vermögens dorthin brachten.

Die Regierung nahm zunächst Politiker und Funktionäre ins Visier, bevor sie auch die Chefs der großen Staatsunternehmen angriff und schließlich die des Privatsektors: Energie, Telekommunikation, Immobilen und Finanzen. China soll dabei in einem einzigen Jahr an die 60 von 600 Milliardären verloren haben. Einige von ihnen sind wieder aufgetaucht, als wäre nichts gewesen, andere sind zum Tode verurteilt worden, und wieder andere verfaulen in irgendeinem Gefängnis: Sun Dawu, einer der wichtigsten Hühnerzüchter des Landes, Bao Fan, der Mitgründer der Investitionsbank China Renaissance, Li Huaiqing, der superreiche Bankier … Ein anderer Finanzmagnat, Xiao Jianhua, genannt »der Bankier der roten Prinzen«, wurde aus seinem Hotel in Hongkong in einem Rollstuhl und mit einer Decke über dem Kopf entführt …

Jack Ma aber ist am 20. Januar 2021 wieder aufgetaucht – in einem Onlinevideo, das *Tianmu News*, ein offizielles regionales Medium, im Rahmen einer von der Jack-Ma-Stiftung organisierten Kundgebung ausstrahlte. Darin lobte er die Arbeit der Lehrer in ländlichen Gebieten. Seine Sprache war etwas eintönig, und von der Schlitzohrigkeit, die stets sein Markenzeichen gewesen war, war nichts mehr zu entdecken. Später konnte man ihn in Sanya auf der Insel Hainan beim Golf beobachten, seinem Lieblingssport neben den Kampfkünsten wie Tai-Chi ... Er tauchte dann auch in Thailand auf und schließlich in Tokio, wo er sich niedergelassen hat.

Seine weltweite Bekanntheit hat Jack Ma sicher das Leben gerettet, doch der Reinigungskampagne ist er nicht entkommen. Er musste sich also von einem extrovertierten Stil westlichen Typs, in dem er die Medien nutzte, um sich öffentlich in Szene zu setzen, zu einem Modell chinesischer Bescheidenheit umorientieren, in dem er ein bedürftiger Mensch ist, um den sich seine dörfliche Herkunftsgemeinde kümmert, wie es der Parteiideologie entspricht. Der dem Modell entsprechende Geschäftsmann muss zeigen, dass er der Gesellschaft etwas gibt, und eine Art moralischer Aufrichtigkeit demonstrieren. Jack Ma, der schon seit 2019 keine operationellen Funktionen bei Alibaba mehr wahrgenommen hat und der nicht der Korruption angeklagt wurde – obwohl das in China ein sehr dehnbarer Begriff ist, der auch Ehebruch und Ungehorsam gegenüber der Partei umfassen kann –, scheidet mit 58 Jahren aus der Geschäftswelt aus. Er gibt die Kontrolle über die Ant Group auf und behält nur 8 bis 9 % des Kapitals. Der Gesamtwert des Unternehmens ist zu diesem Zeitpunkt auf spektakuläre Weise geschrumpft: Die Aktien von Alibaba haben seit der berühmten Rede von Oktober 2020 fast drei Viertel ihres Wertes eingebüßt. Und im selben Maße ist auch das Privatvermögen des Unternehmensgründers zusammengeschmolzen, auf 25 Milliarden Dollar. 2023 wurde bekannt, dass der Konzern in sechs selbständige Gesellschaften aufgespalten worden war. Und der Frührentner gibt seit dem Wintersemester 2023 Kurse in Unternehmensführung, Umweltpolitik und nachhaltiger Landwirtschaft an den Universitäten von Hongkong, Tokio, Tel Aviv und Kigali in Ruanda.

Die Tycoons lernen wieder Demut

Das Exempel, das an Jack Ma statuiert wurde, ist bezeichnend für die Art und Weise, wie der chinesische Staat sich des Problems mit den »systemrelevanten Milliardären«, insbesondere mit den Tech-Titanen, angenommen hat, die sich dieselben Missbräuche hatten zuschulden kommen lassen wie ihre amerikanischen Kollegen. Zunächst einmal hat er sie gedeihen lassen, um sie zu Innovationen zu ermutigen und sie vor dem Zugriff der amerikanischen Konkurrenz zu schützen, und drückte angesichts ihrer »grenzwertigen« Praktiken die Augen zu. Während der gesamten Periode von 2012 bis 2020 waren die BATX (das chinesische Pendant zu den GAFAM) nicht von der Kampagne gegen die Korruption betroffen, die auch als Vorwand für eine allgemeine Wiederaufnahme staatlicher Kontrolle diente: Der Staat achtete nicht auf ihre Praktiken zur Ausschaltung von Konkurrenz. Dieses Laisser-faire hat sicherlich dazu beigetragen, dass sie sich von jeder Strafverfolgung frei dünkten. Dann aber wurde die »eine Rede zu viel« von Jack Ma zum Auslöser für eine Reinigungskampagne, die in den folgenden Jahren allemal hätte stattfinden müssen. Es hagelte nun Sanktionen im gesamten Tech-Sektor. Von einem Tag auf den anderen hörten die Digital-Tycoons auf, Helden zu sein.

Xi Jinping hatte sie 2021 in der Pekinger *Volkszeitung* gewarnt, kurz nachdem Jack Ma wieder aufgetaucht war: »Die Entwicklung der Plattformökonomie ist gegenwärtig in China in einem kritischen Stadium, und es ist notwendig, mehr für die Lösung offensichtlicher Probleme zu tun und eine an Regeln orientierte, gesunde und dauerhafte Entwicklung zu fördern.«[4] Er zielte besonders auf zwei größere Anomalien ab.

Zuerst den Missbrauch von marktbeherrschenden Positionen und Praktiken zur Ausschaltung von Konkurrenz (erzwungene Exklusivität, Nutzung von Monopolen, Vermeidung der Kompatibilität der Plattformen untereinander und so weiter). Dann auch auf den Missbrauch von persönlichen Daten (der exzessiven Sammlung von Daten und ihrer nicht reglementierten Nutzung). In beiden Fällen mussten die Konsumenten und die kleinen Unternehmen geschützt werden. Das alles erinnerte stark an das, was man aus Europa und Amerika kennt – und weitgehend hinnehmen muss.

Jahrelang hatten die chinesischen Riesen der Digitalwirtschaft ihre beherrschende Position genutzt, um die Händler zu zwingen, Exklusivverträge mit ihnen zu schließen. Einige behinderten die Nutzung von Diensten der Konkurrenz, andere griffen auf Dumpingmaßnahmen zurück, um sich Marktanteile zu sichern, und alle sammelten auf Teufel komm raus Milliarden von persönlichen Daten. Der einzige Unterschied zu den westlichen Riesen war vermutlich eine geringere Nutzung von Steueroasen ... Jedenfalls wurde auch die chinesische Bevölkerung allmählich misstrauisch und wurde zunehmend empfindlich, was die Nutzung ihrer Daten betraf. Doch es ist nicht sicher, ob sie dabei siegreich sein wird, denn deren Aneignung hat inzwischen allein zum Vorteil des Staates stattgefunden: Die Kontrolle der Daten sichert seitdem der chinesischen Kommunistischen Partei die absolute Überwachung der Bürger. Es werden nicht mehr wie früher Quartierswarte benötigt, um die Handlungen und Ortsveränderungen der Bewohner zu überwachen: Ihr ganzes Leben ist heute digital nachverfolgbar.

Alibaba war also das erste Opfer der »Begradigung«. Der Konzern wurde im März 2021 zu einer Geldstrafe von 2,3 Milliarden Euro – ein Rekord – wegen Missbrauchs einer marktbeherrschenden Position verurteilt. Der Onlineriese hatte in der Tat Vergeltungsmaßnahmen gegen Händler verhängt, die ihre Produkte auf anderen Plattformen als seiner eigenen verkauften. Die Regulierungsbehörden erklärten der neuen Führungsmannschaft von Alibaba zudem, dass ihr Unternehmen strukturell zu viel Geld verdiene und exzessive Profite in der Digitalwirtschaft nicht länger erwünscht seien.

70 zur Ordnung gerufene Firmen

Nur drei Tage nach den gegen Alibaba verhängten Sanktionen wurden 34 Tech-Unternehmen von der für die Überwachung der Konkurrenz zuständigen Behörde zusammengerufen und aufgefordert, ihre monopolistischen Praktiken zu beenden. Zehn von denen, die diszipliniert worden waren, publizierten schon am Folgetag Versprechen künftigen Wohlverhaltens. Sie verpflichteten sich, ihre Kunden nicht länger daran zu hindern, auf konkurrierenden Plattformen zu verkaufen; nicht länger Preise radikal herabzusetzen, um Marktanteile zu gewinnen; das geistige Eigentum zu respektieren; die Rechte der Verbraucher zu beachten; die Behörden zu unterrichten, wenn ihnen illegale Aktivitäten auffallen; nicht länger persönliche Daten zu sammeln; ihre führende Position nicht zu missbrauchen; keine Bündnisse mit anderen Marktteilnehmern zu schließen.

Drei Jahre danach schätzt man, dass 70 Unternehmen des Sektors »zur Ordnung gerufen« worden sind, darunter Alibaba, Tencent, NetEase, Kuaishou, Trip.com, Bilibili oder Didi Chuxing. Diese Akteure in ganz unterschiedlichen Bereichen des chinesischen Internets – soziale Netzwerke, E-Commerce, Nahrungsmittelbringdienste, Videokonferenzen, Hotelreservierungen, Suchmaschinen – wurden aufgefordert, sich selbst zu bewerten und sofort die nötigen Maßnahmen zu ergreifen, um die Einhaltung der Regeln für die Konkurrenz zu sichern, aber auch, »um ihr Verantwortungsgefühl zu schärfen und den Interessen des Landes stets den Vorrang einzuräumen«. Peking beabsichtigt damit, die Praxis der »eingezäunten Gärten« zu beenden, die zum Beispiel die Kunden der

E-Commerce-Site Taobao (einer Filiale von Alibaba) daran hindert, ihre Käufe mit dem System WeChat Pay (einer Filiale von Tencent) zu bezahlen, oder verhindert, dass die Videos von Douyin (ByteDance) auf WeChat (Tencent) abrufbar sind.

Alles dies fand unter einem Hagel von Geldstrafen statt … So wurde Didi bestraft, der chinesische Marktführer für Videokonferenzen, zwei Tage nachdem er im Juli 2022 in New York an die Börse gegangen war und 4,4 Milliarden Dollar erlöst hatte. Angeklagt, illegal persönliche Daten ihrer Nutzer gesammelt zu haben, musste die Firma ihre App aus allen Stores entfernen.

Last but not least lud der Staat sich, direkt oder über Gebietskörperschaften, in die Aufsichtsräte der großen Tech-Unternehmen ein, um deren Entscheidungen besser kontrollieren zu können. Warum es kompliziert machen, wenn es auch ganz einfach geht?

Die meisten dieser Gesellschaften sind an der New Yorker Börse notiert, und die Aktienkurse sind angesichts dieser Aussichten auf verminderte Profite eingebrochen. Bis heute haben sie mehr als 1000 Milliarden Dollar an Börsenwert verloren … Was den gesamten chinesischen Privatsektor geschwächt hat. Da dieser für 50 % des Steueraufkommens im Lande sorgt, für 60 % des Wachstums des BIP und für 80 % der Beschäftigung, heißt das, dass die Gesamtwirtschaft damit bestraft worden ist. Um nicht von dem Effizienzverlust zu reden, der auf den Hinauswurf der Gründer folgte, denn außer Jack Ma mussten sich auch Colin Huang (Pinduoduo), Richard Liu (Tencent), Zhang Yiming (TikTok), Cheng Wie (Didi) und manche anderen unter dem Druck aus Peking zurückziehen. Sie alle mussten erleben, dass zusammen mit dem Wert ihrer Gesellschaften auch ihr Vermögen schrumpfte: Das von Leo Jun (Xiaomi-Smartphones) schmolz um 6 Milliarden Euro, das von Colin Huang (Pinduoduo) um 30 Milliarden und das von Ma Huateng, genannt »Pony Ma«, dem reichsten Mann Chinas, um 32 Milliarden.

Doch Xi Jinping kümmern diese Kollateralschäden wenig: In China gilt wieder das Primat der Politik über die Wirtschaft. In einer Nation, in der die Zahl der Internetnutzer Hunderte Millionen beträgt, dienen die Giganten der Digitalwirtschaft von nun an den Zielen der Partei. Ausnahmen sind nur vorübergehend möglich.

Die sozialen Netzwerke sind »geistiges Opium«

Die Auswirkungen der digitalen Welt auf das gesellschaftliche Leben sind so umfassend, dass die Wiedererlangung der wirtschaftlichen Kontrolle mit Aktionen zur »moralischen Verbesserung« der chinesischen Gesellschaft einherging, die »dekadent« zu werden drohte. Die Probleme sind dieselben wie die, die uns im Westen Google oder Facebook aufgeben, doch in einem autoritär regierten Land lassen sie sich leichter regeln. Xi Jinping muss nur entscheiden.

Die Social Media, die Onlinespiele und -wetten werden von den Behörden als »geistiges Opium« dargestellt und ihre exzessive Nutzung als »Sucht« bezeichnet. Die 2021 verfügte neue Reglementierung erlaubt unter 18-Jährigen Videospiele nur freitags, samstags und sonntags zwischen 20 und 21 Uhr. Während der Schulferien kann die erlaubte Nutzungsdauer auf bis zu zwei Stunden angehoben werden.

2023 hat Xi Jinping die Schraube der Maßnahmen gegen die Sucht nach Social Media noch einmal angezogen, die als Faktor »gesellschaftlicher Dekadenz« betrachtet und für schlechtere Schulleistungen der jungen Generation und schwächere Ergebnisse beim Sport verantwortlich gemacht werden. Die Entscheidung wurde von der Cyberspace-Behörde Chinas, der Superregulierungsbehörde für das Web, verkündet. Unter 18-Jährige haben zwischen 22 Uhr und 6 Uhr morgens mit ihren Handys keinen Zugang mehr zum Internet. Die Smartphone-Hersteller und die Plattformen sollen über einen von den Eltern einstellbaren Modus »Minderjährige« verfügen. Auch während des Tages wird der Zugang entsprechend dem Alter begrenzt: auf 40 Minuten täglich für unter 8-Jährige, eine Stunde für 8- bis 16-Jährige, zwei Stunden für 16- bis 18-Jährige …

Ebenso werden Grenzen für die Ausgaben festgelegt: 8- bis 16-Jährige dürfen nicht mehr als 25 Euro monatlich für virtuelle Dinge ausgeben; für die 16- bis 18-Jährigen steigt die Grenze auf 50 Euro.

Und es spielt dabei keine Rolle, ob die Aktienkurse der chinesischen Tech-Giganten dadurch weiter nachgeben. Sie sind angehalten, mit ihren Inhalten »die sozialistischen Grundwerte, die fortgeschrittene sozialistische Kultur, die revolutionäre Kultur und die hervorragende traditionelle chinesische Kultur zu fördern« … und vor allem die Schaffenskraft der neuen Generationen zu schützen. 24 Millionen kleine Chinesen sollen heute unter einer vom Missbrauch der Social Media verursachten Krankheit leiden.

Wie aber will die chinesische Cyberspace-Behörde es schaffen, diese Entscheidungen konkret umzusetzen? Durch Inspektionen und durch die Selbstdisziplin der Hersteller: Die Plattformen sollen die nötigen Daten liefern und selbst Studien über die Wirkung ihrer Produkte anstellen. Um das Alter von Spielern festzustellen, sollen die Provider ihre Personalausweise kontrollieren. Auch werden Gesichtserkennungsprogramme genutzt, vor allem bei Tencent, und zwar für etwa 60 Spiele, darunter *Honor of Kings*, das täglich 100 Millionen Nutzer hat. Tencent hat schon eine maximale Spieldauer programmiert, um unter 18-Jährige daran zu hindern, sich nachts einzuloggen … Doch die Regulierungsbehörde bestellte den Chef des Unternehmens gemeinsam mit dem von NetEase ein, um deutlich zu machen, dass sie für die genaue Einhaltung der Drei-Stunden-Regel zu sorgen und Spielszenarien zu verändern haben, die Sucht erzeugen können. Bis dahin hat Peking die Zulassung neuer Gaming-Produkte zurückgestellt.

Die Maßnahmen der chinesischen Regierung gegen Spielsucht und zu lange am Bildschirm zugebrachte Zeiten sind gesundheitspolitische Maßnahmen, über die eines Tages auch Europa nachdenken sollte. Der Kampf gegen die unkontrollierte Ausbeutung von Daten und monopolartige Praktiken ist im Prinzip ebenso legitim, auch wenn die chinesische Vorgehensweise in unseren Ländern nicht legal wäre. Nichtsdestoweniger hat auch der Westen jeden Grund, den Missbrauch marktbeherrschender Stellungen und exzessive Profite zu unterbinden.

Die Zensur zügelt die generative KI

Indem er zu diesen »Begradigungsmaßnahmen« griff, brachte Xi die Giganten der Digitalwirtschaft auf Linie. Das oben zitierte Mantra von Deng Xiaoping, »Bereichert euch!«, ist 40 Jahre später zu »Bereichert euch weniger und vergesst nicht, wem ihr euer Vermögen verdankt!« geworden. Die bekanntesten Manager müssen zeigen, dass sie auch soziales Engagement und so etwas wie moralische Aufrichtigkeit zeigen. Diese neue chinesische Logik erinnert an die finsteren Anfänge der Kulturrevolution.

Dass der Staat wieder die Kontrolle übernimmt, hat Konsequenzen für das Tempo des wirtschaftlichen Wachstums und langfristig auch auf die Entwicklung der KI im Reich der Mitte. Die chinesische Cyberspace-Behörde hat im April 2023 verfügt, dass der Inhalt der generativen KI »die grundlegenden sozialistischen Werte verkörpern« müsse und nichts enthalten dürfe, »das die Staatsmacht beschädigen, die Beseitigung des sozialistischen Systems verlangen, zur Spaltung des Landes aufrufen oder die nationale Einheit untergraben könnte«. Das heißt aber, das Zensursystem, das Texte aufgrund von Schlüsselbegriffen filtert, ist nicht mit KI-Programmen wie ChatGPT kompatibel. Je mehr die Zensur den Inhalt der generativen KI kontrolliert, desto beschränkter sind die Informationen zu China, die der Chatbot generiert. Tatsächlich sind die ersten

Nutzungen eines Chatbots »chinesischen Typs« enttäuschend gewesen. Ernie Bot, das bekannteste chinesische Äquivalent zu ChatGPT, das Baidu herausgebracht hat und das so programmiert ist, dass es jedes politische Thema meidet, funktioniert schlecht »in einem von Brandschutzwällen zerstückelten und von der staatlichen Zensur bestimmten Internet«. Es produziert in der chinesischen Version viel mehr falsche oder »halluzinierte« Informationen als in der englischen oder deutschen.

Dabei wird wieder deutlich, dass die Sprache nichts als ein Informationsinstrument ist und dass gilt: »Wer die Information kontrolliert, kontrolliert die Welt« (Sun Tse). In der Ära der KI ist dies für China eine echte Herausforderung, denn Information ist der Brennstoff für KI-Modelle vom Typ ChatGPT. Und Restriktionen werden den Weg zur Weltmacht behindern.

Die Flut von Sanktionen und Reglementierungen sind Teil einer größeren Kampagne, in der es um den Kampf gegen »die Auswüchse des Kapitalismus« geht und darum, »allgemeinen Wohlstand« zu erlangen, das neue Leitmotiv Xi Jinpings. Doch die Wirklichkeit hinter diesen beruhigenden Floskeln ist komplizierter.

Peking braucht die von den Tech-Giganten gesammelten persönlichen Daten der Bürger, damit sein berühmtes »Sozialkredit«-System funktionieren kann, das System der Punktzahlen, die jeder oder jede Einzelne erhält und die es ihm oder ihr erlaubt, sofern sie hoch genug ist, einen Kredit aufzunehmen, mit der Bahn oder dem Flieger zu reisen oder ein Auto zu leihen. Auch jedes Unternehmen hat einen »Sozialkredit« und kann zum Beispiel, wenn er gut genug ist, ein Darlehen erhalten, das ihm ermöglicht, sich weiterzuentwickeln.

Xi Jinping triumphiert

Dass der Staat die Dinge wieder in die Hand nahm, war wesentlich dafür, die absolute Macht von Xi Jinping und der Partei zu erhalten. In einer Notiz von 2023 merkt Ernan Cui, eine Analystin von Gavekal Dragonomics in Peking, an, dass die Covid-19-Pandemie die Abhängigkeit der chinesischen Gesellschaft von den Dienstleistungen eines allgemein zugänglichen Internets offengelegt habe, die zu einer lebenswichtigen Infrastruktur geworden seien. »Peking«, schreibt Ernan Cui, »musste befürchten, dass die Internetplattformen mächtiger würden als der Staat selbst.«[5]

Milliardäre, die mächtiger sind als der Staat: das war es, was es in China nicht geben durfte! Ein Verhalten wie das von Larry Page und Sergey Brin, die nicht die Steuern zahlen, die sie eigentlich zahlen müssten; wie das von Jeff Bezos, der gegen die Anti-Trust-Gesetze verstößt; oder wie das eines Elon Musk, dessen Wutanfälle man fürchten muss, weil die Weltraumpolitik und die nationale Verteidigung von ihm abhängen – all dies ist im Reich der Mitte unvorstellbar. Ein privates Unternehmen kann hier nicht ablehnen zu zahlen, was es zu zahlen hat, kann auch keine hoheitlichen Aufgaben übernehmen oder Daten besitzen, die dem Staat nicht zugänglich sind. Indem die Pandemie die Digitalisierung von Dienstleistungen beschleunigt hat, hat sie auch gezeigt, was passiert wäre, wenn die Tech-Giganten in China den Platz eingenommen hätten, den sie in den Vereinigten Staaten oder in Europa haben, und unkontrollierbar geworden wären. Die chinesische Regierung hat die Gefahr gewittert und die Reißleine gezogen. Kein Magnat der Tech-Konzerne darf so mächtig werden, dass er eines Tages dem chinesischen »Kaiser« oder der Partei die Stirn bieten könnte.

Die Vereinigten Staaten täten gut daran, dies zur Kenntnis zu nehmen. Denn auch wenn man die Regeln eines Rechtsstaats einhält, es ist möglich, die Inbesitznahme kompletter Bereiche unseres Lebens durch die Tech-Milliardäre zu beenden. Doch um diesen Leviathan anzugreifen, braucht es politischen Mut.

7. Kapitel

Wie sähe eine Welt ohne Staaten aus?

Sie drängen die Kinder auf der ganzen Welt dazu, vor ihren Bildschirmen zu hocken, aber sie stellen sicher, dass ihre eigenen das nicht tun. Ganz offen begrenzen sie den Zugriff ihres eigenen Nachwuchses auf Programme, die unseren »süchtig« machen. Die Tech-Milliardäre kennen die Auswirkungen der Social Media und der in hohen Dosen genossenen Videospiele auf die geistige Gesundheit der jungen Menschen zu gut, um für ihre Sprösslinge irgendwelche Risiken einzugehen. Was für uns gut sein soll, ist es für sie keineswegs.

Als sie an der Wende zum 21. Jahrhundert Facebook, Google oder Amazon auf den Markt brachten, waren diese Tech-Genies noch keine Eltern. Doch sie sind es geworden, und sie sehen jetzt klarer. Das »Urgestein« Bill Gates, dessen drei Kinder Jennifer, Rory und Phoebe nach 1999 geboren sind, hat nicht erlaubt, dass sie ein Handy hatten, bevor sie 14 waren, egal wie lächerlich das ihren Freunden vorkam. Und als sie es schließlich bekamen, hat er die Nutzungsdauer am Abend begrenzt und die Geräte aus den Schlafzimmern verbannt. Die Optimierung ihres Umgangs mit digitalen Geräten – für die Hausaufgaben? für den Austausch mit ihren Freunden? um auf Social Media zu gehen? – war für Bill und Melinda Gates immer wieder Thema.

Die Kinder von Steve Jobs, dem 2011 verstorbenen Apple-Chef, haben nie ein iPad im Haus vorgefunden, wenn er selbst nicht da war. Ihr Vater sprach sich dafür aus, »die Zahl der digitalen Geräte, an die sie herankönnen, zu begrenzen«[1], erklärte sein Biograph Walter Isaacson gegenüber der *New York Times*, und auch die Zeit, die sie damit zubringen. »Jeden Abend bestand Steve darauf, dass sie an dem langen Tisch in der Küche das Abendbrot einnahmen, und brachte sie dazu, über Bücher oder Geschichte zu sprechen.«[2] Bei ihm wie bei seinem alten Rivalen war klare Sache: niemals ein Handy bei Tisch.

Und was Mark Zuckerberg, den Gründer von Facebook, betrifft, so schrieb er 2017 einen Brief an seine gerade geborene Tochter August, in dem er sie aufforderte, »draußen spielen zu gehen«[3]. Einem Journalisten des *Telegraph* vertraute er an, dass er es besser fände, wenn seine Kinder »die Blumen riechen statt ihre Zeit auf Social Media zuzubringen«[4]. Das wäre ja auch die Höhe!

Kevin Systrom, der 2016 Instagram mit gegründet und 2018 seinen Anteil an Mark Zuckerberg verkauft hat, hat den Wunsch geäußert, die nächste Generation von Tech-Unternehmern möge doch bitte die Probleme mit der Belästigung in den sozialen Netzen lösen, das er mit verursacht, aber nicht einzudämmen vermocht habe.[5] Denn das Problem sei ihm erst nach der Geburt seiner Tochter Freya im Jahr 2018 bewusst geworden: Seine Ängste um sie hätten ihn verpflichtet, sich gegen sein »eigenes Erbe« zu wenden.

Chris Anderson, der frühere Chefredakteur des amerikanischen Magazins *Wired* und heute Direktor von 3D Robotics, begrenzt bei seinen Kindern die Verwendung von Techno-Geräten. Seine absolute rote Linie? Niemals ein Bildschirm im Schafzimmer! Seine Kinder beschimpfen ihn als Faschisten, doch er gibt zurück: »Ich bin der unmittelbare Zeuge der Gefahren dieser Technologien gewesen.«[6] Ähnlich wie er hat auch Susan Hobbs, Personalchefin der Gesellschaft für Cybersicherheit Cloudflare, ihrer 15-jährigen Tochter den Umgang mit Social Media untersagt und rechtfertigt ihre Entscheidung mit ihrer »persönlichen Kenntnis« des Milieus und der Motive der Menschen, die dort die Entscheidungen treffen.

»Bildschirmfreie« Schulen für ihre Kinder

Noch ein letztes Zeugnis, und kein ganz unwichtiges, nämlich das von Chamath Palihapitiya, der, wie wir gesehen haben, verantwortlich war für das Wachstum der Mitgliederzahl von Facebook. Dieser Mann, der die intimste Kenntnis der Mechanismen hat, die erfunden worden sind, um die Leute süchtig nach Social Media zu machen, erweist sich als ihr härtester Gegner: »Meine Kinder dürfen diese Sch… nicht nutzen«[7], schnaubte er bei einer Konferenz in der Stanford Graduate School of Business. Für ihn »untergraben« die sozialen Netzwerke »die Fundamente des menschlichen Anstands«[8], zerstören den sozialen Zusammenhalt und versklaven die Gehirne ihrer Nutzer. Er hat Facebook 2011 verlassen und eine Risikokapitalfirma gegründet.

In ihrer übergroßen Mehrheit lehnen die Tech-Ingenieure es ab, ihre Kinder vor einen Bildschirm zu lassen. Sie sind sich der Folgen dessen bewusst, was passiert, wenn sie sich zu viel mit Computern und mit den sozialen Medien beschäftigen: Abhängigkeit, Mobbing, Probleme der mentalen Gesundheit. Und weil sie keine halben Sachen machen, schicken sie ihren Nachwuchs oft auf Schulen, wo Bildschirme grundsätzlich verboten sind. Die renommiertesten sind die Waldorf-Schule von Seattle und ihr Gegenstück im Silicon Valley, die Waldorf School of the Peninsula, ein paar Dutzend Kilometer entfernt von San Francisco. Die Kinder vieler Spitzenkräfte von eBay, Google, Apple und Yahoo! gehen dorthin. Diese Schulen verbannen Computer, iPads und sogar Fernseher bis zum Gymnasium und ziehen Bücher, Papier und Buntstifte vor, vor allem aber legen sie Wert auf gemeinsame Aktivitäten mit den Lehrenden. Sie gestalten ein Lernen, das auf Engagement, persönlichem Austausch und der Reduzierung digitaler Ablenkungen beruht. Ziel ist es, die Konzentration, die direkte Kommunikation und die soziale Interaktion zu stärken. Denn man lernt Kreativität nicht mit einer Kreativitäts-App! Die Vorstellung, ein iPad könnte einem besser Mathe beibringen als eine Lehrperson, ist abwegig. »Schüler, die sehr oft Tablets oder Computer nutzen, sind tendenziell weniger erfolgreich als solche, die sie nur maßvoll nutzen«[9], hat Andreas Schleicher, der für die Bildung zuständige Direktor bei der OECD, versichert.

Damit die Kinder ihre Persönlichkeit entwickeln und lernen, zu denken und etwas zu »machen«, legt die Erziehung besonderen Wert auf künstlerische und manuelle Aktivitäten. Um etwas für sich zu schaffen, müssen sie Materialien benutzen – zum Beispiel einen Kuchen backen oder eine Taschenlampe basteln – und sich mit einem Erwachsenen unterhalten; bestimmte menschliche Fähigkeiten können sich nicht am Bildschirm entwickeln, der ja nur eine viereckige Glasscheibe ist: Man muss lernen, Dinge herzustellen und das alleine zu schaffen. So werden Kinder autonomer und entwickeln ihre sprachlichen Fähigkeiten und ihre Reaktivität, denn – so drückt es Patrice Maynard aus, eine der Repräsentantinnen der amerikanischen Waldorf-Schulen: »Wenn Sie ein Kind allein vor einen Bildschirm setzen, wird es dadurch nicht unbedingt intelligenter«[10] …

Wie soll man Menschen vertrauen, die ihren Kindern den Umgang mit digitalen Geräten verbieten, aber die der anderen süchtig machen, allein zu dem Zweck, ihre Profite sprudeln zu lassen? Ist das Zynismus oder Verantwortungslosigkeit?

Beides ist richtig! Auch wenn die alten Facebook-Mitarbeiter behaupten, Mark Zuckerberg sei gar nicht so zynisch gewesen, wie es vielleicht schien, sei aber von seiner eigenen

Schöpfung »überholt worden«: Er sei in einer Spirale gefangen gewesen, aus der er nicht mehr herauskam, wie ein Radfahrer, der in die Pedale treten muss, um nicht zu fallen.

Schuld, aber nicht schuldig? Das ist zu einfach. Und es ist schwierig, nicht den Vergleich zu ziehen mit Billy Bauer, einer von Mark Zuckerberg und Jack Dorsey, dem ehemaligen Twitter-Chef, inspirierten Gestalt in einer Episode der britischen Sci-Fi-Serie *Black Mirror*. Chris Gillhaney, User von Smithereens, einem sozialen Netzwerk auf halbem Weg zwischen X und Facebook, hat bei einem Autounfall seine Verlobte getötet, weil er nicht anders konnte, als am Steuer sitzend auf sein Handy zu gucken. Er hatte gerade eine Nachricht auf Smithereens bekommen, die Neugier hatte ihn gepackt, er hat einen Blick darauf geworfen … und ist auf einen Schwertransporter aufgefahren; seine Verlobte auf dem Beifahrersitz ist sofort tot gewesen. Darauf ist Chris verzweifelt. Bevor er Selbstmord begeht, verlangt er den Chef von Smithereens zu sprechen, Billy Bauer, der für all dieses Unglück verantwortlich ist, weil er sein soziales Netzwerk zu suchterzeugend gestaltet hat.

Bauer zeigt Mitgefühl und gesteht desillusioniert: »Das tut mir wirklich sehr leid. So etwas hätte nicht passieren dürfen, nicht wegen unserer Plattform. Das war ganz anders, als ich sie gegründet habe. Und dann hat sie ganz andere Dimensionen angenommen und ist total aus dem Ruder gelaufen. Sie ist was Progressives gewesen. Man hat mir gesagt: Bill, du solltest das Ding noch weiter optimieren, die Leute sollen ja dabeibleiben. Und dann ist das daraus geworden … eine richtige Droge, ein fieses Casino, dessen Türen immer offenstehen und wo es freie Getränke für alle gibt … Es gibt sogar ein Team, das das Ding immer wieder neu macht, es wirkt auf die Leute wie Dopamin, und man kann nichts mehr machen, um das zu verhindern, und doch bin ich es gewesen, der das Ding angefangen hat, aber jetzt kann ich es nicht mehr stoppen …«

Auch Mark Zuckerberg hat die Selbstmorde von Jugendlichen aus Liebeskummer oder wegen Onlinemobbing nicht gewollt, auch nicht das wachsende psychische Elend der Generation Instagram. Doch er hat nichts unternommen, um diese »Lateralschäden« zu verhindern, deren er sich schon früh bewusst war, und er hat sie sogar noch vermehrt, indem er seine Plattformen weiter »optimierte«, damit sie noch süchtiger machten.

Verantwortungslosigkeit und Unreife an der Macht

Sind sie vielleicht so unverantwortlich, weil sie unreif sind? Die Beschimpfungen, mit denen Mark Zuckerberg und Elon Musk sich überziehen (ganz abgesehen einmal von den skatologischen Tweets des Letzteren) könnten das nahelegen. Die Intelligenz (oder eher das IQ-Level), mit der Zuck und Musk so reichlich gesegnet sind, und das Asperger-Syndrom, das angeblich bei beiden diagnostiziert werden kann, können zusammen zu einer Art Soziopathie und Unreife führen. Im Sommer 2023 zeigten sich beide Männer bereit, in einem Käfig in einem Kampf in Mixed Martial Arts, bei dem alles erlaubt ist, gegeneinander anzutreten.

Ihre Verachtung füreinander ist nicht neu: Sie datiert vom 1. September 2016. An diesem Tag explodiert auf der Startrampe in Cape Canaveral eine *Falcon-9*-Rakete, wobei auch der Satellit zerstört wird, der Facebook erlauben soll, eine Internetverbindung zu ländlichen Gebieten in Afrika herzustellen. Zuckerberg ist wütend. Ein paar Jahre später lehnt er es ab, eine von Musk initiierte Petition für ein Moratorium der KI-Forschung zu unterzeichnen. Darauf lässt Musk, wie wir schon gesehen haben, verlauten, dass Marks Verständnis von der KI »begrenzt« sei …

Der Streit wird im Juli 2023 noch giftiger mit Threads, die in weniger als einer Woche 100 Millionen neue Abonnenten anziehen. Nachdem er damit gedroht hat, gegen ihn zu klagen, bezeichnet Elon Musk seinen Konkurrenten als »Hahnrei« und fordert ihn zu einem »Peniswettbewerb« auf. Soll man das lustig finden bei einem Mann, der auch schon beschuldigt wurde, die Frau von Sergey Brin »gekapert« zu haben? Statt sich gegen die öffentliche Verurteilung zu wehren, in der ihnen vorgeworfen wird, die öffentliche Debatte immer hysterischer werden zu lassen, machen sich die beiden Tycoons selbst zu Karikaturen …

Die Sache mit dem Kampf im Käfig zieht sich allerdings in die Länge, da Musk behauptet, sich zuvor einer Operation unterziehen zu müssen. Doch der Mann scheint es ernst zu meinen, denn er vermittelt den Eindruck, sich alle »systemrelevanten Milliardäre« zur Brust nehmen zu wollen: Wie wir gesehen haben, hat er auch Bill Gates, Jeff Bezos und Sergey Brin angegriffen …

Diejenigen freilich, die gehofft haben, Musk und Zuck würden sich gegenseitig vernichten, werden nicht auf ihre Kosten kommen. Diese in den Medien so gehypten Rivalitäten sind oft nur Fassade. Steve Jobs und Bill Gates, die Langzeitfeinde, haben sich nie wirklich etwas getan und sich am Ende versöhnt. Die Provokationen, mit denen sich die Milliardäre überziehen, sollten nicht vergessen machen, dass sie gegenüber Regierungen und Regulierern zusammenstehen.

Elon Musk und Mark Zuckerberg haben übrigens noch eine weitere gemeinsame Leidenschaft: die Antike. Musk verfasst seine Tweets zuweilen auf Latein, und Zuckerberg, ebenfalls des Lateinischen kundig, wollte seine Währung Libra (Pfund auf Latein) nennen. Auch sollen sie gewünscht haben, dass ihr Kampf im Kolosseum in Rom stattfinden sollte. Der italienische Kulturminister war dagegen, hat ihnen jedoch eine andere historische Arena versprochen. Sie, die an der Spitze internationaler Konzerne stehen und mit der Zukunft von Milliarden von Menschen spielen – vergleichen sie sich wirklich mit antiken Imperatoren? Sie wissen, dass die Zukunft der Menschheit in ihren Händen liegt.

Aber wie würden Gesellschaften aussehen, deren demokratische Regierungen beseitigt sind und über die diese »visionären Genies« herrschen, ohne dass es ein Gegengewicht gäbe?

Alle diese systemrelevanten Unternehmer sind von der Ideologie des Libertarismus geprägt.[11] Der zentrale Wert ist für sie die Freiheit des Individuums gegenüber dem Staat, und sie lehnen jede Art von Autoritarismus in der Organisation der Gesellschaft wie im Privatleben ab. Doch sie sind keine Anarchisten: Damit ein jeder ein Vermögen machen kann, muss die Gesellschaft ein paar Regeln aufstellen – wie das Recht auf Eigentum, den Respekt gegenüber den Behörden, die allgemeine Ordnung … doch in alles Übrige soll der Staat, so finden sie, sich nicht einmischen: Besser ist es, die Initiative visionären Einzelnen zu überlassen.

Anhänger eines »effizienten Altruismus«

Der andere Pfeiler einer Gesellschaft, in der sie die Macht hätten, wäre der »effiziente Altruismus«, dem die meisten von ihnen nahestehen. Diese Lehre ist von dem Australier Peter Singer begründet worden, der den Ethiklehrstuhl an der Universität von Princeton innehat; in Amerika gilt er als »der einflussreichste lebende Philosoph«. Der effiziente Altruismus ist aus dem Utilitarismus hervorgegangen, einer Gedankenwelt, die in Unternehmerkreisen seit je weit verbreitet ist. Für ihn geht es um das größte Glück für die größte Zahl. Das Grundprinzip ist dabei, dass die zur Verfügung stehenden Mittel so vielen Menschen zugutekommen sollen wie möglich. So ist es zum Beispiel besser als 40 000 Dollar für die Ausbildung eines Blindenhunds auszugeben, das Geld zu nutzen, um in Afrika das Trachom zu behandeln: Da jede Operation 50 Dollar kostet, wird man 800 Menschen von Blindheit heilen, statt nur einem einzigen Blinden zu helfen.

Singer findet auch, dass die beste Art und Weise, Leben zu retten und anderen zu helfen, die ist, in einem möglichst lukrativen Bereich zu arbeiten. Die Absolventen der großen Universitäten sollten sich nicht in NGOs engagieren, denn sie wären nützlicher, wenn sie im Finanzsektor oder in der Tech-Industrie Karriere machten, weil sie dann viel mehr Geld für wohltätige Zwecke spenden könnten.

Der Fall des Kryptowährungs-Milliardärs Sam Bankman-Fried, dem 15 Jahre Gefängnis wegen Finanzbetrugs drohen, hat die Grenzen einer solchen Philosophie aufgezeigt. »SBF« hat sich bereichert und konnte dann den Philanthropen spielen, da er die Depots der Kunden auf seiner Plattform FTX geplündert hat, um mit einer Tochtergesellschaft, Alameda Research, riskante Anlagen zu finanzieren. Natürlich ohne vorher seine Anleger zu fragen. Er hat zunächst ein Vermögen gesammelt und dann einen Teil davon wie Robin Hood als »effizienten Altruismus« unter den Armen verteilt. Seine moralische Regel war, so viel Gutes wie möglich für möglichst viele Menschen zu tun. Dann hat er allerdings viel Geld verloren (und mit ihm die Anleger) und wurde demaskiert, allerdings ohne dass er sich wirklich schuldig fühlte, denn er hatte ja für eine gute Sache gehandelt. Er, der einmal »die Schulden für die Bahamas bezahlen« wollte, hat nichts als Ruinen hinterlassen ... und sein Prozess ist auch zum Prozess des Utilitarismus geworden: Hat man das Recht, allgemeine Regeln (»du sollst nicht stehlen«) zu verletzen, um die Menschheit zu retten? Die Kälte der utilitaristischen Argumentation ist erschreckend. Was ist Wohltätigkeit ohne Empathie, Tugend ohne Disziplin?

Der Guru der »effizienten Altruisten«, Peter Singer selbst, befand sich wenig später im Mittelpunkt einer erbaulichen Polemik. Seit je plädiert er dafür, ältere Menschen, die dement geworden sind, zu euthanasieren, so wie überhaupt alle, die für ihn keinen »Nutzen« für die Gesellschaft haben. Für den Verfechter eines »Anti-Speziesismus« ist das Menschenleben nicht heiliger als das eines Pferdes oder Hundes, und er hält es für »besser, medizinische Experimente an unheilbar geschädigten bewusstlosen Waisen durchzuführen als an völlig gesunden Ratten«.

Doch die Grenzen seiner Theorien sind kürzlich für die Öffentlichkeit sichtbar geworden. Singer hat erfahren, dass seine Mutter Alzheimer hatte. Gewiss weil sie die Thesen ihres Sohnes teilte – außer sie wollte ihm einfach nur einen Gefallen tun – hatte sie Anweisungen niedergelegt: Sollte sie eines Tages unnütz werden, sollte man ihr Leben nicht verlängern.

»Wenn es sich um Ihre Mutter handelt, ist das etwas anderes«

Als Singer also zusammen mit seiner Schwester über das Schicksal seiner Mutter, die jetzt völlig von anderen abhängig war, entscheiden musste, organisierten sie eine permanente häusliche Pflege mit mehreren Pflegekräften, um ihr Leben zu verlängern.

Auf den krassen Unterschied zwischen Philosophie und Praxis angesprochen, antwortete er treuherzig: »Wenn es sich um Ihre Mutter handelt, ist das etwas anderes«.[12] Wobei er wie zur Entschuldigung einfließen ließ, dass vor allem seine Schwester hinter der Entscheidung steckte. Einem Theologen, der ihn darauf ansprach, erklärte er, dass er die Differenz zwischen Theorie und Handeln in diesem Fall bedauere, dass dies aber nicht gegen seine Theorie spreche. Doch weil er diese Differenz bedauerte, wollte der Theologe es genau wissen und fragte Singer, ob er, hinsichtlich seiner Töchter oder seiner Schwester vor dasselbe Problem gestellt, eine seinen Überzeugungen besser entsprechende Entscheidung fällen würde. Aber er bekam keine Antwort …

Es lässt sich leicht erraten, wie sie ehrlicherweise ausgefallen wäre. Genauso wie die unbewusste Logik, die ihr zugrunde gelegen hätte: So eine Theorie gilt für die anderen, aber nicht für einen selbst!

Da alle Menschen, die vor derselben Alternative stehen, wahrscheinlich genauso handeln würden – was bleibt da von dieser »Philosophie«, dieser kalten, mathematischen und rationalistischen Vision vom menschlichen Leben, die blind ist gegenüber den speziellen Verhältnissen in jedem einzelnen Fall?

Die Tech-Milliardäre sind von diesem »effizienten Altruismus« geprägt. Sie alle sind Anhänger eines »Longterminus«, eines effizienten Altruismus, der sich auf die Zukunft bezieht. Da ein Leben ebenso viel wert ist wie ein anderes und es deshalb darum geht, so viele Leben wie möglich zu retten, geht der Longterminism davon aus, dass in der Zeitachse alle Leben gleich wertvoll sind: Künftige Populationen, auch solche, die erst in Hunderten von Millionen Jahren geboren sein werden, sind genauso wichtig wie heutige. Deshalb ist es so dringend, den Weltraum zu erobern, denn jedes bei der Besiedlung des Alls verlorene Jahr kann dazu führen, dass die Menschheit nicht wird überleben können.

Elon Musk will die Menschen zum Mars schicken, Jeff Bezos in Kapseln in der Schwerelosigkeit, doch diese Projekte werden erst von der zweiten Jahrhunderthälfte an möglich sein. Page und Brin wollen den Tod töten und das Altern ausrotten. Bill Gates impft ohne Ende die Erwachsenen von morgen. Und alle, inklusive Mark Zuckerberg, wollen einen Dialog zwischen Gehirn und Computer herstellen, um eines Tages unser Bewusstsein in Roboter (oder die KI in unser Bewusstsein) transplantieren zu können und uns von unseren gebrechlichen Körpern zu befreien. Kurz, alle sind sie bereit, Milliarden in sehr langfristige Projekte zu stecken, in Innovationen, die eine künftige Menschheit erhalten sollen. Dahinter steckt die Idee, Menschenleben, gleich ob gegenwärtige oder künftige, mit Dollarbeträgen gleichzusetzen.

Natürlich besteht das größte Risiko dieser Weltsicht darin, das heutige Leben geringer zu bewerten. Ein Beispiel: Die Entwicklung von Elon Musks *Starship*, der Rakete, die uns zum Mond und dann zum Mars bringen soll, aber noch nicht fertig ist, ist extrem schädlich für den Planeten, dessen Bewohner sie angeblich schützen soll. Wenn sie abhebt, verursacht sie enorme Umweltschäden. Doch langfristig ist wichtiger als kurzfristig … Im Namen des Longterminism betrachtet der Unternehmer SpaceX, Tesla oder Neuralink als philanthropische Projekte.

Wenn Bezos, Musk oder ihre Nachfolger einst operationelle Entscheidungen fällen müssten, wie würden sie, die heute Reklame für den Weltraumtourismus der Reichen machen, wohl darüber entscheiden, wer durch die Auswanderung auf den Mars oder in O'Neill-Kapseln »gerettet« werden soll? Kann man sich vorstellen, dass sie keine neuen Ungleichheiten schaffen würden – Ungleichheiten des Reichtums, des Zugangs zur medizinischen Versorgung und zu neuen Anti-Aging-Behandlungen oder zur Fusion des Gehirns mit der KI, sämtlich Technologien, die sehr teuer sein werden?

Die Ungleichheiten des Einkommens und des Reichtums waren im Mittelalter und bis Ende des 19. Jahrhunderts sehr groß. Im 20. Jahrhundert haben sie sich dank der Industrialisierung, die die Entstehung von Mittelklassen und die Entwicklung einer Gesundheitsfürsorge für alle möglich gemacht hat, deutlich verringert. Doch diese »goldene Zwischenzeit« scheint schon wieder zu Ende zu gehen. Mit diesen Milliardären wird uns die Rückkehr zum Mittelalter verheißen.

Dazu kommt, dass hinter ihren »longtermistischen« Ausführungen eine Tendenz zur Eugenik deutlich wird. In den konservativsten werden die Vorteile des »Pronatalismus«, der Zeugungs- und Geburtenfreudigkeit, gepriesen – so hat beispielsweise Elon Musk elf Kinder mit mehreren Frauen – und die Selektion »genetisch höherstehender« Embryonen empfohlen, ein Diskurs, der nach Rassismus und Transhumanismus riecht. Es lässt dich befürchten, dass diese Denkströmungen, die sich offenkundig gegen den Rest der Menschheit richten, in einen neuen Typus von technokratischem Autoritarismus münden werden, der stets denselben Individuen dient.

Der große Kampf um die »allgemeine KI«

Schließlich ist da die Frage nach der künstlichen Intelligenz, die sich durch alles bisher Gesagte hindurchzieht. In dem Leben, das sie für uns vorbereiten, gleich ob es sich auf dem Mars abspielen wird, in O'Neill-Kapseln oder auf unserer bedrohten Erde, spielt stets die künstliche Intelligenz eine große Rolle. Und nicht zufällig sind sie es, die die KI entwickeln. Sie, die über die gewaltigen Mittel verfügen, sie zu nutzen, sind es, die die besten Ingenieure und Techniker daran arbeiten lassen. Es ist das einzige Gebiet, auf dem sie alle miteinander konkurrieren.

Das heißt, es steht noch nicht geschrieben, wie die Zukunft aussehen wird. Jeder der Milliardäre hat seine eigene Vorstellung davon. Die Rahmenbedingungen sind bei allen dieselben: Der optimistischsten Hypothese zufolge werden sich intelligente und menschenähnliche Wesen an unserer Stelle um alles kümmern, und die Menschen, die arbeiten, werden KI-Designer, Psychologinnen, Anthropologen, Konservatoren, Juristinnen oder Aufseher sein … Der Mensch, der vor allem »Aufseher der KI« sein wird, wird seine Zeit damit verbringen, sich weiterzubilden, und er wird sein Geld – gleich, ob es sich um allgemeines Einkommen, um Renten oder Kapitalerträge handelt – entsprechend den Empfehlungen ausgeben, die er fortwährend erhält, zu Hause oder draußen; wir können uns darauf verlassen, dass die Giganten der digitalen Welt dafür sorgen werden, dass diese Ermunterungen auf unsere Persönlichkeit, unseren Geschmack, unsere Sorgen um die Gesundheit und so weiter zugeschnitten sein werden. Darauf spezialisierte virtuelle Agenten und physische Roboter werden sich aller unserer Bedürfnisse annehmen. In diesem Szenario wird die KI sich als unverzichtbar erweisen, aber in unserem Dienst stehen. Eine Variante dieses Szenarios ist die Verschmelzung von Mensch und Maschine, sobald die

»Singularität« erreicht ist (siehe 3. Kapitel über Larry Page und Sergey Brin). Die KI würde dann über die Implantate in unser Gehirn wandern und unser Dasein erweitern, oder unser Bewusstsein (einschließlich unserer Erinnerungen) würde in Computer übertragen, mit der Aussicht, dass es dann wieder in einen unsterblichen Roboter eingepflanzt wird, der wie ein menschlicher Körper aussieht.

Die KI ist bereits Schritt für Schritt in unser Leben eingedrungen. Schon in sehr naher Zukunft werden mit KI gedopte Brillen uns als Reiseführer dienen können, uns etwa erklären, dass das, was wir gerade sehen, das griechische Theater von Syrakus ist, und alle unsere Fragen dazu beantworten. Sie werden es uns auch ermöglichen, in Echtzeit unser Erstaunen mit unseren Freunden zu teilen, wie wenn wir eine Kamera an die Stirn geschraubt bekommen hätten … und natürlich es auch unserem Partner oder unserem Arbeitgeber erlauben – schließlich nimmt diese Kamera 24 Stunden am Tag auf, was wir erleben –, zurückzuspulen und festzustellen, mit wem wir gegessen oder geschlafen haben, heute oder vor sechs Monaten. Wir haben verstanden: In einer solchen KI-Gesellschaft werden Themen der Ethik, der Kontrolle und der Sicherheit ebenso wie die Verteilung des Reichtums zu großen Herausforderungen werden.

Der pessimistischsten Hypothese zufolge werden wir von der KI überholt werden, weil sie intelligenter geworden ist als wir es sind; wir werden sie nicht mehr beherrschen, und sie wird autonom werden, was das Risiko mit sich bringt, dass sie eines Tages beschließen kann, uns loswerden zu wollen.

Die sechs »systemischen« Milliardäre sind alle an der Schlacht um die KI beteiligt. Kleine Unterschiede gibt es allerdings in ihren Vorstellungen von der Zukunft und im Grad ihres Misstrauens ihr gegenüber: Es gibt die »Zuversichtlichen« und die »Pessimisten«. Larry Page, Sergey Brin und Jeff Bezos gehören zu der ersten Kategorie. Sie stellen sich keine Fragen zu den Gefahren der KI oder sind vielmehr überzeugt – offiziell jedenfalls –, dass der Mensch in der Lage sein wird, ihre Fähigkeiten, Schaden anzurichten, zu beherrschen.

Der Fuchs im Hühnerstall der KI

Schon vor einigen Jahren hat Bill Gates die Alarmglocke geläutet wegen der Bedrohung, die eine »unfreundliche« KI, die intelligenter ist als wir – die auch »Starke KI« oder »allgemeine KI« genannt wird – für die Menschheit wäre. Er unterzeichnete zusammen mit anderen führenden Persönlichkeiten der Tech-Industrie alarmistische Aufrufe und gehörte auch zu den Unterzeichnern einer vom Center for AI Safety veröffentlichten Deklaration, die vor dem »Risiko der Auslöschung durch KI« warnte. Er hat aus dem Thema eine weltweite Priorität gemacht, etwas ebenso Wichtiges wie eine Pandemie oder ein Atomkrieg. Die gesammelte künstliche Intelligenz der Welt – anders gesagt ein ebenso mächtiger Verstand wie der unsere, nur eben künstlich – könnte, warnte er, wenn sie unfreundlich würde, benutzt werden, um nukleare Angriffe vorzubereiten oder biologische Waffen zu entwickeln.

Heute ist Bill Gates müde geworden und hat sich wieder bei Microsoft eingereiht, dem Unternehmen, das zu den führenden Entwicklern der generativen KI gehört, denn wie wir gesehen haben, ist das Unternehmen an OpenAI beteiligt, dem Erfinder von ChatGPT.

Ursprünglich wollte OpenAI eine KI entwickeln, die der ganzen Menschheit dienen sollte, doch sein gigantischer Finanzierungsbedarf nötigte es, den Fuchs in den Hühnerstall zu lassen, indem es eine Partnerschaft mit Microsoft einging. Nun arbeitet OpenAI nicht bloß an generativer KI: Das Unternehmen interessiert sich auch für die allgemeine künstliche Intelligenz, die eines Tages gefährlich werden könnte.

Wenn es sie einmal gibt, soll sie bei OpenAI bleiben und nicht von Microsoft kommerziell genutzt werden. Nun scheinen einige Entscheider bei OpenAI befürchtet zu haben, dass diese Absicherung nicht genügte ... Diese Befürchtung scheint hinter dem Putsch gegen Sam Altman, den Chef und Mitgründer von OpenAI, gestanden zu haben. Am Ende wurden die Angehörigen der Gremien, die Altman vor die Tür gesetzt hatten, selbst geschasst, und Altman kehrte auf seinen Posten zurück, unterstützt von 95 % der Belegschaft ... und von Microsoft.

Unter den Pessimisten ist Elon Musk der wichtigste, und er wollte sich nicht zusammen mit Microsoft bei OpenAI engagieren. Doch seine Haltung zur KI ist ebenso »bipolar« wie er selbst: Unaufhörlich warnt er vor den Gefahren, die von ihr ausgehen, verlangt Regulierungen, Moratorien, Begrenzungen und wirbt für die Unterzeichnung von Petitionen, doch zur selben Zeit entwickelt er selbst eine generative KI, bereitet Implantate für unsere Gehirne vor, die zweifellos die KI-Entwicklung beschleunigen werden ... und man verdächtigt ihn, nur deshalb nach einem Moratorium zu rufen, weil er verhindern will, dass seine schnelleren Konkurrenten ihren Vorsprung ausbauen.

Die Gesellschaft, die sie vorbereiten, gleich ob wir ein Smartphone in der Hand oder einen Chip im Gehirn haben, würde das Ende unserer individuellen Freiheiten mit sich bringen. Und wir sind bereits auf dem Weg dahin. Als in den 1990er Jahren – manche werden sich noch daran erinnern – die Handys auftauchten, waren sie ein Instrument der Freiheit, verglichen mit dem Festnetztelefon: Man konnte von überallher telefonieren! Vor dem anderen verbergen, wo man sich gerade befand! Dann kam das Smartphone auf, mit der Geolokalisation für alle: Selbst wenn Sie sie auf Ihrem Gerät deaktivieren, weiß der Provider stets, wo Sie sich befinden, und kann dies bei einer Fahndung offenbaren. Die chinesische Gesellschaft ist das Schaufenster für das, was uns erwartet, wenn wir nicht mehr von unabhängigen Verwaltungsbehörden geschützt werden, wie es etwa die französische Datenschutzbehörde CNIL ist, die regelmäßig die GAFAM zu Geldstrafen verurteilt, weil sie ihre Nutzer nicht hinreichend darüber informieren, wie ihre Daten für gezielte Werbung genutzt werden.

Man kann diesen inkonsequenten Zauberlehrlingen einfach nicht trauen. Und trotzdem vertrauen wir ihnen unsere Zukunft Tag für Tag mehr an.

Denn das Gewicht der Staaten sinkt. Gewiss, das »Was immer es koste« während und nach der Covid-19-Krise hat die öffentlichen Hände dazu verpflichtet, Hunderte Milliarden Euro auszugeben, um die Einkünfte von Unternehmen und Privatleuten zu sichern – das konnte einem das Gefühl geben, die Staaten hätten wieder das Heft in die Hand genommen. Doch das ist Augenwischerei, denn die überschuldeten Demokratien mussten wichtige Teile ihrer Souveränität aufgeben. Die Finanzmacht und der Einfluss der Bill Gates, Elon Musk oder Mark Zuckerberg kann größer sein als der von nationalen Regierungen. Und man kann es nie genug betonen: Anders als Regierungen brauchen diese Milliardäre keinen Wählern Rechenschaft abzulegen.

Die Staaten sind doppelt bestraft

Es sind nicht mehr die Staaten, die die Zukunft bestimmen. Irgendwie versuchen sie die Tech-Giganten noch zu bändigen, zu regulieren oder mit Gesetzen einzuhegen, doch auf immer mehr Gebieten werden sie überholt. Zukunftsträchtige Entscheidungen werden anderswo getroffen.

Unsere Milliardäre haben nicht allein die wirtschaftliche Macht eines oder mehrerer Staaten, mit ihrer Börsenkapitalisierung, die es ihnen erlaubt, alle Konkurrenten zu schlucken. Sie verfügen auch über die Macht der Diplomatie, mit ihren Bataillonen von Lobbyisten in Brüssel und in allen Hauptstädten der Welt … und wenn Elon Musk persönlich den Schiedsrichter in Streit zwischen China und Taiwan spielen will. Ebenfalls möchten sie gern wie die Staaten ihre eigene Währung haben: Mark Zuckerberg ist mit seinem Libra-Projekt dank der öffentlichen Gewalt, die dieses Mal rechtzeitig und koordiniert reagiert hat, zwar gescheitert, doch er oder Musk wird es bald wieder versuchen.

Das Gewicht der Staaten vermindert sich umso schneller, als diese Riesen und ihresgleichen das öffentliche Einkommen schmälern, dank ihrer Fähigkeiten der Steuervermeidung. Sie leisten auch Dienste – gegen Geld und entsprechend ungleich für die unterschiedlichen Gruppen der Bevölkerung, wie beispielsweise mit dem Gesundheitssystem »made in Amazon« –, die zuvor die Staaten geleistet haben, und nehmen ihnen damit die Einnahmen weg, die es ihnen zuvor erlaubt haben zu funktionieren. Das ist eine doppelte Bestrafung!

In einer Welt, in der das Internet alle mit allen verbindet und Grenzen verschwunden sind, sind die Milliardäre in ihrem Element. Und sie brauchen bei ihrem Vorgehen nicht auf nationale Regeln oder Auflagen Rücksicht zu nehmen. Meistens merkt dies niemand, doch zuweilen kommt das mit einem Knall ans Licht. Als Reed Hastings, der Chef von Netflix, der Plattform, von der man gegen Abo-Gebühren Videos herunterladen kann, 2014 beabsichtigte, sich in Frankreich anzusiedeln, warnte ihn die seinerzeitige Kulturministerin Aurélie Filipetti: Er habe sich an die französischen Regularien zu halten – das heißt: die französische Filmproduktion mitzufinanzieren und seine Steuern zu bezahlen. Reed Hastings reagierte darauf damit, dass er seine Europazentrale … in Amsterdam einrichtete und eine Filiale in Luxemburg nutzt, um seine Filme in Frankreich zu verbreiten. Natürlich ohne zu zahlen.

Der französische Staat ist solche Demütigungen schon gewohnt, ebenso wie der deutsche oder der britische. Alle diese Tech-Milliardäre verfügen über die Mittel, staatliche Regeln zu umgehen. Natürlich, auch die anderen Multis tun das, aber die Internetgiganten sind schneller, kreativer und haben die besseren Experten. Und zwar aus gutem Grund: Ihre kolossalen Profite erlauben es ihnen, sie besser zu bezahlen.

Folgendes Szenario zeichnet sich also ab: Das Gewicht der Internetgiganten innerhalb der Volkswirtschaften wird immer größer; sie führen immer weniger Geld an die Staaten ab; diese müssen zusehen, wie ihr Handlungsspielraum schrumpft, doch können sie sich nicht weiter verschulden, weil die Märkte das nicht hergeben. Die Staaten verlieren immer mehr Macht und können immer weniger intervenieren … und die »Supranationalen« können alleine regieren.

Wir sind bereits heute von ihnen abhängig. In unserem Alltag kommen wir schon nicht mehr ohne die amerikanischen Hilfsmittel aus. Nehmen wir zum Beispiel Videokonferenzen mit Teams (Microsoft), WhatsApp oder Messenger (Meta). Was passiert, wenn Teams die Nutzungsanfragen nicht mehr bewältigen kann? Microsoft nutzt dann eine Logik der Priorisierung. Im Frühjahr 2020, mitten in der Covid-19-Pandemie, als Teams außerordentlich viel genutzt wurde, mussten die europäischen Kunden der Firma von Bill Gates auf dieses Instrument verzichten; der Zugang war für sie unterbrochen worden. In derselben Zeit konnten wir beobachten, wie leicht es war, uns mithilfe dieser Videokonferenzprogramme auszuspionieren, vor allem bei Zoom. Bei einer Anhörung vor dem Verteidigungsausschuss der französischen Nationalversammlung am 22. April 2020 warnte der Generalstabschef der Armee, General François Lecointre, er könne sein Thema nicht so detailliert darstellen, wie er es gewollt hätte, und zwar wegen der für die Anhörung gewählten Videokonferenztechnologie.

Der *Cloud Act* ist gefährlich für Europa

Kann man sich vorstellen, Jacques Chirac sei in einem *Cadillac* die Champs-Élysées hinabgerollt oder Emmanuel Macron in einem *Tesla*? Aber genau so etwas findet gerade im digitalen Bereich statt, und das wiegt weit schwerer. Denn die Plattformen machen, wenn es ihnen gerade passt, auch gemeinsame Sache mit dem amerikanischen Staat. Wenn die französischen Behörden einen »Health Data Hub« einrichten, um die nationalen Gesundheitsdaten auszuwerten, ist es unmöglich, die Cloud von Microsoft zu umgehen: Microsoft wurde Vertragspartner für das Hosting dieser Plattform zur Erforschung der Gesundheitsdaten der französischen Bevölkerung. Wenn die amerikanische Regierung also unter Berufung auf den *Cloud Act* sich alle französischen Daten aneignen wollte, könnte sie es tun. Und die Anonymisierung würde auch nicht lange halten, selbst wenn Microsoft versicherte, sich an die Vorgaben der französischen nationalen Sicherheitsagentur ANSSI zu halten. Auf diese Weise könnten die amerikanischen Staatsorgane beispielsweise herausfinden, wie der Gesundheitszustand einiger französischer Großunternehmer ist, die mit Amerikanern konkurrieren ... Für die Staaten Europas ist diese Abhängigkeit nicht nur ein Zeichen der Schwäche, sie ist eine Gefahr.

Man konnte sich zu Recht fragen, ob die Verantwortlichen der Europäischen Kommission sich dieser Risiken bewusst waren, als sie am 11. Juli 2023 den Posten einer Chefökonomin der Generaldirektion für Konkurrenz der Amerikanerin Fiona Scott Morton zusprachen. Diese erstaunliche Wahl – gibt es auf unserem Kontinent nicht genauso gute Talente? – war zweifellos durch ihre Kompetenzen gerechtfertigt, doch wie kann man auf die Idee kommen, dass eine Person, die für Amazon, Google und Meta gearbeitet hat, die geeignetste für den Kampf gegen sie ist? Sie war Lobbyistin der Tech-Konzerne gewesen und kommt aus demselben Land wie sie – wieso soll sie dann mit dem nötigen Eifer gegen den Missbrauch ihrer Macht kämpfen? Allein das Risiko einzugehen, grenzte schon an Wahnsinn.

Dies ist eine Naivität, von der man geglaubt hätte, dass sie in den europäischen Institutionen nach den Misstönen bei Covid, dem Krieg in der Ukraine oder dem Vorgehen der Vereinigten Staaten gegen europäische Industrien, als sie infolge des Boykotts des russischen Gases geschwächt waren, definitiv verschwunden wäre. Doch es mussten sich erst fünf europäische Kommissare und mehrere europäische Staatschefs auf die Hinterbeine stellen – die von Spanien, Italien und Frankreich … nicht aber von Deutschland –, um Fiona Scott Morton dazu zu bringen, auf den Posten zu verzichten, den sie bereits angenommen hatte. Es bleibt der Eindruck, dass diese missglückte Nominierung bereits an der Idee einer europäischen Souveränität zweifeln lässt: Wenn die Chefs der Europäischen Kommission es fertigbringen, eine Amerikanerin auf eine Schlüsselposition zu befördern, gibt es dann noch Waffengleichheit mit China und den USA, die mit allen denkbaren Mitteln die Stellung ihrer riesigen Nationen verteidigen? Haben die Tech-Giganten eine derart große Lobbymacht, dass sie ein solches Manöver zustande bringen können?

Ihr Eindringen in alle menschlichen Aktivitäten in weniger als 20 Jahren hat bereits deutliche Auswirkungen auf unser Leben und auch auf unsere Unternehmen und Staaten gehabt, insofern, als sie deren strategische Autonomie eingeschränkt hat. Mit der künstlichen Intelligenz, dem *machine learning* und der Cloud sind die Unternehmen dieser Milliardäre in der Lage, mit Daten zu arbeiten, die unsere intimsten Bereiche betreffen, aber auch das Funktionieren der Märkte und staatliche Aufgaben wie die innere Sicherheit oder die nationale Verteidigung. Wie wir gesehen haben, kann die Ukraine sich nur verteidigen, weil Microsoft, Google und vor allem Elon Musk mit seinem *Starlink* ihr zu Hilfe kommen. Indirekt hat der Krieg auch unsere Abhängigkeit im Cyberspace deutlich gemacht.

Kein Krieg ohne ihre Unterstützung

Doch der digitale Raum erstreckt sich vom Meeresboden bis zu den Grenzen der Atmosphäre, vermittelt durch Kabel oder Satelliten – und mehr noch durch Programme, Daten und Netze … Die Grenzen von Raum und Zeit werden aufgehoben, die Souveränität und die Staatsmacht grundlegend infrage gestellt. Eine der Lehren aus dem Ukrainekrieg ist, welche Bedeutung der Privatsektor heute bei der Landesverteidigung hat. Denn die Grenzen des Cyberspace sind anders definiert als die der Staaten, sei es auf dem Wasser oder dem Land: Der Cyberspace ist das Eigentum von ein paar Unternehmen und wird weitgehend von ihnen allein genutzt.

Was würde passieren, wenn diese Riesenunternehmen uns fallenließen? Würden wir uns dann noch verteidigen können? Tatsächlich würden wir nicht mehr Krieg führen können. Auf diesem Gebiet wie auch auf anderen würden die Staaten ohne die Dienste der GAFAM, die in größerem Maße investieren können als sie, nicht mehr normal funktionieren können.

Sie haben es nicht nötig, sich wählen zu lassen oder einen Staatsstreich zu organisieren, um die Macht zu ergreifen. Sie haben sie bereits. Was wird geschehen, wenn die Staaten noch ein wenig weiter geschwächt werden? Wie wird die Welt aussehen, wenn es kein Gegengewicht mehr zu ihrer Allmacht gibt? Auf einigen Gebieten bekommen wir bereits einen Vorgeschmack auf die Zukunft, die auf uns wartet.

Zunächst einmal wird die von diesen Milliardären beherrschte Welt eine Welt so gut wie ohne Medien sein, sieht man einmal von ihren sozialen Netzwerken ab, denn ihre

Plattformen sind, wie Jacques Attali es ausgedrückt hat, »Maschinen, um die anderen Medien zu zerstören«[13]. Sie ersetzen nach und nach die Zeitungen und die Fernsehsender, indem sie ihre Inhalte plündern, ohne für Autorenrechte zu zahlen, und erleichtern sie um ihre Werbeeinnahmen. Denn sie sind nicht bereit, den Kuchen mit anderen zu teilen.

Sogar auf X sind von professionellen Medien produzierte Informationen immer weniger zu sehen. Anfang Oktober 2023 hat die Plattform, die früher das Lieblingsnetzwerk der Journalisten war, die Wiedergabe von Artikeln geändert; sie erscheinen nur noch als Photo, ohne Titel oder Beschreibung. Dieses neue Layout zielt darauf ab, X die Zahlung von Autorenrechten zu ersparen (siehe auch 2. und 3. Kapitel). Die großen französischen Zeitungsverlage haben daraufhin den Fall in Paris vor Gericht gebracht.

Selbst wenn sie in der Sache Erfolg haben sollten, ist klar: Die Pluralität der Meinungen ist im Schwinden begriffen. Auf die Dauer läuft sie Gefahr, auf die Überzeugungen dieser paar Milliardäre reduziert zu werden.

Macht nichts, werden manche sagen: Die Welt der Zukunft ist ein Universum, in dem die Technologie auf alles eine Antwort haben wird. Die *solutionists* glauben die Wahrheit in Form von Elon Musks TruthGPT (umgetauft in Grok) bereits zu besitzen. Sie akzeptieren nicht, dass von den Staaten gesetzte Grenzen sie in ihren Ambitionen beeinträchtigen sollten, und lehnen es ab, dass Regeln oder Grenzen ihre »Visionen« daran hindern sollten, Wirklichkeit zu werden. Larry Page, Sergey Brin, Elon Musk und ihresgleichen haben bereits mehr erreicht, als man sich vorstellen konnte, und sind davon überzeugt, dass sie mit allem Erfolg haben können.

Im Namen ihrer unternehmerischen Freiheit und ihrer messianischen Berufung, aus der Welt »einen besseren Ort zum Leben« zu machen, erlauben sie sich, persönliche Daten von Milliarden Menschen abzuschöpfen und zu nutzen, ohne darüber Rechenschaft abzulegen, und sich bis dato in der

Wirtschaftsgeschichte unbekannte Profite zu sichern, ohne einen Gedanken darauf zu verschwenden, was sie wirklich zum Wohl der Gesellschaft beitragen. Sie fühlen sich derart über die Gesetze erhaben, dass sie sich weigern, diejenigen zu befolgen, die ungünstig für sie sind, und verhöhnen damit die Souveränität der Staaten und der EU.

Der *American Way of (Eternal) Life*

Wenn es demnächst zu dieser Gesellschaft ohne Staaten kommt, wird sie, das haben wir verstanden, transhumanistisch sein, denn für unsere Milliardäre wird das Menschsein erweitert sein. Die Fusion des Gehirns mit dem Computer wird verschiedene Formen annehmen können, mit oder ohne Implantate im Kopf, mit oder ohne Übertragung des Bewusstseins auf einen Roboter, aber sie wird stattfinden. Nachdem man uns schon den *American Way of Life* nahegebracht hat, werden wir dann auch den *American Way of Eternal Life* akzeptieren?

Die Gesellschaft, die sie sich vorstellen, wird ihre Auswanderung auf den Mars vorbereiten, versichert uns Elon Musk. Doch wer wird sich seinen Platz in dieser »besseren« Welt sichern können? Es ist schwer, sich vorzustellen, dass die Bürger Europas, dessen Weltraumpolitik hinterherhinkt, die ersten sein werden, die drankommen … ganz zu schweigen von den Afrikanern oder Südamerikanern. Wer wird die »Weltraumzubringer« bezahlen? Und wenn dann ein paar Tausend oder Millionen ordentlich ausgewählte Menschen (der effiziente Altruismus wird dafür sorgen, dass nur junge Menschen ausgeschickt werden, weil sie länger zu leben haben) sich auf dem Mars ansiedeln, ist es kaum vorstellbar, dass sich auf der Stelle ein demokratisches Regierungssystem installieren wird, langsam in seinen Entscheidungen, bürokratisch und um Einstimmigkeit bemüht wie die Europäische Union. Elon Musk und seine Nachfolger werden die Leitung der Kolonien übernehmen, die sie gegründet haben. Entsprechendes würde gelten, wenn sich die Menschheit in den riesigen Kapseln von Jeff Bezos niederließe ...

In Abwesenheit eines Staats als Garanten für Demokratie fallen die letzten individuellen Freiheiten nicht weiter ins Gewicht gegenüber denen, die das Verschwinden des Privatlebens normal finden. Wir erinnern uns an die Sprüche von Eric Schmidt, dem ehemaligen CEO von Google, der schon vor 20 Jahren ohne Scheu verkündete: »Wir brauchen euch nicht, um euch zu finden. Wir wissen, wo ihr seid. Wir wissen, wo ihr hingegangen seid. Wir wissen mehr oder weniger, was ihr denkt.«[14] Oder auch: »Wenn ich hinreichend genau eure Mitteilungen und euren Standpunkt kenne, kann die künstliche Intelligenz uns die Möglichkeit geben, vorherzusehen, wo ihr hingehen werdet.«[15] Und für die, die sich darüber beklagt hatten, dass das Internet Dinge enthüllen könnte, von denen sie nicht wollen, dass sie öffentlich gemacht werden: »Wenn ihr nicht wollt, dass die anderen wissen, was ihr tut, ist das Einfachste, es nicht zu tun.«[16]

Black Mirror – oder steht unsere Zukunft schon geschrieben?

Der mit Urteilsvermögen und der Freiheit, bewusst zu entscheiden, begabte Mensch ist in Gefahr. Denn schon bald wird das Smartphone oder der neuronale Chip nur noch eines von vielen vernetzten Dingen sein: Alle Oberflächen, alle Objekte – Körper, Wohnungen, Fahrzeuge – werden miteinander verbunden sein, und das wird die permanente und vollständige Verfolgung unseres Verhaltens durch die Digitalwirtschaft erlauben. Der Philosoph Éric Sadin stellt sich vor, dass unser Entscheidungsvermögen mehr und mehr an Bedeutung verlieren und von allwissenden Systemen abgelöst werden wird, die besser geeignet sind, den »perfekten« Gang der Dinge in der besten aller Welten zu bestimmen … stets zum Wohle privater Interessen.

In einem ungeregelten kapitalistischen Markt in Abwesenheit eines demokratischen Staats, der Leitplanken aufstellt, und ausgehend von dem Grundsatz, dass wir Innovationen wegen ihrer kurzfristigen Vorteile akzeptieren, ohne zu sehen, welchen Ärger sie auf die Dauer bereiten können, könnte unser Leben bald so aussehen, wie Charlie Brooker, der Schöpfer der Serie *Black Mirror*, es sich schon in naher Zukunft vorstellt. In der Episode »Joan is awful« wird das Leben einer »Lambda-Person« quasi eins zu eins im Film wiedergegeben, weil jede ihrer Gesten, Worte und Ortsveränderungen – einschließlich der kleinen gemeinen Aktionen, von denen sie glaubt, dass niemand anderes davon weiß – aufgezeichnet wird und gegen sie verwendet werden kann … In »Abgestürzt« führt die Wahrnehmung jeder Person durch die anderen, denen sie begegnet, zu einer Gesellschaft mit zwei Geschwindigkeiten: denen, die zumindest 4,5 von 5 Wohlstandsniveaus haben (und ihre Traumwohnung besitzen, einen Tisch in jedem beliebigen Restaurant buchen können, überall gefragt sind und so weiter) und denen, die ein Pariadasein führen. In »Das transparente Ich« zeichnet ein hinter dem Ohr eines jeden angebrachter Chip ununterbrochen alles auf, was sein Träger sieht oder hört, also auch, was er macht, und diese Aufzeichnungen sind im Gehirn so »digitalisiert«, dass es leicht ist, eine bestimmte Sequenz wiederzufinden und sogar auf einen Bildschirm zu projizieren. Das ist eine offene Tür zu allen möglichen Szenarien von der Eifersucht des Partners (»Wenn du nichts Böses getan hast, zeig es mir doch!« bis zu polizeilichen Untersuchungen (»Wir werden ja sehen, was Sie am 21. Juli um drei Uhr morgens gemacht haben«), auch solchen des Arbeitgebers und weiteren Zugriffen auf das intime Privatleben. Was alle diese dystopischen Szenarien gemein haben? Unsere Existenz wird immer transparenter, und unsere Gesellschaften werden immer ungleicher werden. Orwells

1984 in der Version des 21. Jahrhunderts, mit »Big Brothers«, die wir uns dann selbst geschaffen haben werden.

Eine Handvoll Tycoons haben die Macht ergriffen. Ihre mit maßloser Macht ausgestatteten supranationalen Unternehmen fordern die Staaten heraus. Aber wer ist eigentlich daran schuld? Diese Milliardäre, die auf die Probe stellen wollen, was sie schaffen und wie groß ihre Macht ist? Oder eher die Staaten, die ihre eigene Abdankung organisiert haben? Außer natürlich in China, wo Google, Facebook und Amazon die Waffen gestreckt haben, während ihre zuvor geförderten lokalen Konkurrenten heute eng überwacht werden und der Staatsmacht zu dienen haben. Heißt das, dass alles verloren ist? Oder gibt es Mittel, wie auch die anderen Staaten die Kontrolle wiedergewinnen können?

Schluss

Wie wir die Macht zurückgewinnen können

Sie hatten – und haben noch immer – ihre großen messianischen Träume, wie sie die Welt verändern können, Träume, wie die Demokratien sie schon lange nicht mehr haben. Zuerst haben sie sie mit diesen Träumen beerbt, lange bevor sie begonnen haben, die Autorität der Staaten zu untergraben. Sie haben Mittel gegen alle Übel unserer Welt entwickelt, vom Tod bis zur Erschöpfung unserer Erde. Doch sie wenden sie ohne staatliche Kontrolle an. Auch deshalb interessiert sie nicht, was die Staatschefs machen: Sie sind mächtiger als sie. Sie sind es, die die Präsidenten machen und auch wieder absetzen!

Ihre Apps und ihre Produkte machen das Leben einfacher, wer würde sie also zurückweisen? Wer möchte denn nicht verjüngt werden? Wer findet es nicht praktisch, sich seine Pillen innerhalb weniger Stunden nach Hause liefern zu lassen? Was für ein Problem liegt darin, seinen Facebook-Freunden sein Leben zu erzählen, wenn man »nichts zu verbergen hat«? Wir sind gar nicht mehr so weit entfernt von der *Black-Mirror*-Episode, in der unsere Augen unser ganzes Leben aufzeichnen: Schon seit einem oder zwei Jahrzehnten wird unser Leben auf den Plattformen festgehalten. Alle machen sich darüber lustig, dass sie Spuren hinterlassen. Eines Tages werden wir einen Chip im Gehirn haben, einfach, weil es praktischer ist, einen zu haben, und weil alle ihn haben. Genauso wie wir alle ein Smartphone haben.

Die Bedrohungen durch Tech-Nabobs, die auf den Staaten und ihren Bürgern lasten, lassen sich in vier Kategorien einteilen, deren perverse Effekte oft gemischt sind: fiskalische und wirtschaftliche Bedrohungen, solche der Demokratie und solche des gesellschaftlichen Zusammenlebens. Fiskalisch, weil ihre Weigerung, Steuern zu zahlen, die Staaten verarmen lässt, unseren kollektiven Reichtum mindert und die Lasten auf die kleinen Unternehmen oder die einzelnen Bürger abwälzt. Wirtschaftlich, weil sie »faktisch« Monopole darstellen: Sie töten jede Konkurrenz schon ab, wenn sie gerade erst entsteht, sie blockieren Innovationen und missbrauchen ihre beherrschende Position. Weiterhin bedrohen sie die Demokratie, weil sich ihr Einfluss auf alles erstreckt, einschließlich der nationalen Wahlen, und weil sie allmählich die traditionellen Medien und mit ihnen den Meinungspluralismus zerstören. Schließlich zersetzen sie den sozialen Zusammenhalt, indem sie die geistige Gesundheit der jungen Menschen gefährden und zur Hysterisierung des öffentlichen Lebens beitragen. So wenige Menschen richten solche Verheerungen an!

Es gibt keine umfassende Lösung, um all diese Praktiken gleichzeitig abzuschaffen – außer natürlich, wenn man es wie Xi Jinping macht: Man lässt den Inhaber verhaften, lässt ihn für drei Monate verschwinden, übernimmt die Kontrolle über seinen Konzern und baut ihn ohne Rücksicht auf Rentabilität um. Aber wir leben in Rechtsstaaten. Doch dürfen wir uns deshalb mit der aktuellen Situation abfinden? Weil die Plattformen gewissermaßen zum öffentlichen Dienst geworden sind – manche Leute sehen in der Suchmaschine von Google ein »Gemeingut« und in Facebook ein universelles Kommunikationsmittel –, müssen sie zum Wohl aller denselben Regeln unterworfen werden. Es gibt Anti-Trust-Gesetze, aber die müssen auch angewandt werden. Immer mehr Abgeordnete setzen sich auch in den Vereinigten Staaten für die Zerschlagung von Meta wie von Google ein; die Prozesse laufen bereits.

»Die Nationen sind dabei, vom Markt gefegt zu werden, und die GAFAM könnten für ihre Endphase stehen«, warnt Jacques Attali. »Die Kommunistische Partei Chinas hat verstanden, dass die Plattformen auf die Dauer ihren Tod bedeutet hätten, und weil sie noch die Macht dazu hatte, hat sie sie rechtzeitig ausgebremst. Auch die amerikanische Regierung hat noch genügend Macht, um sie stoppen zu können, und Europa könnte ihr dabei zur Seite stehen. Es ist notwendig, die sozialen Netzwerke und die Plattformen zu zerschlagen, ihnen nicht länger zu erlauben, sich persönliche Daten anzueignen, sie zu zwingen, ihre Algorithmen offenzulegen, Google und Facebook in vier Teile zu zerlegen und Amazon in drei.«[1]

Unterschiedliche Rezepte je nach Art der Bedrohung

Eine Zerschlagung der Konzerne würde manche Probleme lösen, aber nicht alle. Joëlle Toledano, eine Expertin für die Ordnung und Regulierung der Märkte, ist der Ansicht, dass es sicherer sei, besondere Formen der Regulierung für jedes einzelne der Unternehmen anzuwenden, indem man ihnen ein bestimmtes Verhalten untersagt und sie durch spezifische Maßnahmen dazu zwingt, sich für Konkurrenz zu öffnen, als eine Zerlegung der Konzerne ins Auge zu fassen. Im Fall von Google beispielsweise müsste man »gegen die Undurchsichtigkeit der Wirkung von Werbung vorgehen, um diese Märkte allmählich so zu verändern, dass es eine angemessenere Verteilung der Werte gibt«[2]. Im Fall von Amazon sollte man sich auf die Marktplätze konzentrieren, um Maßnahmen zu ergreifen, die Prime daran hindern, »das gesamte Handelssystem durch Tarife zu zerstören, die kaum zu unterbieten sind«[3].

Es gibt keine Patentlösung, kein Allheilmittel. Die meisten dysfunktionalen Erscheinungen müssen gesondert angegangen werden. Oft hätte es bei einem neuen Projekt von Facebook oder Amazon eines gemeinsamen internationalen Vorgehens bedurft. Das Scheitern der Libra (oder Diem), des Digitalgelds, das Facebook lancieren wollte, ist mustergültig: Dabei hat sich gezeigt, dass es möglich ist, ein übermächtiges Unternehmen zum Rückzug zu zwingen, wenn die großen Staaten sich bedroht fühlen und koordiniert handeln. Offenbar hatten sie begriffen, dass die Libra der Gnadenstoß für sie gewesen wäre: Wenn Mark Zuckerberg Erfolg gehabt hätte, hätte am Ende jeder der »systemrelevanten« Milliardäre sein eigenes Geld ausgegeben. Das hätte das Ende der Souveränität der Staaten über ihre Währung und damit ihres wichtigsten wirtschaftspolitischen Instruments bedeutet. Und mit der Macht der Staaten wäre es dann vorbei gewesen.

Wie man dem ein Ende gesetzt hat? Mark Zuckerberg hatte sich mit Partnern umgeben, die ihm finanziell zur Seite gestanden hätten, dafür, dass sie an wertvolle Nutzerdaten gelangt wären, doch Zuckerberg ging es nicht um das Geld: Für ihn galt, dass Einigkeit stark macht. Er hatte Unternehmen wie Uber, Spotify, Iliad (die Mutter von Free) und Zahlungsdienste wie PayPal, Visa und Mastercard hinter sich versammelt und sogar einige NGOs, für die dieses Geld ein »Werkzeug des Fortschritts« zu sein versprach, eine Rückzugswährung für Länder, deren Währung durch Inflation oder Krieg erodiert war; Zahlungen würden einfacher und die Gebühren für Zahlungen niedriger werden. Man erwartete bereits, dass andere Finanzdienstleistungen ohne Einbeziehung der Banken folgen würden.

Mitte September 2019 versammeln sich die Währungshüter der Welt in Basel. Unter anderem die Chefs der Fed und der EZB empfangen die Vertreter der künftigen (jetzt in Diem umgetauften) Libra, um sich von ihnen ihr Projekt erläutern zu lassen: Wozu soll es diese Kryptowährung geben? Wie soll sie funktionieren? Wer soll sie nutzen? Noch nie hat ein Privatunternehmen die »Ehre« gehabt, von so vielen Zentralbankchefs – nicht weniger als 26 – empfangen zu werden … Facebook schlägt vor, sein Geld an fünf starke Devisen zu koppeln (den Dollar, den Euro, den Yen, das Pfund Sterling und den Singapur-Dollar), um die Währungshüter in Sicherheit zu wiegen.

Doch diese sind keineswegs beruhigt: Denn was würde passieren, wenn Zuck eines Tages beschließen würde, die Dollar- oder die Euromenge in seinem Währungskorb umzuschichten? Ganz einfach: Die Wirkung auf den Wechselkurs der betroffenen Währung wäre sofort spürbar. Und dies hätte Auswirkungen auf den Handel und die Industrie in allen Staaten, für die der Euro oder der Dollar die Referenzwährung ist. Das wiederum würde sich auf das Wirtschaftswachstum auswirken und die Unabhängigkeit ihrer Währungspolitik schwächen … Und niemand hat Lust darauf, dass eine Person wie Mark Zuckerberg die Geldpolitik seines Landes in die Hand nimmt.

Vor allem dürfen wir ihnen nicht das Finanzwesen überlassen!

Das Facebook-Geld hätte die traditionellen Währungen vom Thron stoßen, hätte Währungen destabilisieren können. Sicher nicht den Euro oder den Dollar, doch in Ländern mit schwacher Währung hätte es als Ersatzwährung dienen können. Und schmutziges Geld hätte auf diesem Weg massiv in die Volkswirtschaften eindringen können.

Eine Währung ist ein öffentliches Gut, eine Domäne der Staaten: Sie sind die Einzigen, die die Notenpresse anwerfen oder die Geldmenge verringern können, wenn es darum geht, die Inflation einzudämmen. Doch mit mehr als 2 Milliarden potenziellen Nutzern – gegenüber 500 Millionen Bürgern der Eurozone – hätte Zuckerbergs Libra-Diem eine weltweit überlegene Macht besessen.

Diese Zahl erschien mehr als nur einem Banker schwindelerregend, auch in Washington, wo man sich auf die Dauer hätte Sorgen machen müssen um die Vorherrschaft des Dollar. China, das in Basel nicht zugegen war, hatte zuerst begriffen, worum es ging, und verlautbart, dass auf seinem Boden die Libra nicht zugelassen würde. Für einen großen Finanzier aus Hongkong hätte man sich etwas anderes nicht vorstellen können, denn er schätzte: »Einmal in die Welt gesetzt, wird die Libra nicht mehr zu stoppen sein«[4].

Die Staaten verständigten sich also auf ein gemeinsames Vorgehen. Die Notenbankchefs und die Finanzminister machten den Partnern von Facebook deutlich, dass sie an dem Projekt nicht teilnehmen sollten. Der französische Wirtschaftsminister Bruno Le Maire machte den antidemokratischen Charakter des Währungsprojekts deutlich: »Wir werden es nicht akzeptieren, dass ein internationales Privatunternehmen dieselbe Währungsmacht haben soll wie souveräne Staaten, die einer Kontrolle durch das Volk unterliegen.«[5] Danach verkündete er, dass Frankreich, Italien und Deutschland eine Reihe von Maßnahmen ergreifen würden, um den Diem in Europa zu verbieten.

Doch es war der Wirtschaftsnobelpreisträger Joseph Stiglitz, der den größten Realismus an den Tag legte: »Nur ein Idiot würde Facebook sein finanzielles Wohlergehen anvertrauen«, schrieb er in einem Artikel, »doch das Wesentliche besteht wohl darin: Mit den persönlichen Daten von nicht weniger als 2,4 Milliarden aktiven Nutzern im Monat – wer wüsste da besser als Facebook, wie viele neue Trottel es in jeder Minute geben kann?«[6]

Kriegsmüde verzichtete Zuck auf die Ausgabe seines Geldes.

Die Sache mit der Libra war die Ausnahme von der Regel: Die Staaten haben die Notbremse gezogen und gemeinsam gehandelt. Auf anderen Gebieten wie etwa der Besteuerung erweisen sie sich oft als ohnmächtig, weil sie nicht koordiniert vorgehen. Einer der Gründe dafür ist die gewaltige Lobbymacht dieser Riesenkonzerne. Allein in Brüssel geben die Tech-Giganten dem Center for Responsive Politics zufolge zusammen an die 100 Millionen Euro aus, um ihre Interessen geltend zu machen. Keine andere Industrie leistet sich ähnliche Ausgaben: Die Chemie- und die Automobilindustrie, die die nächstgrößten Lobbyetats haben, geben 18 beziehungsweise 10 Millionen Euro dafür aus.

Google, Facebook und Microsoft nehmen die drei ersten Plätze bei den Ausgaben für das Lobbying ein – was niemanden wundert. 2018 ging Facebook so weit, Nick Clegg, den ehemaligen britischen Vize-Premierminister, mit der weltweiten Leitung seiner Kommunikation und Öffentlichkeitsarbeit zu betrauen. Als die Vorbereitungen für den *Digital Services Act* und den *Digital Market Act* die Beamten der Kommission ununterbrochen beschäftigten, explodierte in Brüssel die Einflussnahme. Anwälte und Experten der Tech-Konzerne kämpften um jedes Detail dieser beiden Texte, die schließlich 2023 in Kraft traten.

Es lässt sich noch nicht sagen, ob es ihnen gelungen ist, »das Schlimmste« (für sie) zu verhindern, oder ob diese Regulierungen, seit sie gelten, zu echten Veränderungen geführt haben. Während wir darauf noch warten, könnten wir uns überlegen, ob es nicht sinnvoll wäre, eine Grenze für die Lobbyausgaben einzuführen, so wie es sie ja auch für die Ausgaben der Parteien bei Wahlen gibt.

Es ist möglich, Dinge zurückzudrehen

Nach Libra gibt es noch ein weiteres Beispiel dafür, wie eine Zumutung zurückgewiesen werden kann, eines, das uns gerade jetzt inspirieren könnte, da Elon Musk die »ultimative App« auf den Markt werfen will, die die Banken ersetzen soll:

Im April 2023 hat X/Twitter versucht, alle öffentlichen Medien als »Staatsmedien« zu qualifizieren, um dann, nachdem dies einen allgemeinen Aufschrei zur Folge hatte, zurückzurudern und die Formulierungen »vom Staat finanzierte Medien« oder »von der Öffentlichkeit finanzierte Medien« vorzuschlagen. »Wer ist denn dieser Monsieur Musk, dass er darüber entscheidet, ob Medien unabhängig sind oder nicht?«[7], schimpfte daraufhin Delphine Ernotte Cunci, die Chefin von France Télévisions. Und fand es erschreckend, dass ein amerikanischer Milliardär damit versuchte, sich in die Angelegenheiten anderer Staaten einzumischen und zu definieren, was »öffentlich« bedeutet. Am Ende hat Elon Musk die Sache ruhen lassen, denn die kollektive Mobilisierung der betroffenen Medien in der ganzen Welt zeigte Wirkung. Doch die Frage, wer über unsere Informationen bestimmt, bleibt bestehen: »Wir können es nicht zulassen, dass amerikanische und morgen chinesische Akteure als Zauberlehrlinge mit unseren Demokratien spielen«, fasst Delphine Ernotte zusammen. »Dabei steht zu viel auf dem Spiel.«[8]

Weil es keine einheitliche Lösung gibt, muss jede Art von Problemen mehr oder weniger einzeln betrachtet und bearbeitet werden. Zuerst das Problem der Besteuerung: Wir wissen, wie diese Milliardäre es vermeiden, Steuern zu zahlen. Ihre Tricks sind nicht illegal, aber deshalb nicht minder skandalös: Sie ziehen ihren Vorteil aus den Unterschieden der Steuergesetze und der fehlenden europäischen Steuerharmonisierung. Irland, die Niederlande und Luxemburg spielen nicht dasselbe Spiel wie Deutschland, Frankreich oder Italien, was zum Beispiel das »irisch-niederländische Doppelsandwich« möglich macht, von dem weiter oben die Rede war. Doch der Spielraum für die Steueroptimierung wird kleiner: 2020 musste Google sein System beenden, nachdem Irland eine seiner »Schwachstellen« beseitigt hatte, vor allem aber wegen mehrerer Strafprozesse, darunter des von Frankreich angestrengten wegen »schweren Steuerbetrugs und bandenmäßig organisierter Geldwäsche«. Nichtsdestoweniger siedelt die Firma ihre Umsätze auch weiterhin in Irland an, um weniger Steuern zu bezahlen: lediglich 27,1 Millionen Euro im Jahre 2022.

In Ermangelung einer europäischen Übereinkunft hat Frankreich deshalb beschlossen, alleine voranzugehen: Es hat die sogenannte GAFA-Steuer in Höhe von 3 % des in Frankreich realisierten Umsatzes eingeführt (bei bestimmten messbaren Aktivitäten wie der Werbung). Paris ist auch angesichts der Proteste der Unternehmen und dann der Repressalien, die Donald Trump noch am Ende seiner Präsidentschaft beschloss, nicht davon abgerückt. 2024 sollte diese Steuer 800 Millionen Euro einbringen. Das ist besser als nichts. Doch die Franzosen warten ungeduldig auf die weltweite Steuer, die diese Maßnahme ersetzt, deretwegen alle mit dem Finger auf sie zeigen. Diese Steuer wird bedeuten, dass die Länder das Recht, die Extraprofite der großen multinationalen Unternehmen zu besteuern, untereinander aufteilen können, und zwar nicht nach dem Prinzip ihrer physischen Anwesenheit in einem Firmensitz, sondern entsprechend ihrer tatsächlichen Aktivität. Dies ist der »1. Pfeiler« einer großen internationalen Steuerreform.

Dank der Hartnäckigkeit eines Franzosen, des ehemaligen für das Steuerwesen zuständigen Direktors der OECD, Pascal Saint-Amans, der mehr als zehn Jahre lang mit 140 Ländern verhandelt hat, wie wir im 3. Kapitel gesehen haben, ist eine historische Übereinkunft erzielt worden. Während die Diskussionen um den 1. Pfeiler des Übereinkommens stocken, wird der »2. Pfeiler«, wie wir gesehen haben, seit dem 1. Januar 2024 angewandt: Es handelt sich um eine Steuer von mindestens 15 % auf den Ertrag für alle Multis mit mehr als 750 Millionen Euro Umsatz. Das ist natürlich kein Allheilmittel, aber wenigstens eine Verringerung der Ungerechtigkeit gegenüber denen, die Steuern zahlen, die sie schulden. Im Falle, dass ein Staat sich weigert, diese Minimalsteuer von 15 % zu erheben, und sich mit einem niedrigeren Satz zufrieden gibt, hat der Fiskus eines anderen Landes das Recht, die Differenz der Steuern auf die Erträge des in diesem Land ansässigen multinationalen Unternehmens selbst einzutreiben. Diese Möglichkeit soll die fiskalische Konkurrenz zwischen den Staaten begrenzen; die Unternehmen wiederum werden kein Interesse mehr daran haben, ihre Erträge in einem Niedrigsteuerland zu versteuern, weil die Steuer allemal im gleichen Maß anfällt.

Die beste Lösung ist bekannt, verlangt aber einen deutlichen politischen Willen: die Harmonisierung der europäischen Steuern. Eine allgemeine Übereinkunft zu erzielen und dieselben Steuern in allen Ländern zu erheben, und zwar nicht auf dem kleinsten gemeinsamen Nenner, sondern zumindest in Höhe des europäischen Durchschnittes (das sind bei den Unternehmenssteuern 22 %). Leider ist das noch Zukunftsmusik.

Die Monopole zerschlagen

Der zweite Skandal ist die monopolartige Stellung der supranationalen Konzerne. Sie führt zunächst zum Missbrauch der marktbeherrschenden Positionen. Die übermächtigen Unternehmen verpflichten ihre Kunden, Partner oder Zulieferer, alles über sie abzuwickeln, oder, schlimmer noch, bestehlen sie, so wie Amazon es getan hat, als es mittelständischen Unternehmen Zugang zu seiner Plattform gewährte und ihnen dann mit identischen Produkten wie den ihren Konkurrenz machte, nachdem es alle ihre Daten »abgesaugt« hatte.

Ihre Macht ermöglicht es ihnen auch, jegliche Konkurrenz im Keim zu ersticken: Sie kaufen innovative Start-ups, die eine Bedrohung darstellen könnten, mit viel Geld auf, um sie zu schließen oder sich einzuverleiben. So kommt es, dass Facebook-Meta auch Messenger, WhatsApp und Instagram besitzt … und Mark Zuckerberg verhindert, dass neue Akteure auf den Markt der sozialen Netzwerke gelangen. Wenn sich diese Giganten doch nur mit einem einzigen Wirtschaftssektor zufriedengäben! Aber dank ihrer Herrschaft über die Daten der Menschen dringen sie, wie wir gesehen haben, in alle Domänen ein, auch in solche, die bislang als Gemeingut galten, wie das Gesundheits- und das Bildungswesen oder der Verkehrssektor.

Sanktionen der Wettbewerbsbehörden haben es ermöglicht, dass sie auf europäischer Ebene wiederholt abgestraft worden sind. Aber wäre es nicht auch hier die beste Lösung, sie zu zerschlagen, so wie seinerzeit die Erdöl- und die Telekommunikationsindustrie in den Vereinigten Staaten? Das klassische Beispiel ist das des Riesenunternehmens am Anfang des vorigen Jahrhunderts, Standard Oil von John D. Rockefeller, das in 34 unabhängige Einheiten aufgeteilt wurde. So könnte Google nicht mehr zugleich »Richter und Prozesspartei« sein, indem seine Suchmaschine wie heute seine eigenen Filialen nach vorne schiebt und die Konkurrenten auf kleiner Flamme schmoren lässt, indem es sie auf die zweite Seite der Suchergebnisse verbannt. Die amerikanische Anti-Trust-Behörde hat zwar einen Prozess gegen Google eröffnet, besitzt aber nicht mehr die Unabhängigkeit, deren sie sich zu Beginn des 20.Jahrhunderts rühmen konnte. Heute sanktioniert sie vor allem ausländische Unternehmen, während es die Riesen der Digitalwirtschaft unbehelligt lässt.

Als Joe Biden im November 2020 zum amerikanischen Präsidenten gewählt wurde, muss unseren Milliardären der kalte Schweiß ausgebrochen sein. In seiner Entourage befanden sich drei Ratgeber, denen der Ruf der Unbeugsamkeit vorausging: Lina Khan, Rechtsprofessorin an der Columbia University, bekannt für ihren Kampf für eine Regulierung der GAFA; Tim Wu, ebenfalls von der Columbia, ein Demokrat, der unter anderem das Konzept der Neutralität des Internets populär gemacht hat; und Jonathan Kanter, ein Anwalt, der auf Anti-Trust-Prozesse spezialisiert war.

Im Sommer 2021 gelang ihnen der weitestgehende Vorstoß. Die Anti-Trust-Kommission des Repräsentantenhauses brachte nach einer 16-monatigen Untersuchung einen mehr als 400-seitigen und nur von den demokratischen Mitgliedern unterzeichneten Bericht ein, der die zahlreichen Missbräuche der GAFAM verurteilte und eine Rosskur empfahl: Zerschlagung, Verbot, die eigenen Produkte bevorzugt zu behandeln, Vorkehrungen zur Verhinderung künftiger Aufkäufe von Start-ups …

»Gesellschaften, die als kleine Start-ups begonnen haben, die den Status quo herausforderten, haben sich in Monopole der Art verwandelt, wie wir sie zuletzt in der Ära der Erdölbarone und der Eisenbahnmagnaten gesehen haben. Diese Firmen haben zu viel Macht, und diese Macht muss eingedämmt und zum Gegenstand von Überwachung und Anwendung der passenden Gesetze werden. Davon hängen unsere Wirtschaft und unsere Demokratie ab«[9], schrieben die Kongressmitglieder.

Der Bericht erklärte Facebook und Google zu Monopolen, während er Amazon (und Apple) anklagte, »eine signifikante und dauerhafte Marktmacht« auszuüben. Facebook wurde vorgeworfen, seine Marktmacht zu sichern, indem es seine Konkurrenten »aufkauft, kopiert oder vernichtet«[10]. Wegen der fehlenden Konkurrenz habe sich die Qualität des Netzwerks »verschlechtert, mit der Folge eines geringeren Schutzes der Privatsphäre und einer spektakulären Menge von Desinformation«[11]. Was Google betrifft, so wurde ihm vorgeworfen, sein Monopol »mit einer Serie von wettbewerbsfeindlichen Taktiken« zu verteidigen, aber auch durch die Benachteiligung konkurrierender Suchdienste wie Yelp in Verträgen, »die die Hersteller von Smartphones dazu zwingen, Google zu installieren, um Zugang zu seinem Programm Android zu erhalten und um zum App-Store Google Play zu gelangen«[12]. Amazon wiederum wurde angeklagt wegen der Interessenkonflikte zwischen seiner Rolle als Betreiber eines

Marktplatzes und der als Verkäufer auf demselben Marktplatz.

Immer mehr Prozesse

Der Bericht empfahl dem Kongress, die dominanten Plattformen zu zerschlagen, wobei er vielleicht auch die Tür dafür öffnete, den Kauf von Instagram und YouTube durch Google rückgängig zu machen. Er plädierte ferner dafür, gewissen Plattformen zu verbieten, dass sie auf Gebieten operieren, die nahe benachbart an ihren Hauptaktivitäten liegen, und dabei ihre eigenen Produkte zu bevorzugen. Schließlich schlug er vor, die Barrieren für ein weiteres Aufkaufen von Start-ups zu verstärken und die Konzerne zu zwingen, die Übertragbarkeit von Daten zuzulassen, um die Chancen ihrer Konkurrenten zu verbessern.

Außerdem beschuldigte der Bericht die Federal Trade Commission (FTC), eine der beiden Wettbewerbsbehörden (die andere ist die Anti-Trust-Abteilung des Justizministeriums), an die 500 Firmenaufkäufe durch die GAFAM seit 1998 durchgewunken und dabei die Augen vor den Auswirkungen verschlossen zu haben; stattdessen habe die FTC lieber »ihre Bemühungen auf kleinere Akteure – darunter Schlittschuhlehrer und Orgelspieler – konzentriert«[13].

Am Ende schlug er ein aus Tausenden Einzelvorschriften bestehendes Anti-Trust-Gesetz vor. Am 24. Juni 2021 wurde der Gesetzestext vom Rechtsausschuss des Repräsentantenhauses mit einer Stimme Mehrheit angenommen – 21 dafür und 20 dagegen. Dann ging das Gesetz allerdings einen zähen Weg durch die Instanzen … und im Dezember 2022, als das Plenum darüber abstimmte, hatte der kreißende Berg nur ein Mäuslein geboren. Die GAFAM triumphierten auf ganzer Linie: Einige winzige Maßnahmen wurden zwar angenommen, die ambitionierteren Anti-Trust-Maßnahmen jedoch nicht.

Die Giganten blieben in ihrer hegemonialen Position. Das Ringen hinter den Kulissen hatten die Tech-Milliardäre gewonnen.

Doch noch ist (vielleicht) nicht alles verloren: In mehreren US-Staaten laufen Prozesse gegen Google, Meta und Amazon. Der Anti-Trust-Prozess gegen Google ist von historischer Bedeutung. Die Zeugenaussagen fanden im Oktober 2023 statt; im Mai 2024 sollten die Plädoyers folgen. Die weltweit wichtigste Suchmaschine mit 90 % Marktanteil in den Vereinigten Staaten ist angeklagt, ihr Monopol bei Onlinesuchen zu verteidigen, indem sie ihre Finanzmacht und wettbewerbsfeindliche Praktiken einsetzt. Bei den Debatten konnte man erfahren, dass Google 2021 26 Milliarden Dollar dafür ausgegeben hat, dass Smartphone-Hersteller wie Samsung oder die Vertreiber von Navigationsprogrammen wie Mozilla standardmäßig seine Suchmaschine installierten! Das sind 18 % der Werbeeinnahmen von Google Search. Apple allein hat 18 Milliarden davon erhalten, damit es Google Search in Safari integrierte … Ein Wirtschaftswissenschaftler, den die Regierung vor Gericht aussagen ließ, Michael Whinston, führte aus, dass diese üppigen Zuwendungen nur möglich waren, weil Google »Monopolgewinne« macht. Es könne übrigens auch seine Tarife für Werbekosten anheben, ohne Kunden zu verlieren, was beweist, dass sie keine andere Wahl haben.

Dieser Prozess ist nicht der einzige juristische Ärger für Google: Weitere Verfahren laufen wegen Missbrauchs der beherrschenden Marktposition bei der Technologie des Kaufs und Verkaufs von Werbeanzeigen. In der Tat besitzt Google die Plattform, auf der die Werbekunden und die Anbieter von Werbeplätzen die Preise aushandeln … Nur dass Google auch selbst auf diesem Markt aktiv ist, vor allem bei Werbung auf YouTube. Diesbezüglich ist es die Aufspaltung des Konzerns, gegen die geklagt wird.

Auch Amazon wird nicht geschont. Die FTC, die in 17 der US-Staaten zuständig ist, hat im September 2023 angekündigt, sie werde den amerikanischen Handelsriesen wegen Missbrauchs einer marktbeherrschenden Stellung verklagen. »Das illegale Verhalten von Amazon«, beklagt sie, »behindert den Wettbewerb, was den Unternehmen erlaubt, eine Monopolmacht zu nutzen, um die Preise aufzublähen, die Qualität zu verschlechtern und Innovationen zu verhindern, für Konsumenten wie für Unternehmen.« Tatsächlich sind zahlreiche die großen Tech-Unternehmen betreffenden Anfragen und Beschwerden bei der FTC und im Justizministerium eingegangen.

Trotz dieser Prozesse, von denen aber noch keiner abgeschlossen ist, ist die herrschende Auffassung, dass die Vereinigten Staaten diese Unternehmen zu sehr brauchen, um das Risiko eingehen zu wollen, ihre Machtposition einzureißen.

Da es nicht zu einer Zerschlagung zu kommen scheint, kann man sich auch Lösungen vorstellen, die darauf beruhen, mit juristischen Mitteln das weitere Wachstum dieser Konzerne zu bremsen und damit unsere zunehmende digitale Abhängigkeit von ihnen: zum Beispiel, indem man eine Trennung der Aktivitäten dadurch herbeiführt, dass man einem in einem Bereich aktiven Unternehmen untersagt, eine bestimmte weitere Tätigkeit auszuüben. Auch könnte man den »Supranationalen« untersagen, in neue wissenschaftliche, technologische oder kommerzielle Bereiche zu investieren.

Europa hat sich mit dem *DMA* (*Digital Market Act*) für Ersteres entschieden, und das könnte eine kleine Revolution bedeuten. Doch der ist erst am 2. Mai 2023 in Kraft getreten, und es wird Jahre brauchen, bis wir wirklich einen Erfolg werden messen können. Der *DMA* soll die Wirtschaftstätigkeit der größten Plattformen besser eingrenzen, die die Kommission als »Zugangskontrolleure« betrachtet, um deutlich zu machen, dass sie angesichts ihrer wirtschaftlichen Macht unumgänglich sind, wenn man zentrale Dienstleistungen nutzen möchte. Man kann hoffen, dass die Verordnung dazu beiträgt, weitere Aktionen eines eindeutig unlauteren Wettbewerbs zu verhindern – den »Diebstahl« von Lieferantendaten und das »Vernichten« junger Konkurrenten …

Ist der Sheriff wirklich wieder in der Stadt?

Wird diese Gesetzgebung eine Lösung sein? Der *DMA* soll die Vorteile beschränken, die es den »Zugangskontrolleuren« erlauben, in unlauterer Weise ihre eigenen Dienstleistungen oder Produkte gegenüber den Unternehmen, die sie nutzen, zu bevorzugen oder deren Daten im Wettbewerb mit ihnen zu nutzen. Der Text zielt darauf ab, ihnen im Vorhinein einige Verpflichtungen aufzuerlegen, um sie an missbräuchlichen Praktiken zu hindern. Bis heute sind die Strafen, die Verstöße gegen das Wettbewerbsrecht ahnden, stets zu spät gekommen, und die geschädigten Konkurrenten oder Lieferanten hatten inzwischen schon ihren Laden dicht machen müssen. Die Strafen machten sie nicht wieder lebendig!

Wenn der Sheriff wieder in der Stadt sein soll, wie Binnenmarktkommissar Thierry Breton behauptet, bedeutet das auch, dass die Vergangenheit deutlich gemacht haben sollte, dass ein umsichtigeres Vorgehen nötig ist. Denn hinter dem großen Rad, das die europäischen Behörden drehen, wurde die Kraftlosigkeit und Langsamkeit bei der Anwendung der Waffen offensichtlich: Trotz der angestrengten Verfahren, der angekündigten Strafen und der (manchmal) gewonnenen Prozesse haben die GAFAM in 20 Jahren nicht mehr als 3,4 Milliarden an Strafen gezahlt, verglichen mit beinahe … 300 Milliarden Gewinn allein im Jahr 2021, hat André Loesekrug-Piétri, Präsident der Joint European Disruptive Initiative (JEDI), ausgerechnet. Für ihn kommt es darauf an, den Missbrauch von Berufungsverfahren einzuschränken und dieselbe Reaktivität und Professionalität zu erreichen wie diese Plattformen, wenn man nicht stets zu spät kommen möchte.

Es muss einen Mentalitätswandel geben: Die Rolle der europäischen öffentlichen Gewalt kann nicht länger darin bestehen, den unabhängigen Schiedsrichter über den wirtschaftlichen und technologischen Wettbewerb in der ganzen Welt zu spielen und im Namen der Verbraucher die Bildung europäischer Champions zu verhindern. Denn nur diese Champions im Weltmaßstab werden in der Lage sein, sich zu verteidigen und zu verhindern, dass die amerikanischen oder chinesischen Monsterunternehmen sich Europa unterwerfen. »In dem Maße, wie Europa kraftlos ist und, schlimmer noch, weiter vom Gegenteil überzeugt ist und dies unsere Mitbürger glauben macht«, glaubt Loesekrug-Piétri, »werden wir den Aufstieg dieser Plattformen befördern, die mächtiger sind als Staaten.«

Der *DMA* bringt noch weitere Verpflichtungen mit sich: So müssen Plattformen wie WhatsApp, Facebook oder Messenger mit ihren bescheideneren Konkurrenten verknüpfbar sein. Ein Nutzer von WhatsApp muss einen Nutzer von Signal oder Telegram kontaktieren und ein Instagram-Nutzer seine Photos einem Nutzer von TikTok schicken können ... Dies soll die Konkurrenz fördern. Denn auch wenn wir genervt davon sind, wie Elon Musk die Kontrolle über X/Twitter übernommen hat, gibt es heute noch keine wirkliche Alternative. Threads ist noch weit davon entfernt, ebenso mächtig zu werden wie sein gut etablierter Konkurrent, und man kann sich nicht einmal wünschen, dass Threads das mehr als nur ein Stück weit gelingt, denn das würde uns wieder einmal in die Arme von Mark Zuckerberg treiben ...

Wir haben es mit einem Oligopol zu tun: In diesen Markt hineinzukommen, scheint eine *mission impossible* für jeden Newcomer zu sein; stattdessen nimmt die Macht der Platzhirsche noch weiter zu. Wenn Threads einen fulminanten Start hinlegen konnte, liegt das natürlich daran, dass es die Instagram-Nutzer als Basis hatte. Im Grunde sind die einzigen Grenzen, auf die die herrschenden Social Media stoßen, die zwischen den geopolitischen Blöcken: VKontakte für Russland, Weibo/TikTok für China, Facebook/X/Instagram für »den Westen« … Man kann dich gut vorstellen, wie die Informationen zum Ukrainekrieg aussähen, wenn VKontakte ein Weltmonopol hätte. Man muss dafür nur betrachten, wie die chinesische Öffentlichkeit sich informiert – oder desinformiert wird.

Die Breschen in der Vertraulichkeit wieder schließen

Die dritte größere Sorge: Wie können wir die Probleme für die Demokratie lösen, die die Internetmilliardäre schaffen? Es sind vor allem zwei Sorten von Problemen: Das eine ist der Abfluss persönlicher Daten, der es beispielsweise erlaubt, Wahlen zu beeinflussen, wie es in der Affäre um Cambridge Analytica herauskam. Ebenfalls sehr beunruhigend für die Demokratie ist die Hysterisierung des öffentlichen Lebens, die durch die sozialen Netzwerke vorangetrieben wird. Die Plattformen von Mark Zuckerberg und Elon Musk sind maßgeblich verantwortlich für die sich im Westen verschärfende politische Polarisierung und den Aufstieg des Populismus.

Im ersten Fall geht es um den Schutz der persönlichen Daten. Mit seiner *DSGV* (*Datenschutzgrundverordnung*) hat Europa hier Pionierdienste geleistet. Sie wäre sicher nicht so streng ausgefallen ohne die Sorgen um die europäische Souveränität nach den Enthüllungen von Edward Snowden im Jahre 2013. Dieser Hacker hat die Existenz von PRISM aufgedeckt, dem von der amerikanischen Sicherheitsagentur NSA installierten Informationsprogramm, das weltweit die digitale Kommunikation auf Facebook, Google, YouTube, Microsoft unter anderen aufzeichnete.

Die *DSGV*, die auch für andere Länder ein Vorbild war, lässt zum Beispiel ein Recht auf Vergessen zu: Jedes Individuum kann von einem Unternehmen verlangen, seine privaten Daten in den sozialen Medien zu löschen. Sie garantiert auch die Übertragbarkeit dieser Daten, das heißt, dass jeder sie herunterladen und auf die Plattform eines Konkurrenzunternehmens übertragen kann. Sie soll auch gegen massenhaften Abfluss von Daten schützen, der eine Spezialität von Facebook ist, wo zahlreiche »Breschen in der Vertraulichkeit« entstanden sind. Die ganze Welt konnte zusehen, wie ein blasser Mark Zuckerberg bei seiner Anhörung vor dem Kongress immer wieder sagte, wie sehr es ihm leidtue, und eine verstärkte Verschlüsselung der Daten versprach.

Doch diese Verschlüsselungen sind eine Frage seines guten Willens und des Vertrauens, das man in ihn setzt; sie reichen nicht aus.

Der junge Konzernlenker kann auch einfach verkünden, der größte Teil des Datenabflusses sei von den Nutzern selbst »autorisiert« worden. Die Daten von an die 50 Millionen Facebook-Nutzern, die auf der Website von Cambridge Analytica gesammelt wurden, dieser Gesellschaft, die für Donald Trump arbeitete, sind einfach über eine App von Facebook »abgesaugt« worden, das heißt, ein Programm, auf das man von dem sozialen Netzwerk aus zugreifen kann, wenn man ihm dafür den Zugriff auf den eigenen Account erlaubt.

Reicht es aus, wenn es Geldstrafen hagelt?

In dieser Situation hat man keine andere Wahl, um die Nutzer zu schützen, als mehr Kontrolle auszuüben und Regelverletzungen strenger zu bestrafen. Dabei geht es immer darum, Zuckerberg und seinesgleichen davon abzuhalten, rückfällig zu werden, und sich darauf verlassen zu können, dass sie sich weiter zurückhalten. Es hagelt Strafen, aber erst die Zukunft wird zeigen – je nachdem, ob die Verstöße sich wiederholen oder nicht –, ob der Hagel hinreichend wirksam ist. Die

Lösung einer Zerschlagung der Konzerne wäre hier nicht besonders nützlich: Sie würde uns nicht vor dem Sammeln unserer persönlichen Daten und ihrer ausgiebigen Nutzung durch einige wenige weltweit agierende Unternehmen schützen, sie würde uns nicht unsere Freiheiten garantieren und uns nicht vor noch übleren Szenarien schützen. Eine einzelne Plattform könnte immer noch genauso willkürlich mit dem Gesetz umgehen.

Trotz des *Cloud Act* gibt es immer noch die großen Risiken hinsichtlich der in die Vereinigten Staaten transferierten Daten. Unsere intimsten Daten und mehrere öffentliche Dienstleister sind der Gnade der amerikanischen Behörden ausgeliefert (die des französischen Innengeheimdienstes DGSI wurden bis 2023 ausgerechnet vom amerikanischen Softwareanbieter Palantir ausgewertet!). Die Notwendigkeit einer nationalen oder europäischen Souveränität über die Daten geriet erst nach der Covid-Krise wieder in den Blick. Da fand etwa die Nationale Agentur für die Sicherheit der Informationssysteme in Frankreich etwas mehr Gehör, als sie die großen Unternehmen vor den Risiken warnte, denen ihre bei den amerikanischen Giganten gehosteten Daten ausgesetzt sind. Doch dies führte nicht zu einem deutlichen Politikwechsel, denn Amazon Web Services, Microsoft Azure oder Google Cloud, die die meisten Mittel besitzen und die besten Talente anziehen, beeilten sich, einen verbesserten Service zu bieten, raffiniertere Programme, mehr Innovationen und größere Geschwindigkeit …

Für viele Chefs der Informatikabteilungen der europäischen Großunternehmen ist die Souveränität über die Daten immer noch weniger wichtig als die Effizienz ihrer Verwaltung. Sie haben ihre Wahl auch nicht geändert, als Microsoft, das zu Beginn der Lockdowns überfordert war, den Zugang zu seiner Plattform Teams und zu seinen Online-Entwicklungsdiensten für die Europäer sperrte, um amerikanischen Firmen den Vortritt zu lassen.

Die einzige richtige Lösung wäre es natürlich, europäische Champions zu schaffen, sozusagen »Airbusse der Digitalwirtschaft«, um die Abhängigkeit von den Riesen auf der anderen Seite des Atlantik zu brechen. Doch das ist ein frommer Wunsch, denn solche Schöpfungen lassen sich nicht dekretieren ... Europa zieht es oft vor, zu regulieren, statt Innovationen zu schaffen. Die Erfahrung mit der französischen Suchmaschine Qwant, die nie mehr als 0,7 % Marktanteil schaffte, zeigt, dass es ohne größere technologische Innovationen und ohne eine kontinentweite öffentliche Unterstützung unmöglich ist, den Vorsprung eines Mammutunternehmens wie Google einzuholen, auch, wenn man ein exzellentes Marketingkonzept hat: Qwant respektiert das Privatleben der Nutzer und beutet ihre Daten nicht aus, um damit zielgerichtete Werbung zu betreiben. Sieht man einmal von Spotify ab, dem schwedischen Champion des Musikstreamings, ist in Europa noch kein digitaler Weltkonzern in der Größenordnung von Google, Facebook oder Netflix entstanden.

Vielleicht sollte man sich von der indischen Erfahrung inspirieren lassen. Indien setzt beim Onlinehandel auf maximale Dezentralisierung. Anders als der Riese Amazon, der alles unter einem Dach konzentriert und die Bezahlung bei Lieferung zum unumgänglichen Prinzip erhebt, arbeitet die Regierung von Narendra Modi an einer einzigartigen offenen und allseits zugänglichen Infrastruktur, auf die alle Händler werden zugreifen können. Indem sie diese Infrastruktur kostenlos zur Verfügung stellt, möchte Indien den Ländern des globalen Südens eine Alternative zur digitalen Kolonisierung durch die Amerikaner bieten.

Die Fusion von Mensch und Maschine verhindern

Andere wiederum plädieren unrealistischerweise für eine Schließung der Grenzen, die die Entstehung regionaler Spitzenindustrien fördern könnte. Dadurch hat China den Aufstieg von Alibaba, Tencent und Baidu ermöglicht. Ein solcher technologischer Protektionismus ist nichts grundsätzlich Neues; in den Vereinigten Staaten wie in Europa wurde der Zugang zum Telekommunikationsmarkt für die chinesischen Ausrüster Huawei und ZTE gesperrt, die der Cyberspionage beschuldigt werden. Aber auch ein europäisches Vorgehen war möglich. So hat die italienische Regierung 2023 ChatGPT verboten, bevor sie es dann unter der Auflage zuließ, dass OpenAI zusätzliche Kontrollen zur Vertraulichkeit von Daten einführte. Grundsätzlich ist eine Schließung der Grenzen nicht vorstellbar, es sei denn, man wollte einen geostrategischen Bruch mit den USA sowie das Ende des freien Handels und unseres Modells einer liberalen Demokratie riskieren.

Die Gefahren, denen die Demokratie durch die sozialen Netzwerke unserer Milliardäre ausgesetzt sind, lassen sich nicht so leicht beseitigen, weil diese die Zeitungen sterben lassen, indem sie sich weigern, sie für die genutzten Inhalte zu bezahlen, und weil ihre Algorithmen so gebaut sind, dass sie zu »Maschinen der Spaltung« werden, die extreme Meinungen pushen und zur Polarisierung der öffentlichen Meinung beitragen. Google, das schließlich dazu übergegangen ist, den Medien etwas zu zahlen, gesteht ihnen nur lächerlich geringe Beträge zu. Die anderen weigern sich noch immer zu zahlen, obwohl sie gesetzlich dazu verpflichtet sind. Die üble Rolle, die sie in dieser Debatte spielen, und die Aggressivität, der Populismus und der Extremismus, die sie fördern, könnten ernsthaft nur bekämpft werden, wenn sie ihre Algorithmen zur Disposition stellten, was von außen erzwungen werden müsste. Aber wenn es den Staaten schon nicht gelingt, sich im ersten Fall durchzusetzen, wie sollen sie es dann erst in diesem zweiten schaffen?

Es besteht kein Zweifel, dass diese Milliardäre bei der Entwicklung der künstlichen Intelligenz, der Fusion von Mensch und Maschine (den neuronalen Implantaten) und der Einführung der KI eine Rolle spielen; sie stehen dabei, wie wir im vorigen Kapitel gesehen haben, in der ersten Reihe. Auch wenn sie dabei unterschiedliche Wege gehen und offenbar untereinander uneins sind, versuchen sie doch alle, die generative KI zu beherrschen und auf längere Sicht die allgemeine künstliche Intelligenz zu erreichen.

Vorsicht vor den Zauberlehrlingen der KI

Natürlich kümmern die kurzfristigen Befürchtungen, die die KI hervorruft – die vor dem Verlust von Millionen von Arbeitsplätzen –, unsere Milliardäre nicht, denn für sie ist dies der natürliche Lauf der Dinge. Sie glauben alle an Schumpeters »schöpferische Zerstörung«, sie sind überzeugt davon, dass stets neue Formen der Beschäftigung entstehen, wenn alte verschwinden. KI ist bereits in großem Umfang in der Suchmaschine von Google im Einsatz, bei Spracherkennungsprogrammen oder in der Bildbearbeitung. Heute haben wir in unserem Smartphone schon an die 100 Anwendungen, die es dank KI besser ausführt als Menschen es könnten. KI trägt auch immer mehr zur medizinischen Diagnostik bei oder zur Vorhersage von Extremwetterlagen. Die generative KI wiederum (ChatGPT und Ähnliches) entwickelt sich mit großer Geschwindigkeit; allerdings muss jeder, der sie nutzt, wissen, dass es das Risiko von Falschinformationen (»Halluzinationen«) gibt und dass sie auch Vorurteile verstärken kann. Die großen Unternehmen und die Start-ups versuchen die ersten zu sein, die diese Probleme lösen. Doch es gibt unbegrenzte Manipulationsmöglichkeiten.

Gleich ob sie nun zu den »Beruhigern« oder zu den »aktiven Pessimisten« gehören, nutzen die »systemrelevanten« Milliardäre die KI in großem Maße, haben aber keine wirkliche Lösung für den Fall einer Bedrohung durch eine »feindliche« allgemeine KI oder einfach eine allgemeine KI, die in feindliche Hände gerät. Ihre einzige Idee ist es, alles, was Open Source ist, zu beenden, damit sie ihre KI alleine kontrollieren können. So haben Microsoft mit OpenAI und Google mit Anthropic im Oktober 2023 gemeinsam das »Frontier Model Forum« ins Leben gerufen, um sich selbst zu regulieren – und nach Möglichkeit alles zu stoppen, was Open Source, das heißt für alle offene Innovation, ist. Denn anders als es sein Name glauben macht, ist OpenAI inzwischen ebenso eine Black Box wie seine Pendants … Die neu gebildete Interessengemeinschaft hat »das Ziel, die Entwicklung einer Avantgarde-KI voranzubringen und gesunde Praktiken zu identifizieren«[15]. Doch man ahnt schon, dass es selbstmörderisch wäre, sich darauf zu verlassen, dass die Tech-Tycoons die Menschheit vor einer aus dem Ruder gelaufenen KI retten werden.

Die Regierungen sind inzwischen aufgewacht und versuchen eine öffentliche Aufsicht einzuführen. In Bletchley Park in der Nähe von London haben sie Anfang November 2023 einen »AI Safety Summit« abgehalten, den ersten Weltgipfel zu der Gefahr, die die KI für die Menschheit bedeuten kann. Sie haben dort vor allem die existenziellen Gefahren behandelt, das heißt die, die mit der allgemeinen KI verbunden sind, weniger aber mit den Gefahren dessen, was mit der generativen KI gemacht und wie sie manipuliert werden kann. Die von den 28 vertretenen Staaten (darunter die USA, China, die Europäische Union, Großbritannien, Indien und Brasilien) unterzeichnete Abschlusserklärung verspricht, dass sie die künstliche Intelligenz zum Schutz der Menschenrechte und dafür einsetzen werden, die von den Vereinten Nationen festgelegten Ziele einer nachhaltigen Entwicklung zu erreichen. Sie kündigt überdies die baldige Gründung eines »International Panel on AI Safety« an, das die Aufgabe haben soll, regelmäßig die Risiken der KI-Entwicklung für die Menschheit zu bewerten, und den Beginn von Verhandlungen mit dem Ziel, eine weltweite Reglementierung zu erreichen. In Wirklichkeit sind sich dabei jedoch nicht alle Staaten einig, sondern konkurrieren miteinander darum, führend an künftigen Reglementierungen beteiligt zu sein. Und es versteht sich nicht von selbst, dass die, die aktiv an der Entwicklung der KI beteiligt sind, sich dabei werden Zügel anlegen lassen.

Bei den Franzosen ist die Diskussion über die Risiken, anders als sonst in ihrer vom »Prinzip Vorsicht« geprägten Kultur, erstaunlich wenig alarmistisch: Man setzt sich stattdessen für eine effiziente Aufsicht ein, die auch Innovationen schützt, denn Frankreich hat einige Spitzen-Start-ups in der KI-Forschung, darunter Mistral.AI, von der es heißt, sie könne mit den ganz Großen konkurrieren. »Die Alarmrufe sichern nur die Monopole der Tech-Giganten«, konnte man bei dem Gipfel hinter den Kulissen vernehmen. »Und die Monopole rufen nach Monopolen.« So konnte Bruno Le Maire nicht seine Befürchtung verbergen, dass die KI eine bahnbrechende Technologie ist, »die auf eine monopolistische industrielle Basis aufgepfropft« werde, das heißt die von Google, Microsoft, Meta …

Im selben Geist haben die Franzosen und ihre europäischen Partner Anfang Dezember 2023 miteinander verhandelt, um das erste politische Abkommen zur künstlichen Intelligenz zu schließen. Europa führt damit die weltweit ersten Regeln zur KI ein. Das europäische Vorgehen besteht darin, besonders riskanten KI-Systemen besondere Verpflichtungen aufzuerlegen. Dafür werden die KI-Systeme nach einer Skala klassifiziert, die von »schwach« bis »inakzeptabel« reicht, je nachdem, welchen Schaden sie für die Gesundheit, die Sicherheit, die Grundrechte oder die Demokratie mit sich bringen können. Die »potenziell systemrelevanten« (wie ChatGPT von OpenAI oder Bard von Google) werden besonders eng überwacht, die Open-Source-Modelle wie die von Meta oder Mistral.AI dagegen weniger eng, weil sie »transparent« sind: Jeder Nutzer kann sie modifizieren oder kontrollieren. Natürlich wird man abwarten müssen, was diese neue Reglementierung in der Praxis wirkt.

Yuval Noah Harari fasst unsere Fragen zusammen, wenn er in *Homo deus. Eine Geschichte von morgen* warnt: »Wenn wir eine kleine Elite daran hindern wollen, diese göttlichen Kräfte zu monopolisieren, geht es darum zu wissen, wer die Daten besitzt. Die Daten zu meiner DNA, meinem Gehirn und meinem Leben, sind sie mein Eigentum oder das des Staates, einer Firma oder eines menschlichen Kollektivs?«[16]

Selbst Mark Zuckerberg hat vor einigen Journalisten, mit denen er die Frage einer Moderierung der Inhalte erörterte, anerkannt, dass er Regeln benötige. Ist es im Grunde genommen nicht das, was die Tech-Genies erwarten, wenn sie ihre Petitionen starten und ihre Alarmrufe gegen die KI verlauten lassen? Nämlich dass man ihren von der Konkurrenz getriebenen Wettlauf in den Abgrund stoppt und sie daran hindert, die Welt zu zerstören? Haltet mich auf, oder es geschieht ein Unglück …

Der vierte und letzte Typ der von den systemrelevanten Milliardären provozierten Schäden sind die Probleme, die sie für die Gesellschaften schaffen. Diese sind wahrscheinlich, zunächst jedenfalls, die schwersten und am schwierigsten zu behebenden. Denn die Nutzer sind die freiwilligen Gefangenen der Plattformen wie Facebook, Instagram oder Twitter. Wir haben gesehen, dass Meta von 42 Staaten der USA angegriffen worden ist, weil es wissentlich der Gesundheit junger Menschen schade. Das war keineswegs zu früh. Die ersten universitären Studien, die den Umfang der Schäden aufzeigen, sind schon mehr als zehn Jahre alt. Man kann heute noch nicht sicher sagen, was bei dem Prozess herauskommen wird. Doch eine Zerschlagung von Meta wird die Sucht der Heranwachsenden nach »Likes« nicht unterdrücken. Wenn wir den Millennials Instagram wegnehmen, wird das einen Aufstand provozieren.

Zentren für Content-Moderation schaffen!

Die großen sozialen Netzwerke, die zu Oligopolen geworden sind, können nicht länger wie private Klubs behandelt werden, die frei sind, in ihren Klubregeln zu definieren, was gesagt werden darf und was nicht. Angesichts der Rolle, die die digitalen Plattformen für die Kontrolle (oder deren Abwesenheit) der öffentlichen Meinungsäußerungen spielen, könnte man zumindest fordern, dass sie Zentren für Content-Moderation eröffnen. Diese Maßnahme, die in Frankreich die Descartes-Stiftung vorgeschlagen hat, würde es erlauben, dass rechtlich geschulte Moderatoren illegale und sittenwidrige Inhalte unterdrücken und die schwerwiegendsten Fälle der Justiz übergeben könnten. In den Revolten in der Folge des Tods des jungen Nahel Merzouk im Juni 2023, als die sozialen Netzwerke die Emotionen anheizten, indem sie Videos von Plünderungen verbreiteten, hätten solche Moderatoren warnen können.

Da man die Jugendlichen nicht daran hindern kann, fünf Stunden am Tag in den sozialen Netzwerken zuzubringen, hat sich die Europäische Kommission das Offenkundigste vorgenommen: Hassbotschaften und gesetzwidrige Inhalte. Anders gesagt, die Verbreitung von Hass, Kinderpornographie, Verteidigung von Terrorismus und ganz allgemein Desinformation. Das Instrument dafür ist der *Digital Services Act* (*DSA*), der zweite Teil ihrer Gesetzgebung nach dem *Digital Markets Act* (*DMA*). Er ist am 25. August 2023 in Kraft getreten. Der europäische Kommissar Thierry Breton, der seit seinem Amtsantritt dafür kämpft, die Internetgiganten »auf Linie« zu bringen, hat das Ziel des *DSA* in einem einfachen Prinzip zusammengefasst: »Was offline erlaubt ist, muss auch online erlaubt sein, und was offline verboten ist, muss es auch online sein.« Es geht darum, sowohl die Content Moderation im Netz zu regulieren als auch die Algorithmen (vor allem die für Empfehlungen) der Plattformen wirklich transparent zu machen. Es ist der erste Versuch einer westlichen Macht, die allmächtigen amerikanischen Plattformen dahin zu bringen, dass sie die Regeln der Content Moderation respektieren. Die Gesetzestexte haben allerdings nicht ihren Status als Provider infrage gestellt und daraus den von Verlagen gemacht, was es erlaubt hätte, sie endlich juristisch verantwortlich zu machen für das, was sie veröffentlichen.

Sicherlich werden Fortschritte zu verzeichnen sein. Die Plattformen müssen nämlich die Risiken analysieren, die mit ihren Dienstleistungen verbunden sind. Hinsichtlich ihrer Transparenz werden sie ein unabhängiges externes Audit über sich ergehen lassen müssen, das die von ihnen getroffenen Maßnahmen überprüft, mit denen sie die Einhaltung der europäischen Regeln sicherstellen wollen. Sie müssen anerkanntem Untersuchungspersonal Zugang zu den öffentlich zugänglichen Daten verschaffen. Organisationen des Vertrauens, die von der Regulierungsbehörde beauftragt werden, werden sie auf etwaige rechtswidrige Inhalte aufmerksam machen, die sie dann »unverzüglich« löschen müssen. Wenn sie sich nicht an die Vorgaben halten, können sie mit einer Geldstrafe rechnen, die bis zu 6 % ihres weltweiten Umsatzes betragen kann, und im Fall von schweren und wiederholten Verstößen mit einer zeitweiligen Verbannung vom europäischen Markt. Facebook und Konsorten dürfen nicht länger gezielte Werbung aufgrund von sensiblen Daten wie Religionszugehörigkeit oder politischer Meinung machen. »Deepfakes«, also durch KI veränderte Video- oder Audioaufnahmen, die als falsche Vorspiegelungen dienen können, müssen deutlich gekennzeichnet werden.

Wirken *DSA* und *DMA*?

Während der DSA sich auf 19 Plattformen bezieht, von denen 16 amerikanisch sind, stehen drei »übliche Verdächtige« besonders im Fokus: Facebook, X und TikTok. So hat Binnenmarktskommissar Thierry Breton erklärt, er sei »insbesondere beunruhigt über das Moderationssystem bei Facebook, das in großem Maße zur Meinungsbildung beiträgt, insbesondere in der Slowakei«[17]. Leider wurden die Parlamentswahlen in der Slowakei im September 2023 von der Partei von Robert Fico gewonnen, der politisch ähnlich agiert wie Victor Orban – ein harter Schlag für die Europäische Union. (Im Mai 2024 ist Fico bei einem Mordanschlag selbst zum Opfer der von den Plattformen geschürten sozialen Spaltung geworden, d. Übers.)

Die meisten großen Plattformen arbeiten gegenwärtig mit der EU zusammen, um einen europäischen Code für gute Praxis zu entwickeln, der insbesondere Normen für die Verifikation von Fakten enthalten soll. Ein Pilotprojekt wurde aufgelegt, um die Größe des Problems zu evaluieren. Doch X, Elon Musks Plattform, hat sich mit großem Getöse daraus verabschiedet und erweist sich als das Gegenteil eines Musterschülers: Auf X/Twitter wimmelt es nur so von Fake News. »X ist die Plattform mit dem größten Anteil an Posts mit Fehl- oder Falschinformationen«[18], erklärte Vera Jourova, die Vizepräsidentin der Europäischen Kommission. Das Pilotprojekt zeigte auch, dass die Verbreiter von Desinformation auf X sehr viel mehr Follower hatten als diejenigen, die keine Desinformationen verbreiteten, und dass sie das Netzwerk erst seit Kurzem nutzten, wie um Musks Eroberungspolitik zu bestätigen.

Dieser Erfolg ist nicht erstaunlich, denn es ist bekannt, dass ein »Fake-News«-Post sechsmal weniger Zeit braucht, um 1500 Menschen zu erreichen als eine wahre Information, wie eine Studie von drei Forschern des MIT über Twitter festgestellt hat, die 2018 in der ausgesprochen seriösen Zeitschrift *Science* veröffentlicht wurde.[19]

Am 18. Dezember 2023 schließlich kündigte die Europäische Kommission eine »formelle Untersuchung« gegen X an, wegen vermuteten Verstoßes gegen die Regeln des *Digital*

Service Act (*DSA*) der EU zur Moderation von Inhalten und zur Transparenz. Diese Untersuchung soll »Beweise sammeln« über die »Verbreitung und Verstärkung illegaler Inhalte und Desinformationen«.

Für Jérôme Martin von der Unternehmensberatung Bearing Point stößt der Versuch der Reglementierung bereits an seine Grenzen: »Die Wahrheit ist, dass die immer neuen europäischen Regulierungen leichter zu handhaben sind für die Big Tech, deren Vorsprung von Jahr zu Jahr wächst«, erklärte er in einem Artikel. »Sie nutzen weniger reglementierte Märkte, um ihre Produkte zu entwickeln, und passen ihre Lösungen dann an unsere Befürchtungen an, mithilfe technischer, juristischer und finanzieller Mittel, die in diesem Maße unseren Unternehmen nicht zur Verfügung stehen. Die europäischen Akteure dagegen müssen von Beginn an daran denken, dass sie gegen nichts verstoßen dürfen, und die Produkte, die sie bereits haben, immer wieder an neue Zwänge anpassen.«[20] Das bedeutet für ihn, dass wir gerade dadurch, dass wir immer neue Vorschriften erlassen, unseren Markt weiter für unsere Milliardäre öffnen.

Selbst wenn künftig die illegalen Inhalte besser bekämpft würden, muss man heute die Natur dieser Plattformen selbst und die Weise, wie sie genutzt werden, infrage stellen. Die Verringerung von Lebensfreude, die erhöhte Suizidrate, die Explosion kosmetischer Operationen bei den 18- bis 30-Jährigen sind Anzeichen eines größeren gesellschaftlichen Problems: Die Sorge um die Wahrnehmung der eigenen Person, die Instagram oder TikTok provoziert, und die durch die zunehmende Nutzung von *beauty filters* noch verstärkt wird, wird uns eine Generation von instabilen Erwachsenen bescheren, die unerfüllt und von der Suche nach dem vollkommenen Körper besessen sind.

Die Weise, wie die sozialen Netzwerke funktionieren, beruht auf einer genauen Kenntnis unseres Nervensystems. Sean Parker, der ehemalige Präsident von Facebook, den (etwas zu spät} sein Gewissen plagt, gibt zu, dass das Wirtschaftsmodell von Facebook – dasselbe gilt für Instagram oder X – auf der »Ausbeutung der Verletzlichkeit des Menschen und seiner Psychologie« beruht.

Chamath Palihapitiya, der ehemalige für das Wachstum der Mitgliederzahl verantwortliche Vizepräsident von Facebook, hat bestätigt, dass sein Job und der seiner Mitarbeiter darin bestand, die beste Art und Weise zu finden, um die Nutzer dadurch zu manipulieren, dass sie sie mit dem Ausstoß von Dopamin belohnten, dem Glücks- und Belohnungshormon. Anders gesagt: sie süchtig zu machen.

»Ein Mensch – steht sich selbst im Weg«

Tatsächlich wirkt nichts stärker in unserem Gehirn, und nichts lässt sich dabei schwerer außer Kraft setzen als die verschiedenen Formen der Belohnung: Ein Verhalten ist zur Gewohnheit geworden, wenn wir nicht darauf verzichten können, auch wenn es keine Befriedigung mehr verschafft, nämlich weil es uns an vergangene Belohnungen erinnert. Das ist im Grunde die Schwachstelle im menschlichen Verhalten, die Zuckerberg oder Musk ausbeuten. »Likes«, nach oben gereckte Daumen, die Kommentare und geteilten Posts in immer größeren Zahlen »belohnen« die Nutzer und wecken in ihnen die Lust, neue Inhalte zu posten, selbst wenn die vorhergehenden nicht ganz so gut angenommen worden sind. Das eigentliche Ziel des Netzwerks ist es dabei stets, dass die Nutzer immer mehr Zeit in ihm zubringen, damit die »verfügbare Gehirnzeit« bei den Werbenden zu Geld gemacht werden kann.

Der Erfolg der sozialen Netzwerke beruht paradoxerweise auf dem, was am Homo sapiens noch etwas zutiefst Biologisches ist. Und da es – bis heute jedenfalls – nichts Illegaleres ist, jemanden nach Social Media süchtig zu machen als nach Alkohol oder Tabak, an wen anderes könnten wir uns da halten als an uns selbst und unsere primären Instinkte? »Ein Mensch – steht sich selbst im Weg« schreibt Albert Camus in *Der erste Mensch*. Doch es ist die gesamte Gesellschaft, es ist unsere Zivilisation, die sich zusammennehmen muss, um dem Willen einiger durch ihre Allmacht blind gewordener Männer etwas entgegenzusetzen.

Natürlich kann man sich dafür einsetzen, dass Facebook verpflichtet wird, bei jedem Zugriff aufpoppen zu lassen: »Der Missbrauch sozialer Netzwerke gefährdet Ihre Gesundheit, Sie sollten sie maßvoll konsumieren.« Besser aber wäre es, wenn der Zugriff auf diese toxischen Welten für Jugendliche nach einer halben Stunde unterbrochen würde ... Man kann auch die Verantwortungslosigkeit der Eltern beklagen, die ihre Sprösslinge Stunde um Stunde in den sozialen Netzwerken zubringen lassen und sie damit dem großen Risiko von Depression, Selbstverstümmelung und Suizid aussetzen, für das ein solches Verhalten der Keim sein kann. Eine Beschränkung der Bildschirmzeit und eine digitale Mündigkeit nicht früher als mit 15 Jahren könnten das in Regeln übersetzen. Der Philosoph Gaspard Koenig kämpft für das Verbot für unter 16-Jährige, die sozialen Medien zu nutzen, weil nur dadurch die soziale Chancengleichheit gewahrt werden könnte. Denn in den USA wie in Europa ist die vor dem Bildschirm zugebrachte Zeit eines Kindes umso kürzer, je höher das Bildungsniveau der Erziehungsberechtigten ist.

Wir haben gesehen: China hat die erste Entscheidung getroffen, die der Größe der Herausforderung entspricht, in dem es je nach Alter der jungen Nutzer die Nutzung von social Media und Videospielen mit unterschiedlichen Zeitvorgaben beschränkt hat. Diese Maßnahmen schränken die bürgerlichen Freiheiten drastisch ein, aber soll man sie wirklich beklagen, solange die Eltern offenbar nicht in der Lage sind oder nicht über die nötige Autorität verfügen, den Missbrauch zu verhindern?

Wir brauchen andere Helden

Wenn wir zulassen, dass die jungen Generationen verarmen und sich in den sozialen Netzwerken verlieren, akzeptieren wir die Entstehung einer neuen Aristokratie: der derjenigen, denen als Kindern die Bildschirme verboten waren und die so ihre Kreativität, ihre sozialen Kompetenzen und ihr seelische Gleichgewicht bewahrt haben. Die Übrigen werden die auf dem Altar des Digitalen geopferte Generation sein … Eine entgegengesetzte Entwicklung setzte voraus, dass das Bewusstsein sich von Grund auf änderte, und davon sind wir weit entfernt.

Zuckerberg, Page, Brin und ihresgleichen sind mehr als hundertfache Milliardäre geworden, weil sie mit Talent und sogar mit Genialität die Suchmaschine, den E-Commerce oder die sozialen Netzwerke erfunden haben, vor allem aber, weil sie eine Digitalgesellschaft erfunden und gestaltet haben, die es vor ihnen noch nicht gab. Sie haben ihre eigenen Regeln für die Datennutzung aufgestellt, aber auch für den Wettbewerb und die künstliche Intelligenz, vor allem aber für das Privatleben und die Moral. Indem sie ganz leise begannen, ihr Gesellschaftsprojekt zu verwirklichen, von den »Likes« bis zu den neuronalen Implantaten, haben sie uns kaum noch eine Wahl gelassen: Sie haben die kollektive Erörterung der Probleme entwertet und sind an die Stelle der alten Mächte getreten. Sie sind noch weiter gegangen, als nur sich hoheitliche Aufgaben der Staaten anzueignen. Ihr Potenzial zur Destabilisierung der Demokratien ist groß. Unsere politischen Modelle sind bedroht, und sogar unsere Vorstellung von dem, was Menschsein heißt.

Auf diese technologische Gewalt zu reagieren, um unsere Freiheit zurückzuerlangen, bedeutet, dass wir in einem demokratischen Rahmen Regulierungen durchsetzen, aber auch für künftige Generationen Alternativen zu diesem Strudel von Reizen anbieten müssen – und Helden, die ihnen Vorbilder dafür sein können, etwas aus sich selbst zu machen, statt sich für Beschimpfungen und Kämpfe im Käfig zu begeistern, die nur dazu dienen, die Aufmerksamkeit von der systemischen Bedrohung abzulenken, die diese Handvoll Männer für die Menschheit darstellen.

Danksagung

Ich habe schon seit 15 Jahren das unglaubliche Glück, mein Leben mit Vincent Desportes zu teilen. Indem er mir mitteilte, auf welche Gedanken diese Gestalten ihn gebracht haben, indem er Artikel aufbewahrte, die ihm bei seinen Lektüren aufgefallen waren, indem er mir Hinweise gab und Kontakte vermittelte, hat er mir die Arbeit sehr erleichtert. Seine Hilfe und Unterstützung waren kostbar für mich.

Auch habe ich das riesige Glück, einen wunderbaren Sohn zu haben, Pierre-Alexandre, der zu den Millennials gehört, die in erster Linie von der Übermacht der sozialen Netzwerke betroffen sind, und der weiß, wie er sie nutzen kann, ohne ihr Opfer zu werden. Ich danke ihm und seiner Partnerin Laure Hascoët-Bodénès dafür, dass sie meine Testleser und meine Ratgeber waren.

Mein letztes großes Glück ist es, eine liebevolle Mutter zu haben, die mich jedes Mal in ihrem Haus in Fermanville aufnimmt, wenn ich einen ruhigen, friedlichen und freundlichen Hafen brauche, um ein Buch fertigschreiben zu können. Dieses war keine Ausnahme davon. Dafür danke ich ihr erneut.

Ich danke auch meiner ganzen Familie, die mich schon seit Jahrzehnten unterstützt, bei an die 20 Büchern, die ich geschrieben habe, meinem Patenkind Maxime Mondésir, meinem Neffen Loris Kerdellant, dem ich mein letztes Buch, *Mon superhéros*, gewidmet habe, meiner Schwester Sylvie und ihrem Partner Jean-Paul Duhot, meinem Bruder Thierry und meiner Schwägerin Sophie. Mein Dank gilt auch meiner

Schwiegertochter Sophie Jaggi-Desportes und meinem Neffen Jean Desportes.

Ein großer Dank geht auch an alle Freunde, mit denen ich über das Thema diskutieren konnte und die mir Hinweise gegeben haben: Dominique Mataillet, Éric Meyer, Hervé Flambard, Gilles Doré, Rémi Deffarges, Daniel Temam, François Coussement, Michel Conin, Manuel de Bonneval, Marc Forot, Denise Parisse, Jacques Barraux, Laurent Acharian, Nicole Mauger, Isabelle Lengrogne, Christine Rodwell, Louis und Marina Vaudeville, Thierry Igouf und Fred Dalifard, Christian und Corinne Mons-Catoni.

Besondere Erwähnung verdienen Franck Dedieu und Béatrice Mathieu, mit denen wir über diese Themen nachgedacht haben, während wir eine Nummer von *L'Expansion* mit dem Titel »Ces entreprises plus fortes que des États« vorbereiteten.

Nicht zuletzt möchte ich meine Dankbarkeit Jacques Attali bezeugen, ebenso auch Pierre Louette, Gaspard Koenig und Sylvain Duranton, die mich an ihren eigenen Erkenntnissen über diese neuen Akteure im Spiel der Wirtschaft haben teilhaben lassen. Schließlich danke ich allen denen, die ich interviewt habe, die es aber vorgezogen haben, nicht zitiert zu werden. Sie werden sich wiedererkennen.

Anmerkungen

1. Kapitel
Elon Musk, der Mann, der sich für Gott hält

1. Walter Isaacson: *Elon Musk*, Paris, Fayard 2023
2. ebd.
3. Ashlee Vance: *Elon Musk: Tesla, PayPal, SpaceX. Wie Elon Musk die Welt verändert - Die Biografie* , München 2015. Eine weitere interessante Biographie ist: *Elon Musk, l'enquête inédite*, von Béatrice Mathieu und Emmanuel Botta, Robert Laffont 2023
4. https://www.lesechos.fr/tech-medias/hightech/orange-relanceson-offre-satellitaire-en-reponse-a-starlink-delon-musk-2029519
5. Siehe 4. Kapitel
6. https://www.newyorker.com/magazine/2023/08/28/elon-musks-shadow-rule
7. https://www.leparisien.fr/high-tech/neuralink-elon-musk-veut-doter-un-premier-humain-dimplants-cerebraux-des-2023-16-06-2023-SKYK4FS7ERBGFH6DM2MKSFGQ2A.php
8. https://x.ai/
9. https://x.ai/
10. https://www.bbc.com/news/business-65248196
11. https://www.lemonde.fr/idees/article/2022/12/08/sur-twitter-elon-musk-fait-le-rude-apprentissage-de-la-moderation-descontenus_6153566_3232.html
12. https://www.lesechos.fr/finance-marches/banque-assurances/le-role-de-twitter-montre-du-doigt-dans-la-panique-bancaire-desvb-1936719
13. ebd.
14. ebd.
15. Siehe 2. Kapitel
16. Ashlee Vance: *Elon Musk: Tesla, PayPal, SpaceX. Wie Elon Musk die Welt verändert - Die Biografie*, a.a.O.
17. *Tribune des Échos* vom 15. Dezember 2022: https://www.lesechos.fr/idees-debats/cercle/opinion-la-verticale-du-fou-1889584
18. Matthieu Courtecuisse: »Elon Musk, entre existence et essence«, Artikel in *Les Échos* vom 14. Januar 2023: https://www.lesechos.fr/idees-debats/cercle/elon-musk-entre-existence-et-essence-1897246

19. https://www.lesechos.fr/idees-debats/cercle/elon-musk-entre-existence-et-essence-1897246

2. Kapitel
Mark Zuckerberg, der große Puppenspieler

1. Elizabeth Hoge, MD, David Bickham, PhD, Joanne Cantor, PhD: »Digital Media, Anxiety, and Depression in Children«, 1. November 2017: https://pubmed.ncbi.nlm.nih.gov/29093037/
2. https://www.aeaweb.org/articles?id=10.1257/aer.20211218
3. Daniel Ichbiah: *Mark Zuckerberg. La biographie*, La Martinière 2018
4. ebd.
5. ebd.
6. »En Égypte, une petite fille a été prénommée ›Facebook‹ par ses parents«, in: *Sud Ouest* vom 20. Februar 2011
7. Der Chef von Apple antwortet am 28. März 2018 auf die Fragen der Site Recode und der amerikanischen Kette MSNBC: https://www.frenchweb.fr/insiders-tim-cook-tacle-mark-zuckerberg/321104
8. Isabelle Lesniak: »Elon Musk, Jeff Bezos, Mark Zuckerberg: 6 grandes rivalités de la tech«, in: *Les Échos* vom 19. Oktober 2020
9. https://www.gsb.stanford.edu/insights/chamath-palihapitiyawhy-failing-fast-fails
10. ebd.
11. ebd.
12. https://www.axios.com/2017/12/15/sean-parker-unloadson-facebook-god-only-knows-what-its-doing-to-our-childrens-brains-1513306792
13. Adam DI Kramer, Jamie E. Guillory und Jeffrey T. Hancock: »Experimental evidence of massive-scale emotional contagion through social networks«, in: *Proceedings of the National Academy of Sciences*, Bd. 111, Nr. 24, 2014, S. 1–3
14. Daniel Cohen *Homo numericus. La »civilization« qui vient*, Albin Michel 2022
15. ebd.
16. https://www.01net.com/actualites/facebook-est-il-mauvais-pour-votre-sante-mentale-1330412.html
17. https://www.lesechos.fr/tech-medias/hightech/facebook-4-questions-pour-comprendre-ce-que-frances-haugen-reproche-alempire-de-mark-zuckerberg-1352571
18. https://www.wsj.com/articles/facebook-files-xcheck-zuckerberg-elite-rules-11631541353
19. Siehe Schlusswort
20. https://www.lesechos.fr/tech-medias/hightech/reformede-la-responsabilite-des-plateformes-la-cour-supreme-americaine-sceptique-1909070
21. AFP, Aussagen bei der Anhörung am 22. Februar 2023 in San Francisco. Das Urteil wurde im Mai gefällt.
22. https://www.francetvinfo.fr/internet/reseaux-sociaux/facebook/facebook-la-lanceuse-d-alerte-a-l-origine-d-une-importante-fuite-de-documents-sort-de-l-ombre_4794645.html

23. https://www.lesechos.fr/tech-medias/hightech/des-etats-americains-portent-plainte-contre-meta-accuse-de-nuire-a-la-santementale-des-jeunes-1992061
24. https://www.cdc.gov/nchs/data/databriefs/db352-h.pdf
25. Paul Molga: »TikTok et la scalpelmania«, Serie über die Generation TikTok, *Les Échos* vom 27. Juli 2023; https://www.lesechos.fr/tech-medias/medias/tiktok-et-la-scalpelmania-1965820
26. ebd.
27. ebd.
28. Siehe 7. Kapitel

3. Kapitel
Larry Page und Sergey Brin, Kämpfer wider den Tod

1. Gespräch mit der Autorin, 3. November 2022
2. Olivier Ubertalli: »Comment les Gafam violent la loi et volent la presse«, in: *Le Point* vom 21. Juli 2023
3. Bericht der Untersuchungekommission zur Medienkonzentration, vorgelegt am 31. März 2022: https://www.senat.fr/salle-depresse/202203/commission-denquete-sur-la-concentration-des-medias-en-france.html
4. Siehe 5. Kapitel
5. https://www.calicolabs.com/
6. Christophe Boltanski: »Kevin Warwick, l'Homo Machinus«, in: *Libération* vom 11. Mai 2002: https://www.liberation.fr/week-end/2002/05/11/kevin-warwick-l-homo-machinus_403267/

4. Kapitel
Jeff Bezos, der Allgegenwärtige

1. Admin in Espace: »Jeff Bezos veut des colonies spatiales flottantes avec un climat comme à Hawaï«, Laterredufutur.com vom 21. April 2021: https://www.laterredufutur.com/accueil/jeff-bezosveut-des-colonies-spatiales-flottantes-avec-un-climat-comme-ahawai/
2. ebd.
3. ebd.
4. ebd.
5. Siehe folgendes Kapitel
6. https://www.aboutamazon.com/news/company-news/2020-letter-to-shareholders

5. Kapitel
Bill Gates, der Retter der Menschheit

1. »Bill Chill« ist eine beziehungsreiche Wortprägung: »Chill Bill« ist ein Hit des Rappers Rob Stone von 2015; »Big Chill« bezeichnet im Übrigen den Beginn der Eiszeit.

2. Die Stiftung Bill & Melinda Gates (aus der Melinda kürzlich ausgestiegen ist) finanziert Gesundheitsprojekte und kämpft in Entwicklungsländern gegen die Armut. Dazu gehören auch Forschungen zur Malaria und Impfprogramme. Seit Beginn der internationalen Initiative zur Ausrottung der Poliomyelitis unter der Ägide der UNO im Jahre 1988 ist die Zahl der Fälle um 99% zurückgegangen: https://www.lepoint.fr/sante/bill-gates-met-1-8-milliard-de-dollars-pour-eradiquer-la-polio-25-04-2013-1659872_40.php
3. Linsey McGoey: *No Such Thing as a Free Gift. The Gates Foundation and the Price of Philanthropy*, Verso Books 2015
4. ebd.
5. https://www.nytimes.com/fr/2020/11/25/world/americas/bill-gates-vaccin-coronavirus.html
6. *Les Échos*: »Bill Gates, l'enfance d'un nerd«; https://www.lesechos.fr/tech-medias/hightech/bill-gates-13-lenfance-dun-nerd-1236932
7. https://www.facebook.com/1planete/photos/a.168696906990421/804005013459604/?type=3&theater
8. https://www.lesechos.fr/monde/enjeux-internationaux/dans-les-coulisses-du-plan-biden-pour-siphonner-lindustrie-europeenne-1916692
9. *Journal of NeuroInterventional Surgery* vom Oktober 2020
10. https://www.reddit.com/r/IAmA/comments/2tzjp7/hi_reddit_im_bill_gates_and_im_back_for_my_third/?rdt=48328

6. Kapitel
Wie China seine Milliardäre auf Linie gebracht hat

1. https://www.parismatch.com/Actu/International/Jack-Ma-Alibaba-et-ses-milliards-d-acheteurs-1591794
2. https://www.revolutionpermanente.fr/Chine-Le-sens-geopolitique-de-l-humiliation-de-Jack-Ma
3. https://www.economist.com/briefing/2020/10/10/what-antgroups-ipo-says-about-the-future-of-finance
4. https://www.lefigaro.fr/societes/la-chine-met-au-pasles-geants-de-la-tech-20210316
5. https://research.gavekal.com/teaser/a-quicker-road-toreopening/

7. Kapitel
Wie sähe eine Welt ohne Staaten aus?

1. https://www.nytimes.com/2014/09/11/fashion/steve-jobs-apple-was-a-low-tech-parent.html
2. ebd.
3. https://www.telegraph.co.uk/technology/2017/08/29/mark-zuckerberg-urges-newborn-daughter-enjoy-outdoors/
4. ebd.
5. https://www.independent.ie/life/family/parenting/the-techmoguls-who-invented-social-media-have-banned-their-children-from-it/37494367.html

6. https://fr.businessam.be/pourquoi-les-cadres-de-la-silicon-valley-tiennent-leurs-enfants-a-lecart-des-ecrans/
7. https://www.youtube.com/watch?v=PMotykw0SIk&t=1281s
8. ebd.
9. https://www.francetvinfo.fr/sciences/high-tech/bill-gates-steve-jobs-quand-les-patrons-de-la-silicon-valley-interdisent-les-portables-et-les-reseaux-a-leurs-enfants_2514445.html
10. https://www.liberation.fr/societe/2013/02/01/dans-la-silicon-valley-l-ecole-fait-ecran-noir_878754/
11. Nicht mit »Liberalen« zu verwechseln. Die Libertären glauben allgemein daran, dass alle Dinge sich von selbst regeln, an spontane Ordnung und die persönlichen Fähigkeiten als einziges Prinzip für die Ordnung der Welt. In den USA gehören die Libertären ganz und gar zur politischen Rechten, während die Liberalen der Linken zugeordnet werden.
12. http://www.michaelspecter.com/1999/09/the-dangerous-philosopher/
13. Gespräch mit der Autorin am 4. Mai 2023
14. https://www.silicon.fr/google-et-la-vie-privee-petites-et-grosses-perles-deric-schmidt-43955.html
15. ebd.
16. ebd.

Schluss
Wie wir die Macht zurückgewinnen können

1. Gespräch mit der Autorin am 4. Mai 2023
2. Joelle Toledano: *Gafa, reprenons le pouvoir*, Odile Jacob 2020; siehe auch: https://www.lesechos.fr/tech-medias/hightech/on-ne-peut-pas-compter-sur-les-americains-pour-demanteler-les-gafa-estime-leconomiste-joelle-toledano-1252741
3. ebd.
4. https://www.lesechos.fr/idees-debats/editos-analyses/libra-ou-la-grande-peur-des-banques-centrales1136392
5. https://www.lexpress.fr/economie/paris-rome-et-berlin-preparent-des-mesures-pour-interdire-la-libra-en-europe_2104173.html
6. https://www.allnews.ch/content/points-de-vue/difficilede-liker-la-crypto-monnaie-de-facebook
7. https://www.lesechos.fr/tech-medias/medias/delphine-ernotte-qui-est-elon-musk-pour-determiner-si-un-media-est-independant-1937156
8. ebd.
9. https://www.lesechos.fr/tech-medias/hightech/antitrust-le-congres-americain-propose-de-limiter-radicalement-le-pouvoirdes-gafa-1252447
10. ebd.
11. ebd.
12. ebd.
13. ebd.
14. Kollektiv: »Ne devenons pas les vassaux numériques des Gafa«, in: *Les Échos* vom 24. Juli 2019

15. https://www.blogdumoderateur.com/ia-responsable-openai-microsoft-google-lancent-frontier-model-forum/)
16. Yuval Noah Harari: *Homo deus. Eine kurze Geschichte der Menschheit*, München 2019
17. https://www.touteleurope.eu/economie-et-social/google-facebook-tiktok-la-commission-europeenne-annonce-l-encadrement-renforce-de-19-plate-formes-numeriques/
18. https://www.lesechos.fr/tech-medias/hightech/desinformation-pour-bruxelles-twitter-est-le-pire-eleve-en-la-matiere-1981638
19. »How Lies spread. On social media, false news beats the truth«, in: *Science* vom 9. März 2018, S. 1094-1146
20. https://www.lesechos.fr/idees-debats/cercle/opinion-ia-le-coup-de-frein-de-la-reglementation-europeenne-1970807